公共图书馆
管理与阅读服务

赵曾 朱彦 主编

北方文艺出版社
哈尔滨

图书在版编目(CIP)数据

公共图书馆管理与阅读服务 / 赵曾, 朱彦主编. --
哈尔滨：北方文艺出版社, 2022.2
ISBN 978-7-5317-5456-5

Ⅰ.①公… Ⅱ.①赵… ②朱… Ⅲ.①公共图书馆 -
图书馆工作 - 研究②公共图书馆 - 图书馆服务 - 研究
Ⅳ.①G258.2②G258.2

中国版本图书馆CIP数据核字(2022)第019460号

公共图书馆管理与阅读服务
GONGGONG TUSHUGUAN GUANLI YU YUEDU FUWU

作　　者 / 赵曾　朱彦	
责任编辑 / 张　璐	封面设计 / 左图右书
出版发行 / 北方文艺出版社	邮　　编 / 150008
发行电话 / (0451)86825533	经　　销 / 新华书店
地　　址 / 哈尔滨市南岗区宣庆小区1号楼	网　　址 / www.bfwy.com
印　　刷 / 湖北诚齐印刷股份有限公司	开　　本 / 787mm×1092mm　1/16
字　　数 / 205千	印　　张 / 14.75
版　　次 / 2022年2月第1版	印　　次 / 2022年2月第1次印刷
书　　号 / ISBN 978-7-5317-5456-5	定　　价 / 49.00元

前　言

　　21世纪,图书馆的转型和数字图书馆及智慧图书馆的涌现,使图书馆服务的内涵也在不断地扩大,其服务体系越来越丰富和复杂,在图书馆的工作中发挥越来越重要的作用。图书馆的服务体系就是读者服务方法体系,它是由诸多服务体系构成的多功能、多层次的有机整体。这个体系包括文献外借服务、馆内阅览服务、馆外借阅服务、参考咨询服务、用户教育服务等。各种服务都有其相对独立的功能、效果和适用范围,而作为整个服务方法体系的组成部分,各种方法之间是相互联系、相互补充、相互渗透、紧密结合的。

　　阅读是人类的一种高级认知行为,是人类认识世界、获取知识、增长智慧和提升能力的重要手段和方式,也是一个国家和民族历史与文明传承的重要途径。高尔基曾说过:"书籍是人类进步的阶梯。"我国也有"忠厚传家久,诗书继世长"的格言。阅读既是中华民族的优良传统,同时也是世界文明的发展根基,它在人类的发展史上扮演着重要的角色。

　　在公元前300年人类社会就出现了图书馆的雏形,它源于人们保存记事的习惯,经过多年的发展,图书馆逐渐演变成搜集、整理、收藏图书资料以供人阅览和情报服务的文化参考机构。它具有保存人类文化遗产、开发信息资源、参与社会教育等职能,随着社会经济文化的发展,又滋生出很多类型,长期以来,图书馆界对围绕图书馆服务进行了多方面的研究和实践,在不同时期赋予了图书馆服务不同的内涵。

　　图书馆的服务泛指利用馆藏资源和空间设施为读者提供文献和情报的一系列活动,它不仅通过阅览和外借的方式向读者提供印刷型书刊资料,而且还提供文献缩微复制、参考咨询、编译报道、情报检索、情报服务、定题情报检索、专题讲座、展览以及图书馆的空间和设施服务,现代科学技术，特别是计算机技术、声像技术、通信技术、缩微技术等在图书馆的广泛应用，使图书馆服务方式和服务手段日益多样化，服务范围也日益扩大，服务效率不断提高。同时，随着互联网技术的普及，开始出现电子图书，使信息的载体更加丰富，让人们可以更方便快捷地获取信息。未来的图书馆服务正沿着社会化和自动化方向迅速发展，图书馆服务在人们的物质生活和精神生活中将发挥越来越重要的作用。

目　录

第一章　公共图书馆概述 ·· 001
第一节　公共图书馆的发展和特征 ································· 001
第二节　公共图书馆的职能和种类 ································· 004
第三节　公共图书馆的服务 ·· 010

第二章　公共图书馆管理概述 ··· 025
第一节　管理及管理者 ··· 025
第二节　公共图书馆管理的意义与特点 ·························· 035
第三节　公共图书馆管理模式介绍 ································· 039

第三章　公共图书馆文献信息资源管理 ······························ 049
第一节　文献载体的特点 ··· 049
第二节　图书馆信息资源管理 ·· 054

第四章　公共图书馆服务管理 ··· 067
第一节　图书馆服务的特征 ·· 067
第二节　图书馆用户服务管理 ·· 073
第三节　图书馆服务管理的主要内容 ····························· 084
第四节　图书馆服务管理的要求 ····································· 087

第五章　公共图书馆阅读服务现状与应对策略 092
第一节　公共图书馆阅读服务现状分析 092
第二节　公共图书馆加强阅读服务的应对策略 095

第六章　公共图书馆阅读服务 107
第一节　公共图书馆阅读服务概述 107
第二节　图书馆阅读文化 135
第三节　图书馆读者服务 144
第四节　图书馆学科服务 149
第五节　图书馆参考咨询 156
第六节　图书馆服务评价 162

第七章　公共图书馆阅读推广服务 166
第一节　图书馆阅读与阅读推广 166
第二节　图书馆阅读推广服务内容 174
第三节　图书馆阅读推广服务机制 182

第八章　公共图书馆开展阅读推广活动的对策和建议 190
第一节　公共图书馆阅读推广策略 190
第二节　运用新媒体应用技术推广阅读 203
第三节　公共图书馆开展阅读推广活动建议 209

参考文献 227

第一章 公共图书馆概述

第一节 公共图书馆的发展和特征

公共图书馆是与人民大众关系最为密切的一种图书馆类型。公共图书馆是由政府投资兴办或由社会力量支持兴办的,向社会公众开放的图书馆类型,是知识资源收集、存储、加工、研究、传播和服务的公共文化空间和社会教育设施。具有公益性、均等性和普惠性特点。公共图书馆又被称为知识的宝库、公共文化空间、第三空间、第二起居室、没有围墙的学校、文化信息的中心等。

公共图书馆是社会发展到一定阶段的产物,是社会民主、公民权利和社会平等、现代人文意识成熟的结果。图书馆学界普遍认为公共图书馆产生于英国和美国,英国图书馆法的通过表明,这是世界第一部公共图书馆法。根据这部法律,英国曼彻斯特公共图书馆成立,成为世界公共图书馆的开端。

美国从1848年开始,各地逐步以法案的形式确立了公共图书馆制度。1852年美国第一个公共图书馆——波士顿公共图书馆成立。之后,美国钢铁大王安德鲁·卡内基在美国各地捐建图书馆,进一步推动了美国公共图书馆的建设。

我国现代意义的公共图书馆出现于20世纪初的晚清时期。浙江绍兴人徐树兰,创办的古越藏书楼,以其明确的办馆宗旨、规范的管理与服务,具有半公共性质,很多资料将它视为我国公共图书馆的开端。同年,由张之洞创办的湖北图书馆在武汉成立,不久湖南图书馆、黑龙江图书馆等相继成立。

清学部颁布了《京师及各省图书馆通行章程》,确立了由公共经费支持、为公众提供服务的公共图书馆制度。

一、公共图书馆的发展

公共图书馆诞生后,出现了迅速发展的局面。英国在1920年以后,图书馆服务逐步从城市延伸到农村,进入发展的黄金期,20世纪60年代实现现代化服务,但是20世纪80年代开始,随着英国经济的衰退和保守党经济政策的变化,英国公共图书馆衰退,2010年开始受金融危机和欧债危机的影响,出现了最严重的衰退,政府投入减少。美国的公共图书馆发展平稳,20世纪60年代就形成了相对完备的公共图书馆服务体系。

当时中国政府十分重视民众教育,将建立公共图书馆提到很高的议事日程,在教育部成立了社会教育司负责促进和监管公共图书馆建设,并于1913年在北京建立了京师通俗图书馆,各省建立了本省的通俗图书馆。公共图书馆在我国已经成为一种稳固的社会机构。

中华人民共和国成立后,公共图书馆事业开始恢复,国家出台了相关的一些政策,20世纪80年代,国家提出了"县有图书馆"的目标,县以下公共图书馆建设形成高潮;2006年,明确提出在我国建设覆盖全社会的比较完备的公共文化服务体系,提出构建现代公共文化服务体系;通过《中华人民共和国公共图书馆法》,并于2018年1月1日起施行,公共图书馆进入前所未有的发展机遇期。[①]

二、公共图书馆的特征

公共图书馆具有三个明显的特征:公共公益、平等包容和专业化。

(一)公共、公益

公共图书馆是一种社会制度的安排,这一制度规定由政府从公共税收中支付经费,图书馆则免费为当地居民服务。每个人都具有平等获取人类知识和信息的权利,而维护公共图书馆的公共供给是保障人人平等获取知识和信息的重要途径。从理论上说,公共图书馆的公共、公益性

---

①李瑞欢,李树林,董晓鹏.公共图书馆工作实务[M].北京:现代出版社,2018.

决定了它应该向社会成员免费开放和提供服务。目前,世界各国的公共图书馆几乎都同时提供免费服务和收费服务。免费的称为基本服务或核心服务,收费的称为非基本服务或增值服务。

(二)平等包容

平等包容的公共图书馆服务包括两方面的含义:每个图书馆向其用户提供平等包容、无差别的服务;整个公共图书馆服务体系向全体社会成员提供普遍均等的图书馆服务。

公共图书馆向所有社会成员开放,要求公共图书馆普通公共服务空间(需要特殊保护的除外)要在承诺的开放时间内向一切个人开放,不设任何限制,也不管个人的阶层、种族、宗教信仰、经济能力、性别、年龄等如何。

(三)专业化

公共图书馆的专业化有四个表现:第一,运用图书馆学的理论、技术和方法,保障读者对所需知识和信息进行有效查询和获取;第二,聘用专业馆员开展智力型业务;第三,公共图书馆智力型业务工作需要专业知识的支撑;第四,依托整个图书馆职业和行业组织的支持,维持并不断提高自身的业务水平。这要求我们加强与其他图书馆的联系,并与行业组织建立联系。其中与行业组织的联系尤其重要,这些组织可以将不同类型的图书馆凝聚为一个整体,同时可以在提供交流平台、制定行业标准、支持人员培训、监督评估服务质量、制定和执行职业道德规范方面获得支持。

员工需要遵循职业道德规范。职业道德规范是用来规范从业人员行为、维护职业声望的重要手段。各国图书馆协会制定的职业道德规范大致包括以下内容:图书馆专业人员对知识、信息、文献的行为规范,如尊重知识产权等;对用户的行为规范,如尊重用户的隐私权;对职业整体的行为规范,如维护职业声誉;对所在图书馆及母体机构的行为规范,如履行与单位签订的合同。

公共图书馆服务对象的多样性、需求的多样性、文化的多样性,比其他任何类型的图书馆都更经常遭遇争议问题,因而比其他类型图书馆都更需要职业道德规范的引领。

第二节 公共图书馆的职能和种类

一、公共图书馆的职能

（一）文献信息保存及传承职能

文献信息保存及传承人类文化遗产是公共图书馆最传统的职能，是图书馆产生之初就具备的功能。

（二）社会教育职能

社会教育职能对公共图书馆来说，显得尤为重要。我们常说，图书馆是没有围墙的社会大学、公共图书馆是人民的终身学校，都充分体现了它的教育职能。

（三）文献信息传递职能

图书馆具有中介性，这个性质决定了传递文献信息是公共图书馆的一个重要职能。这一职能一般通过流通、阅览和参考咨询等服务部门来实现。

（四）促进阅读职能

保障民众的阅读权利，促进阅读兴趣的培养和提高，是现代图书馆不可推卸的责任之一。各级公共图书馆通过形式各异的阅读推广活动来实现促进阅读的目标。

（五）休闲娱乐职能

随着现代图书馆职责的扩大，为大众休闲娱乐提供便利也成为公共图书馆的职责。1994年国际图联（国际图书馆协会联合会IFLA）和联合国教科文组织联合发布的《公共图书馆宣言》对公共图书馆的使命做了12个方面的陈述，使公共图书馆的职能更加具体化。这12个方面具体如下。

一是从小培养和强化儿童的阅读习惯；二是支持个人自学以及各级正规教育；三是为个人发展创造力提供机会；四是激发儿童与青年的想

象力和创造力；五是提高对文化遗产的认识,对艺术的鉴赏力以及对科学成就与发明的了解；六是提供通过各种表演艺术来表现文化的途径；七是促进文化间对话和文化多样性；八是发扬口述传统；九是确保居民获得各种社区信息；十是向当地的企业、社团和利益集团提供必要的信息服务；十一是提高利用信息和计算机的能力；十二是支持和参与并在必要时组织不同年龄组的扫盲活动与计划。[①]

二、我国公共图书馆的种类

在我国,公共图书馆基本是按行政区域建立起来的,受当地政府各级文化部门领导,均建在各级政府所在地。我国的公共图书馆包含以下几个层次种类的图书馆：国家图书馆、省(直辖市、自治区)图书馆、县(县级市、市辖区)图书馆、乡镇(街道)图书馆、社区(村)图书馆及各级少年儿童图书馆。

三、公共图书馆的用户(读者)

(一)定义

凡是利用了公共图书馆所提供的资源、环境以及服务的个人或团体,都可以称为公共图书馆用户(读者)。

(二)用户权利及其保障

1.用户权利

一般地说,公共图书馆用户权利包括以下几个方面。

(1)文化权利

文化权利是公民的基本权利之一,是指公民在社会文化生活中应当享有的不容侵犯的自由和利益。公共图书馆是公共文化设施,因此文化权利是公共图书馆用户应当享有的最基本的权利,包括参与文化生活的权利、分享文化成果的权利、参与文化活动及文化事务管理的权利、文化创造自由权和文化成果得到保障的权利。

(2)平等地享受公共图书馆服务的权利

《公共图书馆宣言》中明确规定：每一个人都有平等享受公共图书馆

---

①黄跃进．公共图书馆的社会职能与功能拓展[M]．南京：江苏美术出版社,2013.

服务的权利,且不受年龄、种族、性别、宗教信仰、国籍、语言或社会地位的限制。确保公共图书馆用户能够平等地享有图书馆服务,是公共图书馆开展用户服务过程中必须遵循的原则。

(3)自由获取信息的权利

公共图书馆在开展服务的过程中应充分尊重用户自由获取信息的权利,应当向用户公开各类文献信息资源收藏情况和布局、服务种类、服务时间以及与服务相关的各类规章制度等信息,有义务解答用户询问,辅助用户更好地利用图书馆资源和服务。

(4)用户隐私得到保护的权利

公共图书馆在开展服务的过程中,不可避免地会收集和掌握用户的部分私人信息,如用户的姓名、地址、单位、身份证号码、联系方式、阅读习惯等,图书馆有义务对这些信息尊重和保密,确保用户个人信息不向外泄露,也不利用这些信息侵扰用户的生活(《公共图书馆法》第四十三条:公共图书馆应当妥善保护读者的个人信息、借阅信息以及其他可能涉及读者隐私的信息,不得出售或者以其他方式非法向他人提供)。

2.用户权利保障

公共图书馆保障用户权利有四个方面的措施。

(1)法律保障

要保障用户的权利,公共图书馆开展各项工作,首先要遵循《公共图书馆法》(世界最早的图书馆活动法是《曼彻斯特公共图书馆法》;《中国公共图书馆法》2017年11月4日通过,2018年1月1日施行),还要遵循其他相关法律,如涉及馆藏建设的呈缴本方面的法律、涉及数字资源建设的著作权方面的法律法规,涉及网络传播方面的法律法规等。这些法律法规是公共图书馆开展各项工作必须遵守的基本原则,也是对用户享有图书馆各项服务的根本保障。

(2)服务理念

要保障用户的权利,公共图书馆开展各项服务工作必须有先进的服务理念作支撑和导向。关于具体的服务理念,我们要在"公共图书馆服务"中专门讲解。

(3)行业规范

俗话说行有行规,公共图书馆也有自己的行业行为规范和业务工作准则,并以此作为筹划资源建设、规范用户服务、提升管理科学性、提高服务质量的制度化措施,来规范公共图书馆的行为,保障用户权利。例如,2012年5月1日起,国家质量监督检验总局、标准化管理委员会发布了《公共图书馆服务规范》,对公共图书馆的服务提出了科学的、严格的要求。

(4)技术措施

目前,在公共图书馆的各项业务工作中,数字资源发现与获取、数字版权保护、远程访问控制、读者信息管理等多个方面,都有成熟的技术解决方案,为用户权利保护提供了自动化系统的保障。

(5)社会教育

公共图书馆是一个面向全社会开放的文化机构,公共图书馆的建设是一个需要全社会共同参与的工作,所以,社会教育是保障图书馆用户权利的一项重要工作。对内,要加强馆员的法律意识,强化职业道德和业务规范的教育;对外,在用户层面,我们要进行公共图书馆服务相关法律政策和业务规范的宣讲,将有助于图书馆用户树立正确的法律意识,了解保护自身权利的正确方法和途径。在社会层面,进行广泛宣传,将有助于相关政府部门和全体公众正确认识和把握公共图书馆的特点和服务属性,有效监督公共图书馆的工作,对公共图书馆事业的发展给予更全面的理解和支持。

3.用户培训

公共图书馆有计划、有目标、有步骤地开展用户培训工作,既是公众的文化需求,也是公共图书馆必须履行的职责,更是图书馆提高资源利用率、拓展服务的有效方法,培训的主要内容。

(1)图书馆基础知识

这是最为基础、最为重要的培训,可以帮助用户了解图书馆基本概况、馆藏资源特点及布局、文献分类常识和查找方法、各类服务介绍等知识,为用户更好地利用图书馆奠定良好的基础。

(2)图书馆资源与服务推介

介绍图书馆最新的资源和服务,使用户能从众多类型的资源和服务中迅速锁定自己所需要的。

(3)文献信息检索技能培训

这是提升用户信息素养的一种比较综合的培训,它教会用户在合理的时间内从种类繁杂、数量庞大的各类资源中获取有用信息,旨在帮助用户更为全面地掌握信息加工和处理的方法,更好地驾驭信息工具。

此外,图书馆还可以根据用户的需求举办计算机应用能力培训、外语培训等,以提升公共图书馆的社会影响力,培育潜在用户,培训的主要方式如下:

①到馆用户培训。一是在专门的教室培训,目前很多图书馆都有系统的用户培训计划,在固定的时间和地点进行。二是与图书馆日常工作相结合对用户进行辅导。这是图书馆参考咨询工作的重要方式。用户在使用图书馆的过程中,可以随时得到馆员的指导和帮助,解决遇到的问题。这种培训贯穿于图书馆服务工作的始终,它可以强化用户的服务感受,提升用户满意度。

②用户所在机构的现场培训,针对某一机构的用户进行培训,可根据他们的特点和需求设计课程,易形成培训讲师与用户的互动。

③远程培训,通过各种媒体和网络进行培训。大多数图书馆采用集中面授与借助网络进行远程教育相结合的方式开展用户培训。远程培训主要有以下两种方式。

第一是开设专门的网络培训平台或者是培训栏目主页。图书馆制作专门的培训录像、交互式培训课件或培训讲义,上传到网上加以传播,有的图书馆通过虚拟参考咨询系统向用户提供远程辅导。远程培训具有成本低、服务范围广、便于维护等特点。

第二是利用广播电视网络进行培训。广播电视网络是用户培训的新平台。目前国家图书馆等先进图书馆已经建设有数字电视频道,通过有线电视网络播放培训教育节目,既经济又便捷。

(三)用户满意度测评

用户满意度测评是公共图书馆服务质量评价的重要组成部分。它的基本流程主要包括以下九个环节。

1. 明确测评目的

我们在进行用户满意度测评方案设计时,首先要明确测评的目的是什么,明确是对图书馆的整体服务进行测评,还是对某一项具体服务措施进行测评。

2. 确定测评对象

根据测评的目的和内容,选择适当的对象参与测评,既保证测评对象具有广泛性和代表性,同时保证测评对象与测评内容相一致。

3. 明确测评指标体系

根据美国的最新研究成果,图书馆测评的指标共分22个指标,此外还包括8个附加指标。

4. 问卷设计

问卷设计是测评工作中最为关键的一个环节,它决定着测评工作能否达到预期目标。问卷一般包括背景介绍、填写说明、测评对象基本情况和测评问题等内容。

5. 确定抽样方法

对于任何测评,都不可能面向全体用户开展,一般采取随机抽样的方式确定测评对象。

6. 实施调查

问卷调查可以采取当面问询、信函、电话、网络等形式进行。

7. 数据整理及分析

对回收的问卷进行整理和分析。首先剔除无效问卷,然后根据不同维度和指标进行问题分类和汇总,并通过图表对汇总的数据进行可视化处理。

8. 编制测评报告

首先完成测评统计分析,然后将测评的背景、目标、测评指标设计、调研情况、测评数据分析、测评结果分析等内容汇编成册。

9.制定改进方案

根据测评发现的问题,逐一对问题产生的原因进行阐述,并制定出有针对性的、可行的服务改进方案。

四、公共图书馆的核心业务

概括来讲,图书馆的业务工作有两大体系:一是信息输入工作(文献信息资源建设);二是信息输出工作(用户服务工作)。

文献信息资源建设(文献信息输入)主要工作流程有文献信息搜集、登录、加工整理、文献组织等环节。

读者服务工作(文献信息输出)主要包括文献提供、阅读推广、参考咨询、文献检索、网络信息导航与服务、用户发展教育培训等内容。

以上两大部分构成了图书馆业务工作体系的主体。基于此,公共图书馆的核心业务可以分成六大部分:①信息资源建设;②文献加工;③文献提供;④信息服务;⑤读者活动;⑥乡土知识与地方文化的开发和保护。

第三节 公共图书馆的服务

服务是公共图书馆赖以生存和发展的基础。公共图书馆服务是指公共图书馆面向读者提供文献与信息并开展各种活动的一个体系,包括工作内容、工作方法和实践经验等。在概念上,公共图书馆服务过去称为读者工作或读者服务,随着服务功能和范畴的不断扩大,发展为"图书馆服务"。

一、公共图书馆的服务理念

在图书馆工作中,先进的服务理念是优质高效图书馆服务的保障,理念是行动的指引。国际、国内的公共图书馆服务理念一直在不断发展、完善。

(一)国际图书馆服务理念

1.杜威的"图书馆三最原则"

1876年,美国图书馆学家杜威提出读者服务三最原则,即用最小的成本为最多的读者提供最好的图书。该原则强调的是图书馆工作的效率。

2.阮冈纳赞的"图书馆学五定律"

阮冈纳赞在印度图书馆界和国际图书馆界中有较高声誉的图书馆学家。1931年阮冈纳赞撰写了《图书馆学五定律》(The Five Laws of Library Science),在这本享誉世界的图书馆学名著中,他提出了图书馆学的五定律。

第一定律:"书是为了用的"。阐明了图书馆的性质和任务,指明了图书馆工作的出发点和目的。图书馆的主要职能不是收藏和保存图书,而是使图书得到充分的利用。

第二定律:"每个读者有其书"。要求图书馆的大门向一切人敞开,让每个人都享有利用图书馆的平等权利,真正做到书为每个人和每个人都有其书。阮冈纳赞认为,要实现第二定律,国家、图书馆主管者、图书馆员和读者等四方都应承担起各自的责任来。

第三定律:"每本书有其读者"。要求为每本书找到其适合的读者。图书馆为满足第三定律所采用的主要手段是开架制。开架制的结果就是大大地提高了藏书的利用率。参考咨询服务也是实现"每本书有其读者"的一项必要措施。图书馆有必要派遣一批馆员在馆内流动咨询,指导读者使用目录、选择图书。这既是图书馆宣传工作的任务,也是图书馆为增加"每本书有其读者"的机会所经常采用的手段。

第四定律:"节省读者的时间"。节省读者的时间就是节省社会的金钱,也就是增加社会的财富。与闭架借阅方式相比,开架借阅方式则可节省读者在目录中查找图书和等候图书所浪费的时间。第四定律在强调采用开架借阅以节省读者的时间的同时,还强调通过科学排架、目录工作、参考咨询服务、出纳系统、馆址选择等多种途径来节省读者的时间。

第五定律:"图书馆是一个生长着的有机体"。作为一种机构的图书馆就是一个生长着的有机体,图书馆正是由藏书、读者和馆员三个生长着的有机部分构成的结合体。阮冈纳赞在论著中指出:"我们无法完全预料图书馆这个生长着的有机体的发展还将经历哪些阶段,也无法预言图书馆传播知识这一重要功能是否能通过印刷图书以外的手段来实现。但至少我们已经看到了各种不同类型的图书馆从图书馆这个有机体中分化出来了,而且我们也有理由相信,作为全球性知识传播工具的图书馆的基本原则将一定会贯穿于图书馆未来的发展过程中"。

"五定律"提出后被誉为"我们职业最简明的表述",其精髓至今还对图书馆工作具有积极的指导意义。

美国学者戈曼出版的《未来的图书馆:梦想、狂想与现实》一书,提出新的图书馆学五定律,即图书馆服务的使命是为人类文化素质服务;掌握各种知识传播方式;明智地采用科学技术来提高服务质量;确保知识的自由存取;尊重过去,开创未来。

南开大学柯平教授进一步将阮氏五定律和戈曼新五定律中关于图书馆服务的精神进行提炼,结合现代图书馆服务的发展要求,提出图书馆服务的新五定律,即全心全意为每一个读者或用户服务;"效率、质量与效用"的统一;提高读者或用户的素养;努力保障知识与信息的自由存取;传承人类文化。

3.《公共图书馆宣言》提出"平等免费服务"

《公共图书馆宣言》(以下简称《宣言》)是由联合国教科文组织发布的,1949年面世,经1972年和1994年两次修订,由联合国教科文组织和国际图联联合颁布。《宣言》分为宣言理念、宣言内容、公共图书馆、公共图书馆的使命、拨款立法和网络、运作与管理、宣言的贯彻和落实七个部分。宣言中的重要部分是关于公共图书馆服务理念的论述。

宣言理念指出"公共图书馆,作为人们寻求知识的重要渠道,为个人和社会群体进行终身教育、自主决策和文化发展提供了基本条件"。

《宣言》在公共图书馆部分指出"每一个人都有平等享受公共图书馆服务的权利,而不受年龄、种族、性别、宗教信仰、国籍、语言或社会地位的限制。对因故不能享用常规服务和资料的用户,例如少数民族用户、残疾用户、医院病人或监狱囚犯,必须向其提供特殊服务和资料。""公共图书馆原则上应该免费提供服务。"《宣言》明确了公共图书馆的12个使命。

(二)国内图书馆服务理念形成与完善

1.民国"新图书馆运动"时期图书馆学家的服务理念

"新图书馆运动"是一个席卷全国的推广、普及近代图书馆的运动,由中国图书馆学家、中国获得图书馆学专业学位的第一人沈祖荣先生1917年发起,前后持续了十年左右的时间。他到全国各地宣传美国图书馆学的理论、方法和技术,抨击封建藏书楼的保守,对于在国内初步建立近代图书馆体系,实现图书馆读者对象普遍化,图书馆藏书逐渐合理化,图书馆管理科学化等都产生了重大和深远的影响。[1]

新图书馆运动的代表人物还有图书馆学家、目录学家李小缘,图书馆学家、图书馆学教育家刘国钧等。

2.中华人民共和国的图书馆服务理念

中华人民共和国成立后,公共图书馆奉行"为工农兵服务、为科学研究服务"的方针,一律实行免费服务。各地公共图书馆经历了一个"以文养文""以文补文""文化搭台、经济唱戏"和全面开展有偿服务的时期。

进入21世纪,公共图书馆在理论研究和实践上出现突破,各级政府的公益文化观念开始建立,先进的理念逐步引领图书馆的服务。

(1)《中国图书馆员职业道德准则》

中国图书馆学会颁布了《中国图书馆员职业道德准则》,要求馆员履行下列职业道德准则:①确立职业观念,履行社会职责;②适应时代需求,勇于开拓创新;③真诚服务读者,文明热情便捷;④维护读者权益,保守读者秘密;⑤尊重知识产权,促进信息传播;⑥爱护文献资源,规范职业行为;⑦努力钻研业务,提高专业素养;⑧发扬团队精神,树立职业形象;⑨实践馆际合作,推进资源共享;⑩拓展社会协作,共建社会文明。

(2)《图书馆服务宣言》

2008年10月中国图书馆学会在重庆正式发布《图书馆服务宣言》。宣言指出:中国图书馆人经过不懈的追求与努力,逐步确立了对社会普遍开放、平等服务、以人为本的基本原则。同时将图书馆的服务目标分

---

[1]陆路.陕西公共图书馆服务联盟[M].西安:三秦出版社,2018.

为七个方面：①图书馆是一个开放的知识与信息中心；②图书馆向读者提供平等服务；③图书馆在服务与管理中体现人文关怀；④图书馆提供优质、高效、专业的服务；⑤图书馆开展信息资源共建共享；⑥图书馆努力促进全民阅读；⑦图书馆与一切关心图书馆事业的组织和个人真诚合作。

(3)《公共图书馆服务规范》(GB／T8220-2011)

2012年5月1日国家质量监督检验总局、标准化管理委员会以国家标准的形式发布了公共图书馆服务规范。对公共图书馆的服务提出了规范的、详细的、具体的要求。

(4)《中华人民共和国公共图书馆法》

2017年11月7日，通过《中华人民共和国公共图书馆法》并于2018年1月1日施行。《公共图书馆法》第四章对公共图书馆服务提出了明确要求：公共图书馆应当按照平等、开放、共享的要求向社会公众提供服务。对公共图书馆免费服务项目、服务人群、开放时间以及应承担的服务职能做了明确规定。

我国公共图书馆的服务工作已经体现出的理念归纳为以下几种：以人为本的服务理念、资源共享的服务理念、普遍平等的服务理念、免费开放的服务理念、无障碍的服务理念、重视新技术的服务理念。

(三)中国现代公共图书馆服务理念的应用与实践

1.以人为本的服务理念

《图书馆服务宣言》指出，图书馆应"以读者需求为一切工作的出发点"。坚持以人为本的理念就意味着公共图书馆要以读者需求为一切服务工作的中心和依据，读者是图书馆生存和发展过程中的决定因素。这一理念在我国公共图书馆得到广泛应用。

第一，图书馆服务活动的设计处处为读者考虑。许多图书馆延长开放时间，开通了24小时借还书、自助借还等多种服务渠道，一些图书馆利用先进的技术手段实行了方便读者的服务措施，例如上海图书馆推出了网上委托借书、苏州图书馆实现了网上预约、社区投递等。很多图书馆利用先进的技术手段开展了"你选书、我买单"图书荐购服务。

第二,以用户需求为中心主动开展读者服务活动。随着民众对讲座服务的呼声越来越高,很多图书馆开展了公益讲座活动,并形成了品牌。例如,上海图书馆的上图讲座,它诞生于1978年,已形成6大板块、18个系列,被称为"城市教室""市民课堂"。其最大的特点是面向社会大众,影响力辐射到长江三角洲地区18个城市和全国图书馆界,并开发了讲座专刊、参考文摘、视听阅览室等一系列讲座产品。2012年12月全国公共图书馆讲座联盟正式成立,并开通了讲座联盟网站。在开展讲座的同时,很多图书馆利用多种形式,围绕提高信息素养、知识水平、实用技能等开展了内容丰富的读者培训。同时开展了图书推荐、经典研读等各类人性化的服务。

第三,为弱势群体用户开展特殊服务。弱势群体是根据人的社会地位、生存状况而非生理特征和体能状态来界定的一个虚拟群体,是社会中一些生活困难、能力不足或被边缘化、容易受到社会排斥的散落的人的概称。例如,儿童、老年人、失业者、贫困者、下岗职工、灾难中的求助者、进城务工人员、非正规就业者以及在劳动关系中处于弱势地位的人。公共图书馆对弱势群体提供保障性服务是义不容辞的责任。此外,我国建成开放中国盲文图书馆;各公共图书馆开设了视障读者阅览室、少儿服务区;北京、上海、深圳、东莞均建成农民工图书馆。

2.资源共享的服务理念

图书馆在自愿、平等、互惠基础上,通过建立图书馆与图书馆之间或与其他相关机构之间的各种合作、协作、协调关系,利用各种技术、方法和途径,开展共同揭示、共同建设和共同利用信息资源,以最大限度地满足用户信息资源需求的全部活动就是信息资源共享。《图书馆服务宣言》第五个目标指出:图书馆开展信息资源共建共享。各地区、各类型图书馆加强协调与合作,促进全社会信息资源的有效利用。《公共图书馆法》第三十条指出:国家支持公共图书馆开展联合采购、联合编目、联合服务,实现文献信息的共建共享,促进文献信息的有效利用。

单个图书馆资源建设和服务能力是有限的,在现代信息技术的支持下,资源共享已成为提高图书馆服务效率、满足全社会信息需求的必然趋势。

近年来,我国公共图书馆的资源共享活动取得了良好的效果,产生了全国文化信息资源共享工程、数字图书馆推广工程、全国公共图书馆讲座联盟、全国图书馆联合参考咨询联盟等一批资源共享项目和组织。部分大中城市建成市、县、乡、村公共图书馆服务网络,实现了区域群整体上的资源整合和业务整合,实现了一馆办证、多馆借书,一馆借书、多馆还书的通借通还目标。

3.普遍均等的服务理念

《图书馆服务宣言》第二个目标是这样表述的:图书馆向读者提供平等服务。各级各类图书馆共同构成图书馆体系,保障全体社会成员普遍均等地享有图书馆服务。普遍均等的理念包括两个方面:一是普遍;二是均等。

普遍是指图书馆将服务触角深入到基层中,任何民众都能就近享受图书馆服务。据联合国教科文组织1998年统计。法国每2.2万人拥有一所图书馆,意大利每2.6万人、英国每1万人、德国每6600人拥有一所图书馆。而中国平均约50万人才分到一所公共图书馆。经过专家的呼吁和不懈努力,国家对公共图书馆的重视程度逐步加大。2005年,提出要逐步形成覆盖全社会的比较完备的公共文化服务体系,而公共图书馆是这个体系建设的重要组成部分。平等利用信息资源是全市公民的基本权利和图书馆的基本义务,任何读者(用户)都不应受到歧视,这就是公共图书馆均等化的体现。

4.免费开放的服务理念

免费开放是实现公共图书馆普遍均等服务的基本保障。世界上第一个公共图书馆曼彻斯特公共图书馆从诞生之初起就明确了免费开放的理念,而在中国免费开放经历了漫长的过程,国家实行以文补文、创收补文。进入21世纪,先进国家的服务理念开始影响我国,2006年深圳图书馆馆长吴晞提出新图书馆要实行"开放、平等、免费"的公共图书馆理念,取消了传统图书馆的上网计时费、借书证工本费。

2007年深圳公益性文化场馆全部免费开放,成为最早实行文化场馆免费开放的城市。2011年文化和旅游部、财政部联合出台了《关于全国美术馆公共图书馆文化馆（站）免费开放工作的意见》，要求全国所有公共图书馆实现无障碍、零门槛进入，公共空间设施场地全部免费开放，所提供的基本服务项目全部免费。终于，我国公共图书馆免费开放在国家政策上得到了保障。《公共图书馆法》的施行为公共图书馆免费开放提供了法律保障。

5.无障碍的服务理念

无障碍服务是指增加残疾人能力并促进其融入社会的一种手段，包括信息通信技术和互联网两个范畴。《公共图书馆宣言》指出：公共图书馆必须向各种原因不能利用其正常的服务和资料的人，如残疾人等，提供特殊的服务和资料。《公共图书馆》规定：政府设立的公共图书馆应当考虑老年人、残疾人等群体的特点，积极创造条件，提供适合其需要的文献信息、无障碍设施设备和服务等。

近年来，我国公共图书馆利用信息技术和上门服务等多种方式为残疾人提供无障碍服务取得了较大进展。例如，首都图书馆建设无障碍图书馆，引进阳光读屏电脑、盲文点显器、助视器等帮助盲人读者上网、阅读；上海图书馆制作有声读物和无障碍电影等。

6.重视新技术的服务理念

公共图书馆是信息技术发展的灵敏反应区。《公共图书馆法》明确规定国家构建标准统一、互联互通的公共图书馆数字服务网络，支持数字阅读产品开发和数字资源保存技术研究，推动公共图书馆利用数字化、网络化技术向社会公众提供便捷服务。政府设立的公共图书馆应当加强数字资源建设、配备相应的设施设备，建立线上线下相结合的文献信息共享平台，为社会公众提供优质服务（第四十条）。随着现代化技术的发展，手机图书馆、无线射频识别技术（RFID）、云计算等高端技术都在公共图书馆得到了应用。各级公共图书馆建立了各有特色的数字化服务网络，利用微信、微博、网站等网络平台开展了大量管理工作和服务活动，大大提高了公共图书馆的管理水平和服务效率。同时，很多城市建成区域性公共图书馆服务网络，实现了文献的通借通还。

二、公共图书馆的服务内容

(一)公共图书馆服务划分

1. 从服务功能上划分

从服务功能上划分可分为基本服务和辅助服务。《公共图书馆服务规范》规定,公共图书馆的基本服务是保障和满足公众的基本文化需求的服务,包括为读者免费提供多语种、多种载体的文献的借阅服务和一般性的咨询服务,组织各类读者活动以及其他公益性服务。

《公共图书馆法》明确规定,公共图书馆应当免费向社会公众提供下列服务:文献信息查询、借阅;阅览室、自习室等公共空间设施场地开放;公益性讲座、阅读推广、培训、展览;国家规定的其他免费服务项目。

公共图书馆免费服务的范畴为基本服务。按服务内容可分为文献资源借阅、检索与咨询、阅读指导和推广、公益讲座、公益展览、基层辅导、流动服务、政府信息公开等服务。在服务对象方面,除了面向普通成人开展服务,还应重视少年儿童、残障人士、老年人、进城务工者、农村和偏远地区公众等视为特殊群体的服务。

2. 从内容上划分

从内容上划分可分为传统文献服务和现代信息服务。传统文献服务主要包括以纸质图书与期刊为主要载体的服务、借阅服务、新书通报、导读服务等。现代信息服务是在计算机与通信结合的新技术环境下特别是在网络环境下开展的服务,它将传统的卡片目录检索发展为联机书目查询和OPAC服务,将传统参考咨询发展为虚拟信息咨询等。

3. 从形式上划分

从形式上划分公共图书馆服务可分为基础服务和高级服务。基础服务是图书馆所有服务中的基础部分,主要有流通服务、阅览服务、导读服务、复制服务、一般检索服务、一般咨询服务、信息素养培训等。而高级服务是在基础服务之上形成的知识化和专业化服务,如高级咨询服务、定题服务、翻译服务、查新服务、学科馆员服务、机构知识库服务等。

4. 从服务空间上划分

从服务空间上划分可分为物理空间服务和虚拟空间服务。前者以图书馆建筑为标志,分馆内服务和馆外服务;后者主要表现为计算机网络服务、手机服务、广播电视服务等。

(二)文献借阅服务

文献借阅包括文献外借和阅览两个方面的服务。

1. 文献外借服务

文献外借是各级公共图书馆的传统服务之一。从最初的手工借还到今天的自助借还,服务手段、服务内容和服务形式不断丰富,对从业人员的专业素质要求也越来越高。

(1)文献外借的形式

主要有个人外借、集体外借、馆际互借、预约借书、邮寄外借、流动外借等形式。下面简要介绍馆际互借和邮寄外借。馆际互借:图书馆之间根据协定相互利用对方馆藏以满足本馆读者需求的外借形式。它的主要作用是各馆之间可互通有无,弥补本馆馆藏的不足,多途径地满足读者需求。邮寄外借:根据残疾人保障法规定,盲人读物邮件可免费邮寄,所以可通过邮局为视障读者邮寄图书。例如,上海图书馆常年开展为视障读者提供免费邮寄外借服务。

(2)文献外借的内容

主要包括办理借书证、文献外借、文献续借、文献催还及相关工作。

2. 文献阅览服务

文献阅览服务是公共图书馆为读者提供的基础服务之一,是指图书馆为其读者提供图书报刊或数字资源阅览服务,可分为馆内阅览和馆外阅览。馆外阅览需要图书馆提供较多的复本,同时流通周期也影响到图书文献的使用;馆内阅览服务在某种程度上缓解了馆外阅览带来的问题。馆内阅览除了给读者提供阅览书刊的服务外,还能够起到保护珍贵文献、特有文献的作用。馆内阅览服务一般设有书刊阅览室、多媒体阅览室、特色馆藏阅览室等。

3.借阅服务发展的保障

（1）加强基础设施建设

基础设施是馆内借阅服务得以顺利开展的保障，应做到以下三点。

一是要加强基本硬件的投入，保障读者的阅读空间。如设置休闲空间、学习空间，增强读者的阅读体验。

二是加强可便利读者的设施建设，如阅览桌椅、饮水机、打印机、存包柜等的配置。

三是加大网络建设投入，如增加有线终端的提供和无线网络的建设。

（2）拓展传统服务

除了传统的借阅外，公共图书馆围绕满足读者阅读需求，还应拓展其功能性的服务，为读者提供检索、导读等服务。为了方便读者检索，图书馆一般在馆内配置读者检索专用电脑，便于读者利用OPAC查找馆藏资源，同时应在馆内设置导读岗，辅助读者阅读文献。导读是指导读者阅读的工作，包括读者阅读理念、方法、技术教育和相关教育等。图书馆应在馆内设置导读岗，明确专人承担导读服务，辅助读者阅读文献。为吸引读者可编制宣传册和读者指南等材料进行辅导。

（3）重视新技术应用

充分利用现代信息技术为读者提供自助服务是近年来公共图书馆服务发展的特点之一。相当一部分图书馆引入了RFID技术，实现了自助办证、自助借还等智能化服务，部分引入了24小时无人值守的自助图书馆，大大方便了读者的阅读需求。

（三）参考咨询服务

参考咨询是公共图书馆服务的核心业务之一，是指图书馆员解决用户在获寻图书馆信息资源过程中提出的问题，并以一定的专业方式向用户提供尽可能的帮助。

公共图书馆的参考咨询强调为所有人服务，服务职能是为信息咨询对象直接以其需要的方式提供信息、知识或解决方案。除此之外，还要教育用户，多方位地满足用户需求。

1.图书馆咨询服务的类型

(1)普通咨询服务

包括向导性咨询和辅导性咨询。针对读者提出的馆藏方位和服务区域方位等咨询问题给予向导性解答,并对读者的一般需求进行辅导,帮其更全面地掌握利用图书馆的方法。

(2)政府决策咨询服务

《公共图书馆法》明确规定,政府设立的公共图书馆应当根据自身条件,为国家机关制定法律、法规、政策和开展有关问题研究,提供文献信息和相关咨询服务(第三十五条),为地方政府提供决策服务主要包括立法决策服务、政治决策服务、经济决策服务等。

立法决策服务是指图书馆的参考咨询部门(或立法决策服务部门)以及专门人员解答用户在立法决策活动中提出的各种问题,包括帮助检索、提供文献资料、收集数据等服务行为。

近年来,公共图书馆为全国和地方"两会"服务成为参考咨询工作的重点之一。国家图书馆从开始便为每年一次的人大、政协"两会"提供咨询服务。在国家图书馆的带动下,各地图书馆也开展了当地"两会"服务,收到了很好的效果。

(3)面向科研机构与企业的咨询服务

科研机构和企业有着明显的不同,公共图书馆面向二者的咨询服务项目、服务提供方式和资源提供种类等方面存在着差异。

科研机构的咨询需求产生于学科研究、技术活动及知识创新等科研工作中,公共图书馆必须针对他们的特定需求,并充分考虑学术工作者的信息素养层次,提供依托海量文献资源的、科技含量高的、有利于科研创新的高效咨询服务。面向科研机构的一般咨询主要包括事实知识咨询、专题咨询、相关信息检索、文献跟踪服务和综述撰写等五类。

企业人员的信息需求层次不一,他们通常需要知悉与本企业良性运行相关的若干信息,以便达到企业利益的最大化。公共图书馆开展咨询服务时,需要分清企业的规模大小和咨询要求,量体裁衣地为企业提供合适的、力图解决企业外部问题的、促进企业发展的有效咨询。企业咨询服务以情报产品提供为主。

参考咨询的文献提供，公共图书馆的文献提供依赖于丰富的馆藏资源，可以体现为文献传递、参考咨询、馆际互借、信息传播等服务形式。作为参考咨询的文献提供是以咨询服务为根本目的，通过文献检索、查询、传递服务来满足用户的咨询需求，用户在此过程中通常需要负担费用。

文献提供的资料类型应包括各种载体、各种类型和语种的文献资料。如纸质材料、光盘、图书、期刊、论文等。

文献提供的发送途径可采用普通邮寄、快递以及依托网络、通信设备的各种传递方式，如网络文献传递系统、传真、电话、E-mail等。

2.图书馆咨询服务的形式

传统咨询：电话咨询、到馆咨询和网络咨询。

信息推送、虚拟咨询、虚拟参考咨询：基于互联网的参考咨询，以网络技术作为依托，可利用的参考信息除了纸质文献外更多的是数字文献。虚拟参考咨询具有及时交互性、开放广泛性、公益指导性、服务手段网络化、服务方式个性化、服务资源共享化等特征。其类型主要有：FAQ、案例（问答知识）库、E-mail、网络表单、邮件列表、BBS服务、实时交互式服务IRS、网络呼叫中心、合作虚拟参考咨询等。

3.图书馆咨询工作的流程

第一，受理咨询：口头、书面、电话、信函、网络等。

第二，分析研究：制订检索方案。

第三，文献（信息）检索：查找文献（信息）。

第四，答复咨询：提供答案、介绍工具书；提供专题书目、二次文献及文献线索；直接提供原始文献；提供网址。

第五，建立咨询档案：记录读者信息、咨询内容手段、解答方式，读者反馈意见等。

（四）流动服务

流动服务是为远离图书馆和不便来馆的读者及潜在读者提供文献服务的一种服务方式，也称为移动图书馆或流动图书馆，是图书馆开展延伸服务的有效方式。流动服务包括汽车图书馆、流动服务站等多种形式,较为常见的是流动服务车,也称为汽车图书馆。在北欧沿海地区还有图书船、图书艇向当地渔民提供服务。我国最早的汽车图书馆于1953年建于上海和北京。

(五)政府信息公开服务

2007年4月5日国务院公布的《中华人民共和国政府信息公开条例》明确界定了政府信息的概念"政府信息是指行政机关在履行职责过程中制作或者获取的,以一定形式记录、保存的信息"。《条例》第十六条规定"各级人民政府应当在国家档案馆、公共图书馆设置政府信息查阅场所,并配置相应的设施设备,为公民、法人或者其他组织获取政府信息提供便利"。

公共图书馆开展政府信息公开服务,首先要设立政府信息查阅中心,在此基础上开展政府的信息网络服务,并不断深化服务内容,提供个性化政府信息服务,拓展服务途径。与此同时,政府信息公开服务要以政府信息的可公开性为主导方向,与政府有关部门和领导密切协作,全面搜集公开信息,在馆内增设布告栏、显示屏、电子查阅点等设施设备来满足读者的查阅需求,同时应定期对读者进行培训,指导其掌握解读政府信息的方法。

(六)面向特殊群体的服务

《公共图书馆法》第三十四条规定:政府设立的公共图书馆应当设置少年儿童阅览区域,根据少年儿童的特点配备相应的专业人员,开展面向少年儿童的阅读指导和社会教育活动,并为学校开展有关课外活动提供支持。有条件的地区可以单独设立少年儿童图书馆。政府设立的公共图书馆应当考虑老年人、残疾人等群体的特点,积极创造条件,提供适合其需要的文献信息、无障碍设施设备和服务等。

公共图书馆和少儿图书馆应当将少年儿童作为图书馆的重要读者对象提供主动充分的服务,根据年龄与功能分区开展服务,策划组织举办形式各异的少儿阅读推广活动。

公共图书馆对老年人、残障人士的服务应体现人文关怀,在设施设备配置上要充分考虑他们的身体特点和需求,除提供普通的借阅服务外,要根据他们的特点开展导读、培训等活动,公共图书馆要针对农民工的需求开展阅读服务与信息服务,开展以就业和提高技能为中心的培训,提高农民工及其子女的文化素养,让农民工了解城市文化、融入城市文化,有利于促进全社会文明程度的提高。

第二章 公共图书馆管理概述

第一节 管理及管理者

一、管理

管理伴随人类社会的进步而出现,是劳动分工和社会化大生产的必然产物,并随着生产力和生产方式的发展而发展。

个体户经营一个小店,进货、销售、收款等全由一人承担,没有劳动分工,就不需要管理。随着小店的发展,出于扩大业务而雇佣职员时,劳动分工就结伴而来,因而这个小店也随之产生了管理的需求。

劳动分工可以提高工作的专业化程度,从而提高工作效率。系统地分析劳动分工及其经济效果的是亚当·斯密,他在就在生产针的工厂中发现:采用1名工人完成全部18道工序的方法与1名工人只需要完成全部工序中的几道甚至1道相比,前者的工作效率要低得多,因为后者的劳动分工使工人的工作更加专业化,从而能够提高工作的熟练程度。

亚当·斯密认为劳动分工有三个好处:①分工可以使劳动者技术熟练程度很快地提高;②分工可以使某个人专门从事某种作业,可以缩短从一项工种转到另一项工种所耗费的时间;③分工可以使专门从事某项作业的劳动者经常改革劳动工具和发明机器。

公共图书馆的工作人员可以不知道这个故事,但只要从事过采编,那么一定知道在图书分编时,如果采编部门采用了由每一名采编人员从头至尾完成全部采编加工过程,这肯定是一种低效率的做法,而且,不同的员工对各道工序有着不同的悟性和兴趣,如果设定某个工种的一个指标,则有的员工可以轻松达到而有的员工并不能完成,但换一个工种则可能情况就会相反,因此,让合适的员工上合适的岗位可以进一步提高效率。现在来看,这是显而易见的道理,甚至不需要学过管理学。通过科学的专业分工,可以提高员工的工作熟练程度,并使流程之间加强协调和配合,从而提高工作效率,这其实是一种自然而然产生的思想,而这就是产生管理的根源。

管理是在一定的环境条件下,对组织所拥有的资源(人力、物力和财力等各项资源)进行计划、组织、领导、控制和协调,以有效地实现组织目标的过程。

从责任管理思想出发,组织内的每一个人都是管理者,当然,他同时又是被管理者,对于公共图书馆这样一个组织内的从业人员来说也不例外。因此,作为管理者的公共图书馆工作者需要拓宽管理思路,掌握管理理论,运用管理方法,形成管理智慧,展示管理技巧,实现管理目标;作为被管理者的公共图书馆工作者需要理解公共图书馆管理对于保障图书馆在贯彻公共图书馆理念、履行职责、发挥功能前提下的安全运行、正常开放、提供服务、降低成本、提高服务效益的重要意义。

总之,公共图书馆的从业人员需要增强对图书馆管理的认同感和参与度,才能不断改善服务并提高服务效益。①

二、管理思想的演变

人类最早的管理可能诞生于协同狩猎,但真正的管理实践,应该首先在部落(国家)的治理和军事上的运用。随着社会的进步,人们在管理实践中不断探索和总结,认识到分工越精细、协作越广泛,管理越重要。良好的管理可以优化资源配置、改善工作流程、激发职工热情、增加团队活力,从而提高效率、提升质量、降低成本。对管理实践的不断总结,就逐步产生了管理理论。

我国有着灿烂的古代文明,但在近代受社会发展制约,对管理实践和理论需求最迫切的民族工业十分落后,因而并未形成科学管理的理论体系。但历史上,我国在先秦时期就出现了许多杰出的管理实践者,如

---

①朱建彬. 现代图书管理艺术研究[M]. 长春:吉林美术出版社,2019.

管仲、商鞅等,也形成了许多管理思想,诸如老子的"道法自然"和"无为而治",孔子的"为政以德"和"和与中庸",孟子的"义利统一"和"以德服人",孙子的"人的因素决定胜负"以及管子的"以人为本"等管理思想。中国古代的管理思想,基本上都把人作为管理的主要对象。

现代科学管理理论和思想首先在英、美等西方资本主义发达国家产生,并逐步形成体系。机器化大生产需要各个工种、各个流程之间相互协作、配合,资本的逐利属性要求不断提高生产效率,于是在1911年,泰罗的《科学管理》一书诞生,拉开了现代管理学的序幕。随后,法约尔的古典组织理论、韦伯的行政组织理论、霍桑实验、马斯洛的需要层次论、麦格雷戈的X理论和Y理论、卡特的团体动力学、赫茨伯格的双因素理论、西蒙的决策理论、孔茨的过程管理、圣吉的学习型组织等不断面世,以至于孔茨将众多的管理理论称为"管理理论丛林"。

虽然管理理论层出不穷,但管理学大师彼得·德鲁克认为:"管理是一种实践,其本质不在于'知'而在于行;其验证不在于逻辑,而在于成果;其唯一权威就是成就。"从彼得·德鲁克撰写过超过三十本管理著作的事实,就可以看出这段话的意思绝不是否认管理理论的重要性,而是可以理解成这样三层意思:①不要对管理理论产生畏难情绪,管理重在实践、重在效果。②管理是理论与实践相结合的活动,有规律可循。③面对众多的管理理论,需要寻找和运用适用并能实现管理目标的理论,不能教条化。

三、管理层次

管理层次是指组织在权威链上所设置的管理职位的级数。与其对应的概念是管理幅度,它是指管理者可以有效管理的范围。我们现在知道,在组织达到一定规模时,管理层次与管理幅度之间成反比关系。尽管管理层次与管理幅度的设定在每个组织因受到组织性质、管理者与被管理者素质、工作复杂程度、信息沟通方便程度等多种因素的影响,并没有固定的模式,但一般来说,管理层次越多,高层和一线管理者的沟通越慢,导致决策缺乏效率,组织的应变能力就会随之降低。

韦伯创立了官僚行政组织的理想模式,法约尔则发展出了行政管理理论,他们都提出在一个组织中需要建立权威等级体系,并遵循相应的原则。这些原则是现代管理的基石,至今仍然能够指导我们建立高效率的组织,而现在有些原则依然是被我们忽视或难以遵循的,如韦伯提出在组织中人们的职位应该根据其业绩表现而不是社会地位或个人关系来决定,法约尔的公平原则中要求组织中的所有成员都应该受到公正的待遇和尊重。

特别是在大型组织内部,通常会分成几个各自相对独立的权威链,不同的权威链中的中层和基层管理者之间的沟通、交流和协调变得非常重要,当组织一旦出现问题时,不同权威链的管理者之间需要沟通情况,交换意见,提出解决问题的决策意见,从而提高决策的速度和效率。法约尔是最早提出这个问题的管理专家,他提出组织的权力不应该集中于权威链的顶端,虽然这种做法有利于保证组织有效实施其战略,但弊端是显而易见的,如不利于中层和基层管理者发挥积极性,一线员工不能够及时对出现的问题做出反应,其结果是降低了组织的应变能力和决策效率。

为实现组织内部信息的迅速传递而使组织提高应变能力,法约尔专门设计了著名的"跳板原则"是允许组织内不同等级链中相同层次的人员在有关上级同意的情况下直接联系。限于当时的技术和条件,法约尔并没有提出控制管理层次的理论。

随着现代技术的普及和运用,扁平化管理逐渐成为可能。在信息化时代以前,一名管理者合适的管理幅度为5～8人,少则浪费、多则失控。而通过现代技术的运用,如通信技术、网络技术、远程监控等,管理幅度已经大为提升,根据实际经验和观察,现在一名管理者的管理幅度可达到15人甚至更多。

四、管理者

管理者是指负责掌握、控制和调配组织资源的使用以实现组织目标的人。前面说过,从责任管理思想出发,组织内管理者同时也是被管理者。作为一名管理者,不论其领导的组织的大小、职位的高低,无非是履行计划、组织、领导、控制和协调五种职能,但管理者如何履行、履行的优劣程度将决定所在组织的生存和发展,因为一个单位的发展,一定受制于这个单位领导的思维空间,可以想象,单位一把手绝不能为自己还不能理解的方案进行决策,更不用说正确决策了。对于管理者的这种重要性,彼得·德鲁克表述为"管理者是企业最基本、最稀有、最昂贵的资源"。

管理者的权力和权威是两个不同而又有联系的概念。管理者的权力来自管理者在组织中所处的等级位置,所处的等级位置越高,其权力也就越大,但权力大不等于权威高。管理者的权威实际上更多地来自管理者个人的品质(素质、个性、本领、名望等),管理者通过展示良好的品质影响着下属员工的观念和行动,只有具备良好品质的管理者才可能在组织内建立起权威,即所谓"不怒而威"。因此,管理者应该把权力当成责任和义务。

管理者为了履行好自己的职责,在各种场合需要以特定的身份出现,扮演不同的角色,有时还需要同时扮演几种角色。亨利·明茨伯格(Henry Mintzberg)提出了管理者开展有效管理所需要扮演的3类10种角色。

第一类是人际关系型。在这个类型中,有挂名首脑、领导者、联络人这样三种角色。这三种角色的具体表现有:个人形象代表组织形象,所以是组织的形象大使;激励下属并调动其积极性;对外联络以获取组织发展所需要的资源等。

第二类是信息型。在这个类型中,有聆听者、传播者、发言人这样三种角色。这三种角色的具体表现有:获取并分析信息,传播对组织有利的信息,发布组织的价值观等。

第三类是决策型。在这个类型中,有企业家、混乱应对者、资源分配者、谈判者这样四种角色。这四种角色的具体表现有:确定战略,处理突发事件,调配并优化组织资源,与组织内的相关人员和组织外的相关组织进行讨价还价并达成共识等。

我们以图书馆分馆建设的合作为例,简单分析一下在合作建设分馆时,馆长在整个过程中扮演了哪些角色。

第一,在决定采用合作方式建设分馆前,需要开展调查研究,确定战略和方案,这时,馆长所扮演的角色是"倾听者"——获取并分析信息、"企业家"——确定战略。

第二,合作建设分馆没有政府主导,无疑会给图书馆增加额外的工作量和负担,需要对现有的资源进行调配,需要使馆内员工支持建设分馆的决策。这时,馆长所扮演的角色是"资源分配者"——调配并优化组织资源、"领导者"——激励下属并调动积极性。

第三,需要寻找可能有合作建设分馆意愿的合作伙伴,在这个过程中,馆长所扮演的角色是"挂名首脑"——组织的形象大使、"联络人"——对外联络以获取资源。

第四,与可能合作建设分馆的基层政府、机构进行沟通,向它们宣传公共图书馆在构建和谐社会、提高社区居民科学文化素质等方面的重要作用,并洽谈合作的具体内容,因而扮演的角色是"传播者"——传播对公共图书馆有利的信息、"发言人"——宣传和发布公共图书馆的价值观、"谈判者"——讨价还价并达成合作建设分馆的共识。

五、管理技巧

管理是创造性和智慧型的实践活动。即使是同一个组织、同一个项目要完成相同的目标,不同的管理者尽管面对着相同的管理客体和环境,仍很少会运用完全相同的理论和方法开展管理。主观条件的不同(管理者个人的性格、经验、专业背景等),会使管理者对管理客体的认识和分析发生差异。另外,管理者对管理理论的熟知程度、理解深浅、运用能力等因素,都会影响管理实践活动,最终会影响组织目标的完成,或者影响完成的质量,或者影响成本的高低。

任何管理思想和理论都是对管理实践(甚至是实验)的总结,互相之间不存在前后的替代关系,也没有过时之说。面对众多的管理理论、复杂的管理对象、多变的内外环境,管理者必须加强学习,并使已有的管理知识升华,从而具备对各种管理理论综合运用、对复杂环境分析应变的能力,这些能力的集合,就表现为管理者的管理智慧,管理智慧的外在表现就是管理技巧。具有较高管理智慧的管理者,可以比较容易通过管理活动完成组织目标,而且使管理过程赏心悦目。因此,管理也被称为是一门艺术。

　　管理技巧是管理者针对组织面对的环境和管理对象的实际，应用管理理论、管理方法、管理智慧实施管理所形成的结果的外在表现。如果管理过程顺畅、管理结果符合预期目标，其管理技巧就运用得当。

　　然而，管理是一个过程，组织所处的环境也处于不断的变化之中。

　　一方面，管理过程主要受到外部环境的影响，所以需要不断调整管理策略和实施方案。

　　另一方面，管理过程本身也会造成组织环境发生变化，从而影响外部环境。"尽管组织环境里很多的变化不取决于某一个组织，但还是有相当多的环境变化是组织内管理者行动的直接结果。组织是个开放的系统；从环境里摄取投入，然后将其转化成产品和服务，再输出到环境里去。这样一来，环境里发生的变化就是双向的过程。"因此，管理的实施需要有周密的计划，管理者需要能够预见管理实施过程可能对管理对象、管理环境造成的变化，使管理实施方案能够适应这种变化，并且在实施过程中能够不断修正方案。而这种本领，也是管理技巧的重要方面。

　　苏州图书馆的读者向市长投诉：每天需要排队一个多小时才能进馆，图书馆每天的开放时间应该提早。而市长对投诉的批示是："请苏州图书馆研究，是否有适当提早开放的可能？"市长的这个批示尽管以一种询问的方式提出，其实却很明确地表达了要求苏州图书馆提前开放的意思。最终苏州图书馆只是把朝九晚九的开放时间整体向前挪了半个小时，每天仍只开放12小时。这种做法，并不仅仅是不想延长开放时间，而是希望晚上的到馆读者可能因图书馆比原来提前闭馆半小时而投诉。苏州图书馆根据苏州市公共图书馆设施不足、人员编制偏少的实际情况，希望把这次投诉应对变成向市长争取支持的机会。所以，苏州图书馆一方面向市长汇报已经调整了开放时间，并说明这个问题的实质是图书馆供应不足；另一方面期望通过晚上提前闭馆而再次引起读者投诉，让市长对图书馆供应不足的问题有进一步的认识。在这里，苏州图书馆解决读者投诉问题时，已经预计到了会再次引起读者投诉，不仅做好了应对再次投诉的准备，而且还希望再次投诉的出现。这个思考，反映了一种管理技巧:引导事物朝向自己设计的方向和进程发展。

管理者的管理技巧是一种管理理念、管理知识和管理实践的集中反映,在具体的管理实践中,有时表现为一种直觉,这种直觉其实是理念、学识、经验、教训、信息等的集合,是一种通过长期学习和训练而养成的综合判断能力。

因此,培养和训练管理技巧的途径,主要是接受正规教育、培训、自我学习和经验积累,同时,公共图书馆的管理者还应该在以下这些方面下功夫。

第一,建立准则。所谓建立准则,就是建立和健全图书馆的规章制度,包括馆藏政策、服务政策等,使管理、服务等都有章可循。在美国公共图书馆考察时发现,各个公共图书馆在一些服务的提供上并不完全一致,这应该会引起读者的投诉,但公共图书馆的解释是:每个公共图书馆在总的职业理念、职业道德框架下,具体理解和执行可以不完全一样,只要提供的资源和服务符合馆藏政策和服务政策,就无可非议。

第二,以身作则。所谓以身作则,就是管理者要成为执行制度的模范,而不能根据自己的意愿破坏规则。管理者必须首先弄清一个问题,即管理者是管理自己还是管理别人。当一名管理者在确定组织的管理目标时,就掌握了这个组织的主动权,因而这个组织的所有责任都应该由他来承担,所以管理者首先需要管理自己。管理者的言行,体现了管理者的品质,只有品行端正、处事公正,才能不怒而威,建立权威,影响下属。简单来说,你要下属遵守工作纪律,那么你必须带头遵守工作纪律。

第三,坚持原则。坚守公共图书馆的理念、社会道德和政策法规,开展服务、行使职权都必须符合理念、道德和法规的要求。特别是理念和道德,没有非常硬性的制约,管理者只有在平时坚守的前提下,才会养成思维习惯和行动习惯。如果管理者在潜意识中没有培养出这样的习惯,那么在处理事务中,就不可能会产生符合公共图书馆理念的直觉。

第四,重视规则。除了政策法令外,各个部门、各个单位、各个团队都会有自己的办事风格和习惯。在正式组织以外,还有许多非正式组织存在,例如在一个单位中,某几个职工特别投缘,其行动会非常一致,这是正常的现象。霍桑实验的结论早就告诉我们,非正式组织中形成的规则(或默契),比奖金更能规范人的行为。因此,外出办事,需要事先了解办事机构的规则,这样可以少走弯路,提高办事效率。在公共图书馆内部,宣传和确立核心价值观,建立学习型团队、项目小组,引导非正式组织将兴趣转移到围绕图书馆服务创新、技术创新等方面来,就显得格外重要。

第五,多听少说。所谓多听少说有几层意思:一是在下属面前,管理者不能随便发表意见,而要学会倾听,便于了解事物的全貌,从而正确判断,一旦说出口的话,管理者必须兑现。二是在讨论问题时,管理者也不要抢先发表意见,你的意见,下属会认为是决定,而使讨论到此结束。三是处理问题(如读者投诉)时要多听少说,让别人先说完,把事情的来龙去脉搞清楚,而不要抢着作解释。一位馆长曾经接待过一位老年读者的投诉,从9:30进门一直到11:30,这位老年读者不断地倾诉着他受到的"不公正待遇";他非常容易出汗,又只喝茶不喝开水,所以要将茶杯带进阅览室,而图书馆的规定是有色饮料不能带进阅览室,所以,他要求修改制度,否则将向市长、向媒体投诉。馆长一直没有机会插话,也不想打断他的倾诉,含笑听其说话。本馆的办公室主任在11:30时机灵地进到办公室来,说送来的盒饭要凉了,是否需要重新叫一份。这时,这位老年读者站起身向馆长告别,馆长说:"事情还没解决呢,吃饭晚一点儿没关系。"老读者则说:"本没有什么大事,我只是一时气头上,你们并没有做错,而你听我啰唆,浪费了两个小时,谢谢馆长。"管理者应该知道一点:倾听的作用比一般人所了解的要大得多。"专心注意对你讲话的人极其重要。没有别的东西比那样更使人开心"。

第六,换位思考。在管理中,需要多角度考虑问题,多站在管理对象的角度来思考问题,防止片面化。在与外部机构和单位沟通协调以及合作时,更需要按照合作共赢的原则考虑问题;要争取其他部门的支持,但不能让别人违反原则,而且在接受别人支持时,不能一味索取,而需要考虑对方的利益。图书馆只有做到以服务换取支持,这种支持才可能长久。

第七，灵活权变。任何制度都不是铁板一块，一定存在例外，泰罗在《科学管理》中早就论述了例外原则。管理者要在坚持制度原则前提下的实事求是态度，如果确有特殊原因，而且又不影响制度今后的严肃性，则有时需要变通。例如，上班不能迟到是制度，但如果在夜降大雪（专指南方）的前提下，早晨上班发生迟到的概率就会很大，那么在这种特殊原因面前，这一天的考勤就可以把迟到因素排除在外。

第八，掌握时机。决策中的困难有一个重大的影响因素就是时机。任何事物都有存在的时空，有时事物本身并无对错，仅仅因为是发生的时间和场合不同而已。还以工作纪律为例，某馆的馆长针对馆内存在的严重迟到情况，修订和完善了考勤奖惩制度，但很谨慎地宣布从新年元旦开始试行。但在试行开头的两个月中，迟到状况依旧，而且在考勤记录上，居然没有找到一例迟到记录。迟到者众多，这时处罚影响面会很大，所谓"法不责众"，于是，馆长忍住不发。在3月份的全馆职工学习会上，馆长很高兴地对大家说："经过两个多月的试行，没有收到一份对考勤奖惩制度的意见，根据考勤记录也没有发现一例违反制度的情况，说明制度是切实可行的，大家也都能自觉遵守制度，所以，我们将从4月1日起正式执行，我将从那天起，亲自督查考勤情况，请大家继续保持这两个多月来的良好状态，遵守工作纪律。如果哪位碰巧在我督查时被发现违反制度，没有商量的余地，按制度办理；如果考勤员没有按时记录出勤情况，将加倍惩处。"4月1日，绝大多数人心中有数，但也有人大概没有当回事，两名迟到者被处罚。一段时间后，遵守工作纪律就成为大家的习惯。

第九，诚实守信。诚实守信是做人的基本行为准则，对管理者而言，更应该言必信、行必果。管理者诚实守信，同时表现出对不讲诚信行为的失望、厌恶，对缺乏诚信者不予重用，就会改善组织和团队在诚信方面的风气，使管理简单而有效。而管理者如果失信于下属，就会降低下属对其的信任度，将难以实施有效的管理。

第二节 公共图书馆管理的意义与特点

公共图书馆是公共服务机构,在国外同医院、学校(义务教育阶段)等一起被界定为"非营利组织"。我们所熟悉的大多数管理理论都是为了企业管理的需要而发展起来的,作为不计盈亏的公共服务机构似乎用不上。彼得·德鲁克在1990年出版的《非营利组织的管理》中这样论述:"非营利组织没有所谓'损益',它们通常会认为所做的每件事都是公正、合乎道义并服务于美好理想的,因此,即使没有达到预想的结果,也不愿意考虑是否应该把资源用到其他更合理的地方。非营利组织可能比企业更需要在运作方面进行合理的取舍,需要大胆面对重要抉择。"其实,从表面看,作为非营利组织的公共图书馆不需要在乎和计算盈亏,没有财务的底线,看到需要就去行动,但实际上却处处受到资源的限制。公共资金、专业人才,甚至土地、馆舍等的稀缺,都决定了在公共图书馆只能调动有限的资源、提供有限的服务。公共图书馆服务供给上的有限与用户对公共图书馆服务需求相对的无限,使公共图书馆必须考虑资源的组织和优化,考虑服务成本及其与效益之间的关系。

另外,公共图书馆提供的是机构化、专业化的服务,其服务的提供,不仅需要馆舍、设施设备、文献资源等硬件,也需要专业人员运用专业知识和技能在科学的工作流程下进行专业设计、分工协作、互相配合。因此,部门和人员之间的协调、流程之间的配合以及服务效益的提高都需要科学的管理。

公共图书馆服务体系是公共文化服务体系最重要的组成部分。随着公共图书馆走向体系化、网络化,特别是总分管制与单个图书馆相比更加规模化、系统化,因而公共图书馆的管理比以往更复杂、更重要。

一、公共图书馆管理的概念

公共图书馆管理的概念可以从宏观和微观两个方面来定义。宏观方面的概念主要是指国家或政府为保障人民群众平等利用公共图书馆服务的权益,通过颁布法律或法规建立公共图书馆制度,确定建设主体、管理单元,制定建设、服务、评估等标准体系并组织实施的过程。微观方面的概念是指公共图书馆管理者为完成使命,对公共图书馆所拥有的各项人力、物力和财力等资源进行计划、组织、领导、控制和协调的过程,在保障人民群众享用到普遍、均等的公共图书馆服务的同时,使服务成本最小化。①

二、公共图书馆管理的意义

在全覆盖和普遍均等的语境下,公共图书馆正从单打独斗、各自为政走向体系化、网络化,在资源建设上讲求共建共享,在服务提供上讲求质量一致,在读者利用上讲求方便快捷。特别是在总分馆建设上,许多地区已经开始从注重形式转向形式与内容的统一。总分馆使一个地区中的许多个图书馆形成了统一的服务体系,成为当地公共文化服务体系最重要的组成部分。之所以这样说,是因为在公共文化服务体系中,只有公共图书馆有国际统一的服务理念和服务标准,纵向有完备的组织体系,横向可以借助计算机网络技术把设施构建成服务网络,而且最具备资源共享的可操作性。前面说过,越是规模化、系统化的组织体系,管理越重要。因此,具体来说,公共图书馆管理的意义主要有以下四个方面。

第一,是提供规范和专业的公共图书馆服务的需要。公共图书馆提供的是机构化、专业化的服务,一个高度专业化机构的运行,需要规划、组织、协调,有人事、行政事务,有资金的组织和运用,所有这些,都离不开管理;特别是专业化的服务离不开专业人才,专业人才的招聘、录用、考核、薪酬、晋升及职业生涯规划等,都需要管理。

第二,是现代信息资源组织和利用的需要。图书馆是"生长着的有机体",从甲骨文到计算机,图书馆一直充分利用人类文明成果开展文献信息资源的组织、加工和服务,科学技术的发展会导致图书馆运行模式、

---

①朱丽君,卫冉,肖倩.图书馆管理与智能应用[M].长春:吉林人民出版社,2019.

服务手段、服务方式、人员专业结构等的变化,管理是适应变化、利用变化的有效武器。

第三,是构建全覆盖的公共图书馆服务体系的需要。覆盖全国的公共图书馆服务体系,是由许多地区的公共图书馆服务体系组成的;某一个区域的公共图书馆服务体系是由一群图书馆按科学布局、某种共建共享方式(或一体,或合作,或联合)、某种统一的服务标准、某种管理模式等集合而成。机构规模越大,管理就越复杂,一群图书馆构建成一种体系后,其本身就成为一个系统,内部结构更为复杂。公共图书馆的管理不仅需要针对单个图书馆,而更要从整体性出发,按照系统论的方法实施管理。

第四,是实现经济高效和可持续发展的需要。公共图书馆是一种较为昂贵的服务,在全免费时代,人民群众可以充分享受到公共图书馆服务,但服务越多、成本越大。因而公共图书馆一方面需要彰显价值,从而在有限的公共资源中占有一定的份额;另一方面必须以一种经济高效的组织形式、服务模式,来不断降低服务成本、提高服务效益,从而使其总的服务成本维持在公共财政可以支撑的范围内,实现可持续发展。因而预算的编制、成本的核算、财务的策划、效益的评估等,都成为公共图书馆管理的重要内容。

三、公共图书馆管理的特点

许多学者总结过公共图书馆管理的特点,如综合性、前沿性、依附性、协调性、组织性、变革性、科学性、艺术性、经济性、理论性、实践性等。根据公共图书馆实践和提供普遍均等公共图书馆服务的要求,认为公共图书馆管理有以下一些特点。

第一,理念与实践的结合。公共图书馆的管理是一种实践活动,是需要以管理理论指导的实践活动,通过管理,提高服务效益,从而经济高效地实现公共图书馆的目标。但公共图书馆有其自身特定的价值观和使命,因此,公共图书馆的管理除了应符合管理本身的普遍规律外,还需要根据其使命符合自身固有的服务理念,公共图书馆管理是根据公共图书馆理念指引的实践活动。所以,公共图书馆管理除了需要具备管理理论、知识、方法、技巧和艺术外,还必须把公共图书馆的服务理念贯彻始终,在管理中坚持自己的核心价值观,使决策首先符合理念,保持正确的方向;否则,背离理念的管理,效率越高,离目标越远。

第二,公平与效率的结合。公平是普世价值,公共图书馆的使命之一是实现社会信息公平,因而在各项服务中,公平原则应该成为管理中的前提。但在支撑和保障服务开展的过程中,必须讲求效率,资源的稀缺性决定了缺乏效率就实现不了公平。同时,公平和效率永远是一对相对的概念,没有绝对的公平,也没有最高的效率。公共图书馆的管理,不管是设置制度,还是馆藏政策、服务政策等,都必须在公平和效率中寻找结合点、平衡点。另外,公共图书馆在实现经济高效的同时还必须实现两大目标:对内不断降低服务成本,提高服务效率;对外不断降低读者利用图书馆的交通成本和时间成本,提高读者的满意度。这些,使得公共图书馆管理与企业管理有较大差异。

第三,传统与现代的结合。公共图书馆既提供传统的纸本文献借阅服务,又大量使用现代科技手段开展各种信息服务。向所有人开放,用户的年龄、职业、层次、需求、利用图书馆的习惯和方式呈现多样性,不同的用户对图书馆的环境、资源、技术运用、服务手段和方式也有着不同的要求。公共图书馆从满足所有用户需求的理念出发,需要在巩固传统服务技术和方式的前提下,不断运用高新技术支持和支撑服务创新。为适应这种变化,公共图书馆在管理理论、管理体制、管理机制、管理实践、管理手段等方面与现代企业管理相比都存在着很大差距,这就导致了公共图书馆的管理需要融合各种管理思想,选择适合自身实际的管理理论,创新管理机制,开展管理实践。

第四,宏观与微观的结合。我们正处于建设覆盖全社会的公共图书馆服务体系的转型和实践时期,公共图书馆的管理者面对着图书馆自身发展和社会大环境的变化,其管理既要针对单个图书馆,又要针对总分馆、区域性服务网络等服务体系,这需要公共图书馆的管理者积极探索实践,创新管理理论,提升管理能力,以保障公共图书馆普遍均等服务目标的实现。

第三节 公共图书馆管理模式介绍

在公共图书馆的管理实践中,自觉不自觉地采用了许多企业的管理理念和方法,这些先进的理念和方法赋予了公共图书馆有效运行的活力,还有一些公共图书馆根据各自馆的特色创新本馆的管理方式,取得了良好的效果。下面介绍几种我国公共图书馆界的管理模式。

一、项目管理

(一)项目管理的定义

所谓项目,就是为了提高某项产品、服务或成果所做的临时性努力。从这个概念中,可以看出项目的两个关键点:成果和临时性努力。所谓项目管理,就是以项目为对象,通过一个临时的、柔性化的专门组织,对项目进行高效率的计划、领导、协调和控制,使项目的全过程资源得到优化,从而顺利实现项目预期目标的过程。

时间、成本和质量是一个项目的三个关键因素。它们之间相互制约、相互促进,也相互矛盾,在具体的实际中,要根据具体项目的性质来协调三者的关系。以活动为中心进行的项目一般时间比较关键,例如某一个商场的周年庆,庆祝日是不可变更的,所以这个项目的日期从一开始就确定了。以质量为中心的项目一般质量都比较关键,例如某一个研发项目,研发产品是否成功,关键在于其质量。还有不少项目是以成本为关键的,例如一项承包工程,客户给出一定的价格,项目的支出就必须保持在预算之内。

项目管理的过程一般包括:①项目的确定,包括初步确定项目组成人员、确定项目界限、初步确定项目计划、项目初始阶段总结评审。②项目的计划过程,包括确认项目流程、确认项目详细计划、计划评审及批准等。③项目的实施过程,包括执行项目计划、管理项目、控制项目计划及完成情况、项目变更控制及进程评审。④项目的结束过程,包括完成多项项目的移交准备工作、完成项目的总结报告等。

在项目管理过程中,表现出几个特点:①复杂性,项目是由多个部分组成,跨多个部门或组织,涉及的事情比较多,所以项目管理具有复杂性。②需要集权领导和专门组织,要求不同部门之间做出迅速有效而且相互关联、相互依存的反应,需要建立围绕某一任务进行决策的机制和相应的专门组织。③项目负责人起着非常重要的作用;要在有限的时间、资金条件下完成项目目标,有权独立进行计划、资源调配、协调和控制。④创造性,项目的一次性特点,决定了项目管理既要承担风险又要创造性地进行管理。

(二)项目管理在公共图书馆的应用

项目管理在图书馆界应用比较多,例如,东华大学图书馆在其中文图书馆藏优化中采用了项目管理机制,一些高校图书馆在回溯建库、建立特色数据库方面都用了此方法。在公共图书馆,项目管理其实也融入了日常工作中,只是没有挂上项目管理这个牌子。例如,为举办一次联欢晚会而设立一个"春晚小组",为完成某一次迎评工作而成立一个"XX小组",或者是为组织一次大型读者活动(比如"4·23"世界读书日活动)成立一个小组。这些其实都应用了项目管理,即打破部门组织结构,根据任务的需要将相关部门的人员组织起来,并设定一个负责人(通常是副馆长或部门主任,但也可以是普通馆员),负责整个项目实施过程中的监督和协调。乌鲁木齐市图书馆曾采用项目管理打造"文化讲坛"这一项目;苏州图书馆根据人员编制不足、许多工作无法安排的情况,在打造学习型组织的过程中,组建了许多学习型团队,并指派工作项目,把原来无法安排下去的工作以项目的形式发包给团队,每年通过项目制,完成的工作任务有许多个,完成了古籍地方文献数据库、中美合作中文信息平台、《爱书人的世界》和《亲子阅读》等的编撰等本来无法完成的工作任务。在公共图书馆的管理上明确提出"项目立馆"的是佛山市图书馆。

1."项目立馆"的提出

佛山市图书馆在2011年1月正式提出了"项目立馆"的办馆方针。随即成立了"项目立馆"课题组,该课题组对"项目立馆"的定义、实施的必要性及可行性、图书馆项目的特点和种类、图书馆项目团队组织结构及责权、图书馆项目实施步骤与办法、图书馆对项目的行政支持工作、项目促进图书馆人才队伍建设、图书馆项目成果的推广应用等方面进行了系统的研究。并形成了一系列研究成果,包括《佛山市图书馆项目实施步骤》《项目文档模板》《佛山市图书馆项目实施答疑》《佛山市图书馆项目等级说明》《佛山市图书馆2012年项目申报办法》以及研究报告:《项目立馆——图书馆发展新思路》等。

2."项目立馆"的实施

第一,建立试点。佛山市图书馆以"崇文佛山·阅读春天"系列读书活动作为"项目立馆"的试点,将项目管理正式应用到该馆的日常管理中。同时成立了活动领导小组,并以"项目立馆"课题组的前期理论研究为基础,将该系列活动拆分为12个独立项目,然后向全馆公布该系列活动的通知并号召馆员根据自身实际情况及意向,加入相关项目。随即公布了系列活动项目申请、项目组成与职责等相关说明。两周之后,领导小组确立了系列活动项目负责人,召开会议并安排了具体工作。四个月之后,分管项目管理的业务管理部门发布了《佛山市图书馆项目实施步骤》。启动"崇文佛山·阅读春天"系列读书活动项目、启动"读者自主采购借阅服务"、启动"佛山市联合图书馆'二代身份证'免押金借阅服务"及"项目立馆",这些项目全部进入结项程序,经项目评审小组评审通过。

第二,"项目立馆"的正式应用。佛山市图书馆发布了《佛山市图书馆2012年项目申报办法》,各部门开始的项目申报。共申报62个项目,经图书馆项目评审小组评审,最终有48个项目获得立项。[1]

第三,"项目立馆"的实施效果。佛山市图书馆在开展"项目立馆"试点工作后发现,实施项目管理不仅使项目经费得到了有效利用,而且扩大了宣传效应,并使所有的宣传有了一致性。例如,通过"系列读书活动整体宣传"项目的成功运作,整个系列读书活动在《中国文化报》等各类主流平面媒体发稿就多达72篇,篇幅之多、版面之广是历届之最。此

---

[1]马雨佳,于霏,高玉清. 现代图书馆信息管理及服务研究[M]. 北京:九州出版社,2018.

外,实施项目管理还调动了馆员的工作积极性。据统计,仅"崇文佛山·阅读春天"系列读书活动,主动报名参与各项目的员工就有58位,占员工总数的48%;员工的参与度更是达到90%以上。

3. 注意的问题

佛山市图书馆在"项目立馆"的情况介绍中指出,作为第一次尝试,馆员对各项流程不熟悉,在实施过程中,没有项目管理的专责机构对所实施项目进行全面的监控和协调管理以及项目制度本身的不完善,导致部分项目未能严格按照流程实施,记录档案不完备。同时,项目负责人和成员权限不明,项目与项目之间、项目与部门之间的沟通、协调及人员安排方面存在问题。通过对佛山市图书馆项目立馆相关材料的解读和分析发现,该馆在开始项目管理前做了很充分的准备,其整个试点实施也开展得有声有色,很多馆员积极参与了相关项目。在实施过程中,该馆将项目的参与"员工评分系统"挂钩,凡参与项目者均有相应的分值,这一操作一方面鼓励了馆员参与项目;另一方面也可能为滥竽充数埋下了伏笔。所以,在项目管理上值得注意的是:不仅要调动馆员的积极性,更要充分发挥馆员的才智,尽可能地避免项目参与泛滥化,可以对每个项目的成员组成提出一定的要求,以此来督促馆员不断地提升自己。

二、绩效管理

(一)绩效管理的定义

绩效管理作为组织管理活动,尤其是人力资源管理活动的重要组成部分之一,是指管理者用来确保员工的工作活动和工作产出与组织的目标保持一致的手段及过程。具体说来,是指管理者与被管理者之间根据组织目标对被管理者的工作技能、工作活动、工作产出进行持续的沟通与评价,使组织、群体和个人取得较好工作结果,进而保证组织目标有效实现的管理方法与管理过程。

戴成英将公共图书馆的绩效管理定义为通过对图书馆战略目标分解和业绩评价,将绩效成绩用于图书馆日常管理活动中,以激励员工业绩持续改进并最终实现图书馆战略目标的一种管理活动。

(二)绩效管理在公共图书馆的应用

绩效管理在公共图书馆中的应用比较普遍也比较合适,作为一种非营利组织,公共图书馆需要通过各种机制来激发馆员的工作热情。英国合益管理咨询公司的调查显示,51%的英国员工认为,因为缺乏激励,不能全身心地接受工作角色,并导致业绩不佳。我国公共图书馆长期以来存在严重的平均主义思想,很难调动馆员最大限度地发挥其才智。近年来事业单位实行绩效改革后,公共图书馆纷纷开始实行绩效工资,开展了绩效管理。

苏州图书馆开始把绩效管理运用到管理实践中,并根据公共图书馆的使命、本馆的实际,结合学习型组织的创建,把绩效管理本馆化,取得了良好的效果。

1. 背景介绍

苏州图书馆新馆正式对外开放,新馆的落成为该馆的整体发展提供了一个新的平台。但同时,政府并没有因新馆开馆而增加人员编制,而新馆与老馆相比,开放时间增加了75%,持证读者增加了8倍,到馆的读者增加了7.5倍,外借册次增加了7倍,讲座从无增加到24场等,综合工作量增加了约10倍,使全馆陷于应付开馆的状态,不要说信息推送、古籍数字化、二次文献开发、学术研究等无人来做,就是读者调查等常规性的工作也缺乏人手。为此,苏州图书馆开展了以提高工作热情和工作绩效为目的的绩效管理。

2. 具体实施

第一,设定绩效目标。在确定了实施绩效管理后,苏州图书馆根据本馆的发展目标制定了一系列绩效目标,并运用岗位工资制、目标责任制、馆员学分制、项目负责制等方式,精神鼓励和物质奖励相结合,配以定期的目标考核,使原来因缺乏人手而无法开展的工作变成馆员竞相承担的工作。

目标责任制是根据战略规划,确定每年各部门的年度工作目标,制定工作的量化指标,年初部门主任与馆长签订目标管理责任书。责任书内容细化到日常工作的各个方面,例如排架的出错率、图书的遗失率、编目的准确率等。可以说,目标责任书制度是苏州图书馆实行绩效管理的一个铺垫。馆员学分管理是一种督促馆员加强业务学习、提高自身专业素养的途径,不同职位、不同级别的人有不同的学分要求,每年年终馆员个人的学分是考核馆员个人的一个指标。项目负责制是建立以完成项目任务为主题的学习型团队,把项目任务与团队学习结合起来,让馆员在完成项目的过程中强化学习、提高技能,并完成工作任务。

  第二,确定绩效考评机制。苏州图书馆在设定绩效目标的基础上,确定了绩效考评机制。每个季度和年终由考核小组交叉对各个部门的工作进行检查,考核小组由馆长室和部门主任组成。每次考核完,召开中层干部会议对考核结果给予公布、分析、讨论,及时发现问题并商讨问题解决方案。

  第三,设立各种奖金。苏州图书馆在原来"平均主义"奖金的基础上,调整和完善奖金发放办法,把根据考核分值计算出来的奖金发到部门,再由部门在对员工考核的基础上进行分配,调动了部门主任和员工的积极性;同时,馆内增设了一些单项奖励项目,比如项目奖金、超产奖励、个人奖金、团队活动经费等。

  项目奖金是每年年底对一年中完成的重大项目(读者活动、对外交流等)进行奖励,或者对额外完成项目任务的部门或团队进行奖励;奖金的多少取决于项目的大小和取得的效果;项目奖金能够最大限度地激励那些除了做好本职工作,还努力参加项目团队或参与临时大型事件的馆员。超产奖励是通过年终考核对各个部门的工作进行检查,超出目标责任书任务规定的给予相应奖励,反之将扣除部分奖金;超产奖励将日常工作目标与奖金直接挂钩,强化馆员的主人翁意识,同时也有助于一个部门的团结,实现了目标激励。个人奖励是对工作中表现优异的个人(如先进个人、服务标兵、最高学分者等)进行奖励,借此,树立楷模,鼓励先进,实现了模范激励。团队活动经费是指有些团队承担的项目永远看不到结果,但团队活动增强了馆员技能、保障了图书馆正常开放,例如安全活动团队,队员们平时的演练、学习,对全馆的安全检查、整改等,其效果只能体现在图书馆的安全运行上,所以,每年需要拨付一定的活动经费保证其正常开展活动。

此外,苏州图书馆还以阶梯式的方式将奖金分配比例与职位挂钩,在一定程度上打破了平均主义,体现了多劳多得,突出了责任与所得的对等,从而激励馆员积极进取,努力攀登职业生涯阶梯。

3.实施效果

第一,调动了馆员的工作积极性。苏州图书馆实施绩效管理以来,极大地调动了馆员的工作热情。绩效管理实施后,全馆的工作业绩较之前有了明显的提高。在没有增加人员编制的情况下,各项新的工作有序开展,成绩不断涌现:"苏州大讲坛"经过四五年的运作被成功打造成品牌活动,十年中已经成功举办500期,连续两次被评为江苏省优秀讲坛;分馆建设如火如荼;开发的手机图书馆获江苏省五星工程奖;古籍地方文献数据库、分馆远程监控平台投入使用;开创了扶老上网、悦读宝贝、欢乐大本营、七彩夏日等许多服务品牌,使全馆读者接待量和图书外借量不断刷新纪录,使苏州图书馆成为提供优质公共服务的典型,形成了很好的口碑。

第二,塑造了民主化的管理文化。绩效目标、绩效考评、绩效奖励。一套严谨的管理制度形成了客观、公正的管理氛围,构成了苏州图书馆透明的组织文化氛围。这种管理文化配合公共图书馆的服务理念,形成了苏州图书馆内部公平、公正、积极向上的价值观。

第三,有效地监测和控制了图书馆的各项工作。苏州图书馆在实施绩效管理的过程中,及时发现了各种问题并给予解决,保障了全馆各项工作有条不紊地向着战略目标前进。

4.注意的问题

绩效管理中,需要物质奖励与精神奖励相配合,所以,如先进个人、服务标兵、技术能手等评比是一种荣誉奖励和尊重奖励。在奖励上,需要不断完善奖励机制,细化奖励标准。另外,在绩效管理中,特别要注重组织文化的建立,绩效评价要客观、公正,奖励才会发挥鼓励积极、鞭策落后的作用。还有,通过绩效管理应最大限度地激发新进馆员的工作热情,充分发挥他们的各项专业技能,这是图书馆实现可持续发展的一个重要因素。

三、科技立馆

在今天,科学技术对于每一个现代化组织来讲都显得非常必要和重要。20世纪后信息技术的发展给公共图书馆带来了冲击和挑战,但同时也带来了发展的机遇和活力。当很多公共图书馆在为技术带来的威胁而感到紧张和无奈时,东莞图书馆提出了"科技立馆"的理念,并成功付诸实践,取得了显著效果。

(一)背景介绍

东莞是一个在行政设置上非常特别的地级市,全市跳过县、区,只设置了4个街道、28个乡镇。这为东莞图书馆提供了直接与乡镇街道图书馆建立联盟的便利。东莞图书馆没有走打通或绕开体制建立联盟的道路,而是探索了技术先行的路子,通过开发集群化管理系统,将全市的乡镇街道图书馆纳入其中,形成了东莞特有的公共图书馆集群化管理,并在此过程中,确立了自身的"科技立馆"战略。

(二)实施项目

1. 研发Interlib图书馆集群网络管理平台

在"科技立馆"理念的指引下,东莞图书馆积极探索创新,于2003年研发出了Interlib图书馆集群网络管理平台。该系统通过了文化和旅游部组织的科技成果项目鉴定。Interlib图书馆集群网络管理平台的出现,革命性地为总分管制的实现提供了技术保障。依托此管理系统,东莞市大力实施以城市为中心、图书馆为龙头的服务体系建设,构建起紧密协作的图书馆集群网络,逐步开展东莞地区总分馆的通借通还、资源共享和活动联动,实现区域图书馆的协同发展。这些成就(区域图书馆集群管理与协同发展模式)使得东莞图书馆在荣获了第二届文化和旅游部创新奖。

2. 打造24小时全天候自助服务

东莞图书馆将图书自助借还设备、图书检测设备、门禁设备、图书馆业务系统等技术进行整合,开设全国首家自助图书馆;又推出运用RFID

(射频识别)技术和可以放置于城市任何角落的全国第一家图书馆ATM(图书自助服务站)。这些先进技术的应用延长了图书馆服务的时间,延伸了服务空间,为民众利用公共图书馆提供了新途径,多样化了公共图书馆的服务方式,自助图书馆被文化和旅游部选为"国家文化创新工程"扶持项目,东莞城市图书馆总分馆服务体系因此得到不断完善。2011年,"实现全市镇街24小时自助图书借阅全覆盖"被列为东莞市为民办成的十件实事之一。

3.开发"市民学习网"

通过运用先进技术,东莞图书馆推出了为市民开发的自主学习平台——"市民学习网",开设网上课程1500余门,市民在家中即可通过远程网络进行自主学习,该平台的建立有助于东莞图书馆完成在促进社会教育方面的使命。以此为基础的"互联网环境下的市民学习平台研发与项目实施"项目在通过了国家文化和旅游部验收。紧接着,东莞图书馆继续深入研发,推出"东莞学习中心",即向读者提供可以利用的150万种电子图书、1万种电子期刊、2800万篇学术论文以及1万多部视频资源,充分地为民众的自主学习、继续教育提供了条件和平台。

(三)实施成效

以科学技术为发展依托点,创新服务方式,构建服务体系,东莞图书馆取得了良好的经济和社会效益。Interlib图书馆集群网络管理平台帮助东莞成功构建了协同发展的公共图书馆服务体系,实现了"一馆办证,多馆借书;一馆借书,多馆还书"。此外,该系统被业界多个地区的2000多家图书馆使用,在一定程度上促进了我国公共图书馆的发展。自助图书馆和图书馆ATM全天候为读者提供自助借阅服务,深受读者的好评和喜爱。自助服务开放七年多,平均年接待读者6.3万人次,年图书借还量6.8万册次,相当于东莞图书馆年总借还量的3%。

以科学技术为发展突破口,东莞图书馆研发了一系列于民方便、于馆高效的信息系统和网络平台。公共图书馆的确需要借助技术来进一步实现自身的使命,也需要顺应技术的发展来开辟新的业务发展空间。

四、评估与质量管理

在业界,还有不少公共图书馆巧用多种方法,借助多方力量来推进该馆管理工作的开展,其中杭州图书馆在这一方面树立了楷模。

(一)产出经济评价与绩效评估

杭州图书馆借助"钱江特聘专家"推出了"公共图书馆投入产出经济评价与绩效评估研究"项目,邀请了北京大学和浙江大学的图书馆专家学者对杭州图书馆的经济效益和服务绩效进行了评估研究。整个评估研究分为两个部分:①通过消费者剩余法和条件价值评估法对杭州图书馆各项服务所产生的经济效益进行评估,即以代替品的价格(例如可以根据租书店租书价格来计算借出一本书的产值)和问卷调查读者愿意支付的价格(例如调查读者愿意付多少费用来参加一次读者活动)来核算该馆的经济产值。②通过建立评估指标体系对杭州图书馆的实际服务情况做了诊断,包括经费、人群覆盖率、文献利用率、设备的有效性等方面。

经济效益的评估显示:杭州图书馆的成本与效益之比是1:1.87,与一般公共图书馆"1:3~1:6"的经济效益相比存在着差距。服务绩效评估显示杭州图书馆在硬件方面已经超过了我国省级公共图书馆的平均水平,经费保障方面与纽约、温哥华、东京等地还有差距,整体服务效益在国内处于领先水平,与国外大城市相比还有差距。

(二)注重内部质量管理

杭州图书馆目前正在编制该馆的《质量手册》,该手册结合图书馆的实际情况对馆内各项规章制度进行了梳理和修订,使杭州图书馆内部管理体系通过国际标准ISO9000质量管理体系的认证,从而提升服务能力。在编制过程中,杭州图书馆借助专业的认证公司(杭州万泰认证公司)为该馆的质量体系建设进行测评认证,目前一切工作正在有序进行中。

第三章 公共图书馆文献信息资源管理

第一节 文献载体的特点

一、信息资源

(一)信息资源概念

信息资源是信息与资源两个概念整合衍生出来的新概念,归根结底是一种信息,或者说是信息的一个子集。信息资源是信息的一部分,是信息世界中与人类需求相关的信息;信息资源是可利用的信息,是在当前生产力水平和研究水平下人类所开发与组织的信息;信息资源是通过人类的参与而获取的信息。人类的参与在信息资源形成过程中具有重要的作用。概括地说,信息资源就是"人类选取、组织、序化的有用信息的集合"。

纸张的发明是人类社会文明的巨大进步,距今已有上千年的历史。它对文明的传承作用及优越性是以前任何载体都无法比拟的。从单一化到载体多样化的文献是"记录有知识的一切载体",是人类知识的源泉。文献的生产离不开载体,只有通过载体,文献才能书写、流传和扩散。文献形式的发展和演变,是载体形式的发展过程。从陶土、泥板、甲骨、青铜器皿、石、玉、竹简、木牍、锦帛到纸,载体形式的变迁贯穿整个人类发展的文明史。图书馆自其诞生之日起,也随着文献载体的变迁一起成长。信息社会的到来,使文献数量激增,纸质载体的容量小、体积大、成本高、不易保存等缺点就呈现出来。随着计算机技术、通信技术、声像技术等新型信息技术在文献工作中的广泛运用,图书馆的馆藏文献也从传统的单一纸质文献发展成为纸质文献与多种形式载体文献共存的新格局。

(二)信息资源具有四个明显的特征

1. 智能性

信息资源是人类所开发与组织的信息,是人类脑力劳动或认识过程的产物,人类的智能决定特定时期或特定个人的信息资源的量与质,智能性也可以说是信息资源的"丰度与凝聚度"的集中体现。

2. 有限性

信息资源只是信息的有限部分,与人类的信息需求相比,它永远是有限的。信息资源的有限性是由人类智能有限性决定的。

3. 不均衡性

人们认识能力、知识储备和信息环境等多方面的条件不尽相同,他们所掌握的信息资源也有所不同。

4. 整体性

信息资源作为整体,是对一个国家、一个地区或一个组织的政治、经济、文化、技术等全面的反映。①

二、信息技术的影响及数字化资源建设的途径

(一)信息环境的变化,给图书馆藏书发展带来了重要而深刻的影响

改变了支持环境,物质科学技术和能量科学技术的发展与应用使图书馆一直都处于一个以纸质品为文献载体,以手工交换为文献传播方式的相对稳定的技术环境之中。图书馆履行着纸质文献信息收藏、保管和读者服务的职能。现代信息技术的发展改变了文献的形式及其传播方式,数字图书馆的出现、网络技术的普及、无纸社会的到来,不仅仅是技术手段、条件上的变化,而是从根本上改变了图书馆外部技术环境,并且还会引起整个社会环境的变化。

在以电子文献为主要馆藏的电子图书馆中,图书或者其他资料实际

---

①姜交兵. 公共图书馆的政府信息公开服务研究[D]. 长沙:湖南大学,2016.

上并不流通。字符编码文本或电子图像页面可以电子化地传递到用户计算机终端,供用户阅读、检索、浏览、打印。由此图书馆馆藏的完整性得以保证,读者对数字图书等根本不存在独占、超期、催还、破损等问题,借阅的本质和方式也完全不同。

数字图书馆允许多个用户同时存取信息,传统图书馆中用户在资料使用方面的一些冲突现象可以克服,电子图书不受其实际存放位置或复本量的限制,不同地理位置的用户可同时共享一本电子图书,而既不必到图书馆来,又不受图书馆开馆时间、阅览空间等限制。可以形象地理解,数字图书馆的阅览室延伸到了所有拥有计算机的用户的办公室、实验室或家里。

(二)目前在互联网时代

数字化资源建设主要有以下三条途径。

1. 传统馆藏文献的数字化

对于本馆特色的馆藏,可以自己购买设备进行数字化,对于很多图书馆都需要数字化的馆藏,可以一家先数字化后进行共享,也可以多家图书馆合作完成,降低数字化制作成本。

2. 数字化文献资源的采购

有计划、有针对性地购买电子出版物,是建设数字化文献资源的有效途径。早几年图书馆购置的电子出版物主要是检索性的数据库光盘,近两年国内外全文数据库等电子出版物有了突破性的发展。

3. 馆藏的延伸

迅速发现和利用网络上的文献信息,延伸自己的数字化馆藏,是未来图书馆的主要功能之一。网上资源的搜集和组织利用,是较为省事和省钱的途径。国际互联网上分布着越来越多的图书、期刊、报纸以及其他多媒体出版物,但是这些出版物多数是出版社单独发行的,各有各的网址,用户要逐一搜寻地址,然后再访问,比较麻烦。数字图书馆要发挥传统图书馆的功能,把这些图书、报纸和期刊等资源网址挖掘出来,通过网上图书馆建立导航站,让用户进入我们的主页后产生"藏书万卷"的感觉。

三、新型文献载体的特点

新型文献载体主要是指缩微品、磁性载体、数字光盘、芯片等先进储存载体。它们与传统纸质文献载体相比具有以下优点。

(一)重量轻,体积小,存储文献信息量大

在现代新型文献信息载体中,几乎都具有信息存储密度高、节省空间的特点。例如,一张高密度的软磁盘可以存放50万个汉字;一张容量为650兆的光盘,可容纳300册100万字(含数字)的书刊;一卷16毫米的缩微胶卷可存储3000~10000篇文件,可装载全年《人民日报》的内容;天津图书馆将中华人民共和国成立前的报纸拍成35毫米的缩微胶卷后,节省存储空间95%。

(二)周期短,传递快,检索效率高,易于保存和实现资源共享

与纸质文献相比,新型文献特别是网络环境下的电子文献在借阅过程中非常方便灵活。电子文献可借助电信线路进行远距离、高速度的传输。读者可在网上任意检索到图书馆数据库中的信息。例如,从《中国学术期刊(光盘版)》即可检索到全年我国学术期刊的全部目录。另外,电子文献易复制,拷贝一张软盘只需几秒,却可得到超过10万~20万个汉字的文献信息量。电子文献易保存且方便实现资源共享。电子文献有体积小、容量大、易复制、便于保管、传递快等特点,在网络环境下实现资源共享非常方便,不受时空限制,这是纸质文献载体所无法比拟的。

(三)价廉,节省资源

新型文献载体的原材料是胶质材料和聚合物膜纤维及光导纤维等,制作成本非常便宜。例如,《牛津英语词典》有20卷,总重62千克,字数达6000万字。如今这一巨型词典已存在计算机光盘上,可以在金山词霸中点击查询。

(四)感观强,识别度高,便于读者对文献信息内容理解和吸收

在多媒体技术的环境下,电子文献能将数字、文字、声音、表态图像、动态图像等有机地集于一体,并把结果综合地表现出来,不仅使阅读更富于直观性、生动性和形象性,而且可产生易懂易记的阅读效果。

新型文献载体除了上述优点外,也存在一些缺点:阅读不便,需要借助其他工具才能读。发展时间短暂,还不能完全适应人们的阅读习惯;操作不便,不适宜人们在阅读的文献上做笔记的学习习惯,不适应人们在同一时间对多种文献信息进行对照阅读的需要,如果发生损坏,易丢失文件等。而新型文献载体的缺点正是纸质文献的优点,这也是纸质文献载体不能被新型文献载体完全代替的重要原因之一。

四、现代文献的信息职能

目前,图书馆的馆藏文献仍以纸质文献为主,同时缩微技术、声像技术、计算机技术、数字技术、网络技术也得到了较为广泛的应用。计算机技术、数字技术、网络技术自20世纪80年代以来在图书馆的应用发展也很快。美国学者兰开斯特教授说:"不管我们是否喜欢,无纸社会正在迅速逼近;然而,纸质载体将长期存在。随着科技的发展,新型文献载体一旦具备了纸质文献载体的全部优点,纸质载体或许会像甲骨、竹简等那样自动退出历史舞台。并且纸质载体是人们使用最长久、最广泛的信息载体,人们长期以来形成的阅读习惯一时也难以改变,因此,纸质载体依然是图书馆多种载体文献的主流,将长期与新型文献载体并存。"

现代文献信息向综合性多功能信息转变,从古代藏书楼到近代图书馆演变的过程,其实就是图书馆的信息化程度逐步增强的过程。从传统的秘不示人到对外开放,是一次突破性的进步。当信息时代到来的时候,近代图书馆必须具备更强的信息功能,更加信息化。因此,现代图书馆越来越倾向于向综合性多功能信息化的方向发展。

第一,收藏与整序职能是现代图书馆仍具有的基本职能,但含义有所改变。在收藏职能下,图书馆已形成了庞大的以纸质文献为主的资源体系,并且尽最大努力收集各类文献,不断扩大馆藏数量,这几乎是所有图书馆长期不变的生存与发展模式。整序则是对所采购的文献在馆内进行登记、分类、编目、排序等工作。对于现代图书馆来说,馆藏的概念和质量都有所不同了,馆藏的内容除了纸质文献外,更多的是新型载体的文献,以便节省空间,也包括丰富的网络信息资源。馆藏不是以数量多少和规模大小决定,而取决于对联机数据库和网络信息存取速度、存取质量以及用户满意度。整序职能除了原有的馆内资源整序,还承担着网络信息整序的工作,而且将越来越侧重于后者。

第二,网络信息职能是传统图书馆以向读者提供文献为己任。它所处理的对象是文献,对传统图书馆来说,文献借阅的册数和读者到馆的人次,是衡量一个图书馆服务效益好坏的重要标志。然而今天现代图书馆的服务职能是使读者在最短时间内能最有效地获取他们所需的信息。因此,信息的可存取性和参考咨询工作的质量已成为衡量图书馆服务效益的重要指标。加强信息开发,发展信息产业化成为图书馆发展的主要目标。

第二节 图书馆信息资源管理

一、信息的概念及特征

(一)信息的概念

信息作为科学术语被提出和使用,可追溯到 R. V. Hartly 在《信息传输》一文中的描述。他认为,信息是指有新内容、新知识的消息。而关于信息有多种定义。1948 年,C. E. Shannon 博士在《通信的数学理论》中,给出信息的数学定义,认为信息是用以消除随机不确定性的东西(信息是肯定性的确认,确定性的增加),并提出信息量的概念和信息量的计算方法,从而奠定了信息论的基础。

从哲学的角度说,信息是事物运动的存在或表达形式,是一切物质的普遍属性,实际上包括一切物质运动的表征。传播学研究的信息是在一种情况下能够减少或消除不确定性的任何事物,它是人的精神创造物。

(二)信息的特征

尽管从不同的角度出发对信息存在不同的定义,但是信息的一些基本性质还是得到共识。信息的基本特征有以下几点。

1. 普遍性

信息的普遍性是指信息无处不在、无时不在。信息普遍存在于自然界、人类社会中，也存在于人类的思维或精神领域中。无论是自然界的鸟语花香、地震风雨、海啸雷鸣，还是人类社会活动中的语言文字、机械、建筑等无一不是信息的表现形式。

2. 依附性

信息要借助于某种符号表现出来，如文字、声音、图像等，而这些符号又要依附在纸张或别的物质上，如磁带、磁盘、光盘上。

3. 可存储、传输与携带性

信息的存储性是指信息可以存储起来，以便传递和利用。它既可储存在人的大脑中，也可储存在计算机上等。如我国古人将信息储存在绢帛、竹简、纸张上，现代人将信息存储在胶片、磁带、光盘上等。

4. 共享性

与物质、能量不同，信息没有排他性，它可以共享。若用"物质能量"代替"苹果""信息"代替"思想"，萧伯纳的下面这段话讲述了信息与物质或能量的区别："倘若你有一个苹果，我也有一个苹果，我们彼此交换之后仍然各有一个苹果。但是，倘若你有一种思想，我也有一种思想，我们彼此交流之后便各有两种思想了。"信息的这种特征，使我们可以通过教育和自学获得比实践更丰富甚至更深刻的知识、技能和情感。

5. 时效性

客观事物本身在不停地运转变化，信息是事物运动的状态和方式，信息也在不断发展更新。因此，信息的存在有着一定的时效性。

6. 传递性

信息的传递是指信息可以通过多种渠道、多种方式进行空间和时间上的移动过程，该过程主要依靠光、电、声、磁、语言、表情以及文字等表现出来。

7. 价值相对性

信息的价值相对性是指信息可对社会经济活动产生有价值性的影响。如把信息作为一种资源进行有价转让或出售等，因而它表现了其价值特征。

8. 可加工性

信息可以被加工处理后由一种状态或形式转换成另一种状态或形式,这就是信息的加工性。信息资源取之不尽、用之不竭,其加工、利用没有止境而且投资小、见效快,对经济和社会的发展有着不可估量的作用。在当今社会,谁抢占了知识信息高地就意味着谁就掌握了主动权、制胜权。

9. 客观性

信息是客观现实的反映,不随人的主观意志而改变。如果人为地篡改信息,那么信息就会失去它的价值,甚至不能称之为"信息"了。

10. 动态性

事物是在不断变化发展的,信息也必然随之运动发展,其内容、形式、容量都会随时间而改变。

11. 识别性

人类可以通过感觉器官和科学仪器等方式来获取、整理、认知信息,这是人类利用信息的前提。

12. 载体依附性

信息不能独立存在,需要依附于一定的载体,而且,同一个信息可以依附不同的载体。

13. 价值性

信息有价值。物质、能量和信息是构成世界的三大要素,缺一不可。

14. 增值性

在加工与使用信息的过程中,经过选择、重组、分析、统计以及其他方式的处理,可以获得更重要的信息,使原有信息增值,从而更有效地服务于不同的对象或不同的领域。信息只有被人们利用才能体现出其价值,而有些信息的价值则可能尚未被人们发现。①

---

① 王印成,包华,孟文辉. 高校图书馆信息管理与资源建设[M]. 北京:经济日报出版社,2018.

二、信息技术的概念及内容

（一）信息技术的概念

信息技术是指有关信息的收集、识别、提取、变换、存储、传递、处理、检索、检测、分析和利用等技术。凡涉及这些过程和技术的工作部门都可称作信息部门。信息技术能够延长或扩展人的信息功能，它可能是机械的，也可能是激光的，它可能是电子的，也可能是生物的。

（二）信息技术的内容

具体来讲信息技术主要包括以下几方面技术。

1. 感测与识别技术

它的作用是扩展人获取信息的感觉器官功能。它包括信息识别、信息提取、信息检测等技术。这类技术的总称是"传感技术"。它几乎可以扩展人类所有感觉器官的传感功能。传感技术、测量技术与通信技术相结合而产生的遥感技术，可使人感知信息的能力得到进一步的加强。信息识别包括文字识别、语音识别和图形识别等。通常是采用一种叫作"模式识别"的方法。

2. 信息传递技术

它的主要功能是实现信息快速、可靠、安全的转移，各种通信技术都属于这个范畴，广播技术也是一种传递信息的技术。存储、记录可以看成从"现在"向"未来"或从"过去"向"现在"传递信息的一种活动，因而也可将它看作信息传递技术的一种。

3. 信息处理与再生技术

信息处理包括对信息的编码、压缩、加密等。在对信息进行处理的基础上，还可形成一些更深层次的新的决策信息，这称为信息的"再生"。信息的处理与再生都有赖于现代电子计算机的超凡功能。

4. 信息使用技术

它是信息过程的最后环节，它包括控制技术、显示技术等。综上所述，传感技术、信息技术、计算机技术、控制技术是信息技术的四大基本技术。其中现代计算机技术和通信技术是信息技术的两大支柱。

三、信息化的发展

(一)信息化的概念

信息化的概念起源20世纪60年代的日本,先是由一位日本学者提出来,而后被译成英文传播到西方,西方社会普遍使用"信息社会"和"信息化"的概念是20世纪70年代后期才开始的。关于信息化的表述,在中国学术界和政府内部做过较长时间的研讨。

召开的首届全国信息化工作会议,对信息化和国家信息化定义为"信息化是指培育、发展以智能化工具为代表的新的生产力并使之造福于社会的历史过程。国家信息化就是在国家统一规划和组织下,在农业、工业、科学技术、国防及社会生活各个方面应用现代信息技术,深入开发、广泛利用信息资源,加速实现国家现代化进程"。实现信息化就要构筑和完善六个要素(开发利用信息资源,建设国家信息网络,推进信息技术应用,发展信息技术和产业,培育信息化人才,制定和完善信息化政策)的国家信息化体系。

(二)图书馆信息化的发展历程及意义

1.在我国,图书馆信息化的发展历程也可大致分为三个阶段

(1)图书馆自动化管理集成系统发展阶段

图书馆自动化是从图书馆内部业务管理开始起步,围绕图书馆的业务流程——采、分、编、典、流展开,是模仿手工操作内部业务处理的,是传统图书馆业务流程的自动化。就是以图书馆内部业务处理为核心的图书馆管理自动化。在这一时期,国内部分图书情报单位开始了图书馆自动化软件的开始的开发和使用工作。

计算机技术在图书馆中的应用,极大地促进了文献信息的加工整理和传播利用,使图书馆以更快的速度向现代化、信息化方向发展。图书馆自动化管理系统经历了实验系统向实用系统发展、单机多用户系统向微机局域网系统发展、封闭式的局域系统向开放式的互联网系统发展的转变,开始了面向用户的文献信息服务自动化。

(2)图书馆网络化发展与文献信息资源共建共享阶段

图书馆自动化是图书馆网络化的前提,没有图书馆的自动化,就谈

不上图书馆网络化。但仅仅具有个性化特征,局限于特定化服务的图书馆自动化是不够的,难以满足当今用户的信息需求。计算机技术和网络技术的发展以及我国骨干通信网的建设,为图书馆自动化系统向网络化发展提供了良好的机遇。

(3)数字图书馆的研究与建设阶段

当前,世界范围内都在进行数字图书馆建设,数字图书馆已成为国际高科技竞争中心的制高点,成为评价一个国家信息基础设施水平的重要标志。数字图书馆是信息化社会的重要组成部分,是未来图书馆的发展方向。我国数字图书馆的建设将会扭转互联网上中文信息匮乏的状况,为知识传播提供一种崭新的手段,同时也将根本改变传统图书馆的工作方式和服务模式,极大地提高我国图书馆事业的整体实力,在社会信息化的进程中发挥重要作用。

数字图书馆代表了未来图书馆的发展方向,是国家信息基础设施的重要组成部分,是知识经济的重要载体。数字图书馆的建设将使我国在综合国力的竞争中抢占先机,掌握发展的主动权,实现跨越式发展,为知识创新提供有效的、充足的信息保障,为国家各个领域注入强大的信息活力,促进国民经济快速发展。

2.图书馆信息化意义

图书馆信息化是社会信息化的要求。社会信息化的信息资源,相当重要的部分来自图书馆。因此,图书馆信息化是社会信息化的组成部分,图书馆信息化是传统图书馆走向现代图书馆的一个过程。图书馆作为文献信息资源的集散地,其最大的优势是拥有丰富的信息资源。随着信息技术的快速发展和社会信息化进程的加快,图书馆的信息化应当在信息技术的应用、信息资源的建设、信息资源的开发和服务等方面拥有自己的地位和作用。

图书馆信息化的基本要求可以从信息基础结构建设、信息资源建设、信息服务系统建设几方面来探讨。图书馆信息化的重点应该是信息资源的开发利用和信息技术在图书馆的应用。社会信息系统的建设都必须具有基础结构。资源和服务系统。图书馆信息化应当是在社会信息化的信息基础设施上实现自我的信息化建设。图书馆信息化不同于一般信息系统的特征有：①依赖高度社会信息化的基础。②广泛采用现代信息技术。③图书馆业务的自动化管理。④信息服务网络化。⑤信息资源数字化。⑥信息资源产业化。在现代化信息技术条件下，图书馆信息系统的建设在数字化资源、网络条件、信息服务等方面如何系统筹划就显得尤其重要。因此，只有进一步优化和深层次开发图书馆信息资源，使其实现数字化，才能满足信息社会化的需要。

（三）高校图书馆开展信息化服务的对策

信息化服务是我国高校图书馆的一项重大改革，是社会职能重点的战略转移，也是我国高校图书馆发展的必然趋势。为此，在实现信息化服务的过程中，必须处理好以下几个问题。

1. 更新观念，加大改革力度

高校图书馆要从传统图书馆学理论束缚中解脱出来，寻找新的引导理论，以便转换思维方式，甩掉"重藏轻用"的包袱，轻装前进，主动走上国民经济主战场，去适应社会发展的需要和社会主义市场经济新体制的需要，变"高投入，低效益"为"高效率，高效益"。

用新的思想观念和新的理论来指导图书馆的信息化服务，其具体途径有：第一，树立信息观念。因为高校图书馆拥有丰富的书刊文献，经过深度开发，激活知识信息，具有资源特征、经济特征和时代特征，就成为人们从事两个文明建设的财富；第二，树立商品观念。高校图书馆所开发的信息成果，虽源于馆藏却高于馆藏，是一种特殊类型的商品，必须进入信息市场或技术市场，进行有价交换和服务，部分做到"以文养文"，弥补高校图书馆经费开支的不足；第三，树立社会化观念。高校图书馆所拥有的信息，除为本校教学科研服务外，还要面向社会开展对外服务，扩大高校图书馆信息化服务的社会影响；第四，树立市场观念。高校图书馆信息化服务必须以市场为导向，在市场竞争中求得生存发展的空间，实现自身存在的价值。

2. 不断完善自身服务手段

高校图书馆信息化服务必须以现代化的先进技术手段为前提条件，

必须用计算机、无线电通信传输网络、高密度信息贮存、高速复印等现代化先进设备装备自己,与信息高速公路搭接,加速实现高校图书馆输入查询检索输出信息的自动化,准确、及时、全面地满足各类用户的不同需求。

3.大力培养相关技术人才

培养大批精通计算机和信息处理技术的高新技术人才,全面提高高校图书馆职工队伍的科学文化素质,优化其知识结构。在传统教育体制下培养出来的高校图书馆工作人员,无力承担高校图书馆的现代技术工作,不能适应现代信息服务,必须通过继续教育途径来更新知识结构。与此同时,需要输进大批的、能熟练掌握和运用各种高新技术的高层次信息技术人才和经营管理人才,来进行信息的收集、管理、筛选、加工,分析提炼各种类型的信息研究成果,才能针对不同用户的特定需求,及时、准确地传送到用户手中。

总之,在信息化服务的潮流中,我国高校图书馆是困难与希望、挑战与机遇同时并存,只有更新观念、革新内容、抓住机遇、深化改革,才能顺应时代发展的潮流,积极主动地做好信息化服务工作。只有这样,我国高校图书馆才能够焕发出勃勃生机。

四、优化信息化服务设施

做好信息资源建设是提高图书馆核心竞争力的基础,也是实现图书馆服务创新的关键。俗话说,巧妇难为无米之炊。图书馆如果没有丰富的文献资源,服务教学,服务社会就是一句空话。

(一)加大图书馆的资金投入

每年学校都要给予图书馆一定的资金投入,而且要逐年增加,避免"有钱时给一点儿,没钱时就一分也不给"的做法。一些学校在评估时才加大投资力度,造成图书馆在一段时间内突击花钱、文献资料突击购置,而评估一结束,对图书馆的经费投入又成了零,一些急需的文献资源无法购置,这实在是图书馆资源建设中不可取的做法。图书馆要根据现实的和潜在的读者需求,在加强基本馆藏建设的同时,加强重点专业与特色馆藏建设,同时要把网络信息资源建设好,确保文献资源的可持续建设。

(二)优化各项服务设施

新形势下,图书馆服务的网络化特点非常明显,对图书馆服务的技术要求难度也在加大。所以一是选好图书馆管理系统。二是做好网络建设。三是在建成的网络环境下,图书馆要加强数据库建设,特别是要加强特色数据库的建设。只有这样,图书馆的服务与创新工作才能得以实现。

五、现代图书馆信息资源建设

(一)网络化现状及意义

1.图书馆网络化的历史和现状

网络化是图书馆自动化发展的高级目标。所谓网络化,是指不同地域图书馆自动化系统的相互连接。网络化可以使不同地区、不同国家的图书馆自动化系统通过通信线路连接起来,从而实现广域范围内的资源共享。因此,开放、互联和资源共享是图书馆网络化的基本特征。

2.图书馆网络信息资源建设的意义

信息用户对信息的需求是图书馆信息服务工作的对象和依据,用户在利用网络信息资源时,如何采取科学有效的方法和手段对各种信息资源进行筛选和整理,进行深层次的开发利用,是图书馆所面临的最艰巨的任务。

(1)如何满足网络用户对信息资源深层次的需求

随着计算机技术和通信技术的发展,用户对网络信息资源的需求越来越迫切。需要获取有深度的信息内容,图书馆进行网络资源的开发可以满足用户对信息的需求,也可以满足专业学科在综合性、复杂性和有序性等方面的要求;利用图书馆自身丰富的馆藏资源和人力资源,开发出适应互联网环境的高效检索工具,能帮助用户找到最佳检索途径,节省时间,提高信息检索的质量,加强信息获得的准确性。

(2)充分发挥图书馆的优势地位,满足自身发展的需要

图书馆对网络信息资源进行开发,一方面,把网络信息资源及其服

务有机地结合到图书馆管理中,利用网络信息资源,补充已有馆藏,避免出现馆藏量不足、品种单一的局面,发展图书馆信息资源,满足读者的使用;另一方面,通过对网络信息资源的开发,进一步满足用户的信息需求,使图书馆在信息竞争中立于不败之地。

(二)网络信息资源建设的途径

1. 特色馆藏数据库建设

馆藏资源数字化,是图书馆建设的基础性工作。其中主要包括:对普通馆藏,如图书文献、期刊文献、电子文献等目录信息数字化。学术信息实用性强,价值高、专业性强、利用率高的特色文献数字化应用于学位论文库、国别报告库等。

2. 随书光盘数据库的建设

近年来,图书馆采购的图书中含光盘的数量大量增加,尤其是计算机方面的图书,90%以上附有光盘。随书光盘已经成为现代图书馆又一重要信息资源,成为广大读者获取信息知识的新途径。但随书光盘占用的储藏空间大,储藏条件要求高,且容易损坏,不易保管。图书馆可通过计算机技术把光盘转换成电脑可识别的数字化资料,储存在电脑网络服务器上,构成具有馆藏特色的随书光盘数据库。

3. 学位论文数据库的建设

学位论文具有较高的学术价值和一定的独创成果,是宝贵的学术信息资源。例如,清华同方的博硕士论文库、CALIS规划中的博硕士论文数据库的建设,经过多年的积累已经达到了一定的规模。一是原有纸质学位论文的镜像数据库。二是电子版学位论文的系统转化数据库。同时可以利用与CALIS学位论文数据库建立链接,自建学位论文数据库。

4. 网络导航系统的建立

网络导航系统就是把互联网上有关国内外某一学科或主题范畴的各类信息资源,采用实效的方法进行搜集,对大量分散的信息资源进行合理整理和重组,从逻辑上将有关信息联合起来,形成信息集成系统,提供用户查找和使用。

5. 学科导航系统的建立

一方面,学科导航是对提供某一学科各类网络信息资源的站点和网页的链接;另一方面,学科导航虽然类似于搜索引擎,但是在查询有关学科的具体内容信息时要优于搜索引擎。专业学科资源导航系统的建设对于研究人员来说十分必要。

6. 加强虚拟馆藏

虚拟图书馆是以计算机为基本信息载体,以互联网为传播介质,将网上信息资源汇集起来。数字图书馆的信息资源不仅包括实体馆藏,而且大多数信息的获取都来自虚拟馆藏。在开发利用时,要从用户的需求出发,搜集、整理优秀网站,有鉴别地加以选择和利用,不仅要选用对用户具有学术性、权威性、可信度高的免费数据库,而且要根据本馆的馆藏特点进行合理的利用。开发和利用网络上免费数据库对于研究者来说十分重要,加强虚拟馆藏建设是图书馆根据用户需求进行的知识信息资源开发、利用、组织和管理的必要工作。

(三) 书目数据库的建设

图书馆计算机管理集成系统的建立,必须以馆藏书目为基础。因此,大量书目信息的回溯建库则成为图书馆自动化建设过程中的第一步,初步实现了系统的公共检索、馆际互借、文献传递、协调采购、联机合作编目等功能,基本建成了书目数据库保障体系的框架。大中型图书馆的书目信息资源已有相当程度的积累,为文献信息资源的共建共享奠定了一定的基础。

网络信息资源的特点可以概括为:网络信息资源是以网络为传播媒介信息系统的集合体。在网络时代,信息的存在是以网络为载体,以虚拟化的状态展示给用户,读者可以在网络上获得信息,而且信息资源极为丰富,覆盖面广。

网络资源有多种的信息类型和众多的表现形式,包括电子出版物、书目信息库、各种软件资源,还有大量即时动态信息,除保留传统文献文本信息、图表、图形外,还增加图像、声音、动画等多媒体信息,存储信息数字化,传递速度快。信息资源由纸张上的文字变为磁性介质上的电磁信号或者光介质上的信息,使信息的存储和传递、查询更加方便,而且所存储的信息密度高,容量大,可以通过信息网络进行远距离快速传送。

(四)图书馆网络环境下用户信息需求

以计算机、通信、网络为核心的现代信息技术,形成了互联网和数字图书馆相互联系的崭新的信息环境,它带来了信息资源的多元化及获取信息手段的多样性。网络环境下的学术研究人员,其信息需求有以下特点。

1. 信息源多样化

现代信息技术的发展打破了传统图书馆印刷型馆藏文献一统天下的格局、电子图书、电子期刊、全文数据库、录音录像制品、网络资源等对信息用户的吸引力日益显现。信息网络的建设发展,为信息用户提供了广泛的资源获取途径,也使信息的涵盖范围更加广泛。图书馆应不断加大馆藏的数字资源比重以满足用户对信息的多元化需求。

2. 服务形式多样化

数字资源的快速增长使读者不必到馆即能获取信息资源。资源载体和信息获取途径的多样化,用户对图书馆服务形式也呈现出多样化的要求,联机检索、FAQ、全文传递、信息推送、定制服务、网络导航、虚拟参考咨询等服务形式正在成为图书馆服务的常见形式。

3. 服务手段集成化

现代图书馆有必要按学科组织信息单元来实现信息资源的集成化管理,用户也迫切地需要图书馆提供一站式的集成化信息服务。

4. 服务时效要求高

现代生活节奏加快,网络环境下信息的快捷传递成为可能,这就使得用户对信息服务的时效有了更高的要求。面对网络环境下的用户信息需求,图书馆要在管理体制、技术设施、馆藏布局、服务手段、人员配备等方面不断改进,为包括学术研究人员在内的各类用户获取知识提供满意的信息服务。

(五)图书馆实现文献资源共建共享

文献资源共建共享是信息化发展的必然趋势,是图书馆在信息时代满足读者需求,体现图书馆为用户服务的理念。

图书馆要建立和完善计算机管理系统,要引进、配置先进的现代化设备,利用光盘、局域网和互联网检索方式,将信息资料搜集、整理,高密度储存在载体上,实现信息系统的微机化、通信网络的自动化管理,努力实现与其他馆的信息网络系统的链接,推动图书馆向数字化、网络化发展。要实现全方位的文献信息资源共享,一方面要增加文献资源经费投入;另一方面要在管理体制和资源配置方式上进行改革,成立专门的数据库建设指导机构,要紧密协作,统一规划,整体建设文献信息保障系统,加强文献数字化建设。

各馆应在协作的基础上,建立特色馆藏,在书目文献数字化建设的同时,加强重点专业和重点学科文献的全文数据库建设,体现自己馆藏特色的文献向信息互联网提供。实现文献资源优势互补,信息资源属各成员馆共有,共同参与建设,共同分享所有资源。

第四章 公共图书馆服务管理

第一节 图书馆服务的特征

一、服务是图书馆的本质属性

图书馆的文献收集、加工、处理,网络建设,数据库建设,网络链接,参考咨询,网络导航,借书,雅荐阅读,讲座与展览等活动,一句话,都是为读者服务,即使是文献保护与典藏,最终也是为读者服务。图书馆是知识信息服务中心,服务是图书馆的本质属性。

西方的图书馆主要是神庙图书馆、修道院图书馆与王室图书馆。神庙图书馆为人们信仰神、祭祀神服务,修道院图书馆为神学、哲学的学者以及信徒服务,王室图书馆为统治者、贵族服务。我国古代的图书馆主要有皇家藏书阁、书院藏书楼、宗教藏书楼、士大夫藏书楼,它们分别为皇家服务、为教育服务、为宗教服务、为士大夫服务。无论海内、海外,服务都是图书馆的本质属性。在古代高度集权的社会,知识与信息是少数人专有的特权,建立在知识信息神秘化的基础之上。

科学、民主、自由、博爱、平等成为时代的旗帜。人们要实现科学、民主、自由、博爱、平等,就必须实现知识信息的开放与平等。人们生活的物质化、经济的商品化、知识与信息的世俗化,是工业化时代的特征。公共图书馆及其他各种类型的图书馆,将知识信息服务于人民大众,图书馆为公众服务,用户获取知识信息,提高政治、经济、文化、教育水平以及参与社会活动,进行有效决策。图书馆服务于百姓,是人民当家作主的体现。

发达国家注重发展图书馆事业,图书馆意识很强,知识信息工作人员重视为用户服务,人们普遍习惯于使用图书馆,图书馆经费有稳定的来源,文献资源丰富,图书馆之间广泛进行协作与协调,实现资源共建共享,图书馆资源利用率高。图书馆工作人员专业化水平高,图书馆管理科学化,图书馆业务操作规范化、标准化,图书馆硬件与软件建设相结合,服务效果较好。

在图书馆网络化、计算机化、数字化时代,随着知识经济的发展,图书馆更加显示出它的服务功能。图书馆服务观念在更新,知识信息服务人员的素质在提高,服务手段现代化,服务方式多样化,服务对象广泛化,服务功能拓展化,服务范畴广域化,服务时间不间断化,服务质量优质化。知识自由观念的提出,促进了知识的获取和信息的交流。为了使用户能够广泛获取知识、交流信息,图书馆服务承担的义务更重,真正的知识自由是与图书馆的服务效率相联系的。知识社会、知识经济、知识管理要求有高效率的知识信息服务。①

二、图书馆服务的公益性

(一)为人民服务的要求

图书馆建设的目的,一是资源共享,解决个人无法拥有海量文献的问题。二是解决某些人需要获取知识信息又无钱买书的问题。政府从税收中划拨资金给图书馆,让图书馆为人民服务,以满足人们获取知识信息的要求。图书馆是靠人民的税收支撑的,图书馆馆员是人民供养的,是为人民的需要而服务的。图书馆是公益性事业,人民的服务员有好好为人民服务的义务,没有权力向人民索取服务费。图书馆应该进行优质管理和优质的服务,禁止乱罚款、乱收费,避免不给"好处"不服务,不允许利用国有资产和工作方便,巧立名目,非法索取"劳务费",中饱私囊。

(二)保存文化遗产的要求

图书馆有保存文化遗产的职责,保存文化遗产不能与个人牟利相联

---

①郑幸子. 高校图书馆管理与服务创新[M]. 长春:吉林大学出版社,2018.

系。保存文化遗产是一项持久的、责任重大的工作。个人牟利通常是短期行为,为了牟利,出售珍贵的文化遗产,使文化遗产无法妥善保存。保存文化遗产需要有相应的设备与技术条件,持续地保存文化遗产,需要大量的资金,只有政府支持的公益性图书馆才能胜任。否则,一幅名画、一本宋版书,在经济利益的驱使下,都会处于不安全的境地。

只有公益性图书馆才会完整、系统地收藏文献资源,保证不同人的不同需要。学术性的文献资源、珍本、善本,通常利用率不高,越是深奥的学术著作,读者越少。如果是营利性图书馆,它收藏的只能是流通量较大的文献资源。

(三)共享资源的要求

图书馆的公益性保证了文献资源共享的可能性。没有一个图书馆能够拥有全面、系统、完整的文献资源,没有一个图书馆展开的服务能够全面地满足用户的需要,我们的图书馆必须实现资源共享,开展图书馆工作与服务的协调与协作。在公益性的基础上进行共享、协调与协作是天经地义的。没有公益性的大前提,进行图书馆工作共享、协调与协作时,图书馆会各算各的账,出现阻力。香港特别行政区的图书馆协调、协作与资源共享工作做得很好。香港陆地总面积1106.66平方千米,约747.42万人口,其中有1个中心公共图书馆、6个主要公共图书馆、55个分区和小型图书馆、8个流动图书馆,总投资600多亿元港币,拥有藏书200多万册,数字化、电子化资源丰富。图书馆技术与设备很先进,公共图书馆系统全面实现资源共享。

(四)知识信息自由的要求

国际上有知识自由与信息自由的提法。知识信息自由在国际图联的相关文件中做出了表达。作为图书馆用户,有权利在图书馆获取任何载体、任何学科、任何形式、任何语种的文献信息。用户可以在图书馆获取图书、期刊、报纸上的知识信息,可以上网获取所需要的知识信息,用户可以通过向图书馆馆员咨询获得有关知识信息。图书馆在服务工作中应该为用户着想,在服务规章制度与服务工作程序方面,尽一切可能减少障碍,为用户自由获取图书馆的知识信息提供方便。

具有世界先进水平的图书馆,政府应拨给充足的业务经费与购书经费。充足的资金投入,有效推动了图书馆事业的发展。图书馆的网络化、自动化、普及化,使民众充分享受到了自由获取文化信息的权利。人们自由地在不同类型的图书馆、不同地区的图书馆,获取自己所需要的知识信息。读者可以在各个图书馆内自由阅读书刊资料,使读者充分享受到文献使用的便利与自由。广泛的图书馆资源共享与服务推动了知识信息的自由传递与使用,保证了人们自由获取知识信息的权利。

三、图书馆服务的公平性

实现知识信息服务的公平,体现在图书馆服务无歧视的原则中。联合国教科文组织/国际图联文件《公共图书馆宣言》指出:"每一个人都有平等享受公共图书馆的权利,且不受年龄、性别、宗教信仰、语言和社会地位的限制。"到图书馆来的人是具有个性的,有差别的,年龄跨度很大,有男有女,使用各种语言文字或方言,在社会政治、经济、文化,教育中所处的地位不同。尽管图书馆用户形形色色,但是图书馆服务是一视同仁的。服务没有强势与弱势之分,没有尊贵与卑贱之分,更没有高下与贫富之分。凡到图书馆读书、学习、获取资料或享受文化消遣的用户,图书馆是欢迎的,并且热情地为他/她服务。人人享有图书馆,享有利用图书馆的设备与服务的权利,享有利用图书馆资源的权利,利用图书馆的权利是相等的,没有差别。公共图书馆没有特权读者,也没有被剥夺阅读权的读者。

图书馆努力使各种用户在资源获取方面享有服务公平。联合国教科文组织/国际图联文件《公共图书馆宣言》指出:"不同年龄的用户群体都应该能够找到与其需求相关的资料。公共图书馆的收藏和服务必须包括各种合适的载体、现代技术和传统文献资料,资源建设必须高质量,满足地方需求,适合地方条件。"这说明知识信息服务公平,应满足各种服务对象的需求,在资源建设中,注重语种、品种、复本、载体、形式、学科的多样化,知识信息资源提供服务的公平,是知识信息服务中最重要的公平。

国际图联管理委员会在英国格拉斯哥通过《图书馆及其可持续发展

的声明》(Statement on Libraries and Sustainable Development)。该文件包含了服务公平性原则,文中指出:人人有权享有满足自身健康和福利的基本权利。图书馆通过保障信息的自由获取和传播促进社会可持续发展。图书馆服务尊重人的平等、人类的生活及自然环境。图书馆是通往知识和文化的大门。作为提供各种信息、思想和创造性作品的渠道,通过服务促进人们的发展,为人们的终身教育、自主决策和文化发展提供基本条件。图书馆为用户的学习提供引导和帮助,帮助人们提高参与民主管理所需的教育和社会技能,提高人们的阅读能力和信息素养水平。图书馆维系基本民主价值和世界人权。尊重人的个性、自主选择、独立决策和用户的隐私。广泛收集、保存和提供各种文献,解决信息差距和数字鸿沟而造成的信息占有的不平等,进而促进社会的发展和人类的幸福。

四、图书馆服务的开放性

公益性图书馆的服务是开放式的,其开放性表现在网络化、数字化以后的图书馆将知识信息资源上网与外界用户共享,图书馆大量地利用网络为用户服务。特别是一馆拥有的特色文献可与他馆共享。图书馆资源共享提高了文献资源的利用率,提高了文献资源的覆盖率。从某一点看,图书馆只有少量的文献资源,从全球看,图书馆拥有极大的文献资源。

传统的图书馆,其服务的内容与服务的范畴是有局限性的,现代化图书馆的服务是开放性的。图书馆网络化、数字化以后,24小时为用户开展知识信息服务,广泛提供资源、咨询与图书馆沙龙等服务,不受空间限制。图书馆某些业务活动是开放的,如编目数据共享。联网管理实现了知识信息服务管理活动的开放性与透明性。图书馆的服务质量评估活动是开放的,用户可以直接参与。知识信息服务活动的项目、内容是公开的,读者可以了解自己可以享有哪些图书馆服务。图书馆馆员服务的责任与服务要求是开放的,用户可以据此测评图书馆馆员的工作。知识信息服务的规章制度是开放的,据此,用户可以监督图书馆的管理工作。知识信息服务的目标与优先领域是开放的,用户可以了解图书馆工作的轻重缓急。

图书馆资源共享发展为知识共享,进一步体现了开放性原则。为了实现知识共享,我们提供咨询与培训的网站,提供规范格式与规范语言的信息,培养人们的基础信息能力,这样可以促进人们的健康,发展教育,促进经济发展,保护与推动文化发展,促进人们的相互尊重与理解。

国际图联文件《信息社会图书馆行为宣言》(Alexandria Manifesto on Libraries, the Information Society in Action)也表明了图书馆服务开放性原则。该文件指出,图书馆的信息服务致力于信息社会,通过检索知识信息取得知识自由,确保民主价值与人权。图书馆是良好公民与透明政府的基础设施。IFLA敦促各国、地区、地方政府与国际组织做到:把图书馆信息服务视作信息社会战略、政策与预算的有生元素;更新图书馆网络,让公民与社会得到更大效益。用户可以无限制地获取信息,自由地表达信息。促进开放地获取知识,认可信息的活力与重要性。

五、图书馆服务的针对性

不同类型的图书馆,针对不同的用户开展特色服务。各类图书馆有各自的性质与任务,开展服务,确定服务的目标,制定服务的策略,拟订长期计划、中期计划、年度计划,切合实际开展服务,满足用户的需要。

针对不同的用户群体开展服务。例如,针对儿童,除提供少儿读物外,还可以提供玩具、儿童电视、录像放映等服务;针对老年人,提供消遣性资料与卫生保健书刊资料等服务;针对学者的专题研究方向,提供适用的知识信息服务;针对大学生、中学生、小学生,提供适应他们学习与成长需要的知识信息服务。图书馆应该对不同生活环境的人们,展开不同的服务。例如,为在湖区、海岛、沙漠或山区的用户服务,在水域利用船上图书馆,在人烟稀少地区利用汽车流动图书馆,在大雪覆盖地区利用雪橇图书馆,在山区利用马背图书馆,在车站码头利用移动图书馆,在配套居民区利用社区图书馆(室)开展服务。

国际图联文件《多文化的社会:图书馆服务指南》(Multicultural communities guide lines for library services)反映了图书馆服务针对性的要求。

该文件指出：为了促进平等和公平的图书馆服务，图书馆应尊重民族、语言与稀有文化的平等，提供一个可以评估的服务标准。民族、语言与文化的多样性表现在以下几个方面：少数移民居住在一起，他们拥有与主体社会不同的语言与文化；就全球而言，各种文化都应该得到尊重。图书馆应该保存这些文化资源，因为它们是有用的。图书馆为所有民族、所有语言、所有文化群体服务，并把这个原则作为基本目标。

为了体现服务的针对性，图书馆权力机构、中心与地方管理部门应将为少数民族语言与文化服务作为自己的管理职责，开展有效的服务，进行中心服务或合作服务，按照图书馆标准办事。服务基于多元文化与无歧视原则，按照国际与国家标准准确统计资源收藏与传播状况。编辑与发布现有各类图书馆关于少数民族、语言与文化资源的信息，与少数群体协商、评估有关指南、标准与政策。在个别图书馆或公共图书馆提供少数民族语言与文化的资源，提供各种格式的文档，提供关于少数民族语言与文化内容的采购与编目服务，提供统一的电子与印刷版编目数据，提供少数民族语言与文化的参考服务，促进图书馆跨界为少数民族语言与文化服务，开展专业与国际性的少数群体文化交流。建设网络数据库，交换非罗马字符的数据。图书馆多文化服务计划是员工活动的指南，并且向用户说明。图书馆要明确反对歧视与种族主义的政策，应为少数民族文化成员提供特种服务。

第二节 图书馆用户服务管理

一、读者至上的服务管理思想

"读者至上"源自商业企业管理的"顾客至上"与"顾客是上帝"的思想。图书馆的"读者至上"，指一切工作为读者着想。一切服务为读者着想，一切服务的目的是让读者满意。图书馆在工作与服务中，把读者的利益看得高于自己的利益，在规章制度中，拟定了很多"想读者之所想"

的措施。例如,不对读者说"不"的规定和"微笑服务"的原则等。

"读者至上"的服务管理思想要求图书馆在管理中应做到:①识别潜在的用户。②分析用户需求。③制定团体与个人服务项目。④制定关心用户的政策。⑤促进图书馆用户教育。⑥促进图书馆合作与共享资源。⑦发展电子网络。⑧理想的环境。⑨良好的阅读与学习设施。⑩合乎时宜的服务技能。⑪充足的开馆时间。

关于识别潜在的用户尤其要注意有特殊需求的个人与团体,为不同文化背景和种族的人服务,为残疾人、盲人、视力低下的人、听力不好的人服务,为因故不能到图书馆的人服务,为旅行的人服务等。图书馆应该了解不同用户的需求,收集和分析不同群体的数据资料,掌握多个不同读者群的资源利用状况,制定相关的服务策略,满足他们的需要。

为了更好地为用户服务,图书馆要建立用户档案,档案中应有用户的姓名、性别、年龄、职业、研究课题、学习方向与爱好、通信地址、利用文献资源的记录。重点用户的档案要长期保存,有利于图书馆了解读者阅读倾向,积极主动地向读者推荐文献资源,促进读者有效地利用文献资源。图书馆可以设置软件,自动学习,自动跟踪,分析重点,拟定应向读者推荐的文献与信息,实现智能化服务、个性化服务。图书馆还可以根据档案及用户要求,自动地为用户建设个人图书馆,提供个性化文献资源建设。图书馆用户档案应严格保护用户个人隐私。未经用户许可,任何个人或机关团体不得在用户有生之年调阅或利用用户档案。

图书馆的管理在于提高工作效率与服务质量,有效地为读者服务。图书馆的管理不仅仅是对图书馆馆员的管理或图书馆馆员对知识信息的管理。图书馆管理的价值在于让读者意识到他们是图书馆的主人,使读者积极主动地参与到图书馆的管理中。实现读者参与图书馆管理的措施可以有:让读者做义务图书馆馆员,参与图书馆的管理;在制定用户服务规章制度时,应该邀请读者参与;在资源建设中,应该有读者的参与;读者可以提出自己的服务要求;分析答复读者的投诉,并反馈对读者服务的效果;设置意见箱,让读者提意见或表扬好人好事;观察读者对服务与创新举措的反应。①

二、不同用户群体的服务管理

(一)儿童图书馆服务

面向儿童的图书馆服务包括给儿童朗读图书,举办故事会,带领他们参观课堂以及图书馆,组织阅读小组,开展互联网上网培训,组织家庭俱乐部,学习多媒体应用等内容。

国际图联《儿童图书馆服务发展指南》(Guidelines for Children's Library Serices)指出:培养儿童获取知识和获得世界多样文化,获得终身学习和信息素养的能力,图书馆的服务应该与不断发展的社会相适应,满足儿童信息、文化和娱乐的需求,使每个孩子熟悉和乐于使用当地的图书馆,并拥有利用图书馆的一般技能。

图书馆提供大量的资料和举办各种活动,为儿童提供体验阅读的乐趣、探索知识的激情和丰富想象力的机会。公共图书馆负有支持儿童学会阅读、推荐书籍和其他载体资料的特殊责任。鼓励孩子们从小使用图书馆,使他们日后成为图书馆的忠实读者。

联合国儿童权利大会强调:每一个孩子拥有发展他们潜能的权利,儿童的成长与本地区的社会环境息息相关,儿童图书馆服务的目标群包括:婴儿和学步的儿童、学前儿童、13岁前的上学儿童、有特别需求的群体、父母和其他家庭成员、看护人以及从事儿童工作、儿童书籍和儿童媒介工作的成人。

图书馆要帮助儿童获得信息,为孩子提供资源和媒体,为儿童、父母和看护人提供各种活动,帮助他们融入社区,帮助儿童拥有争取自由和安全的能力,鼓励孩子成为自信而有能力的人,为世界和平而奋斗。

为儿童服务是一种有价值的"投资"。政府、文化组织、出版者、赞助人、非政府机构应积极提供经费支持图书馆开展儿童服务活动。图书馆应为儿童提供高质量、适合于儿童所处的年龄段、反映各种价值观和各类观点、反映社区文化、介绍世界各种文化的文献。儿童图书馆应该成

---

①陈智华. 图书馆创新管理与用户服务研究[M]. 天津:天津人民出版社,2018.

为开放的、具有吸引力的、有挑战性而无威胁感的地方。服务场所应该易于识别(如有特别的家具、装饰和色彩),图书馆应为儿童提供相互接触的空间或相互交往的虚拟空间。

图书馆应该为儿童出借各种资料,提供信息和咨询服务,帮助儿童选择资料,吸引儿童参与图书馆的文献选择和服务发展,提供利用图书馆技能和信息素养的培训,开展目的明确的活动(如阅读推广),提供富于创造性的活动(如讲故事),为看护人、老师和图书馆馆员提供咨询和培训。图书馆与社区内其他组织和机构的联系是非常重要的。学校是图书馆的重要合作伙伴,保健中心、看护中心、幼儿园以及其他看护机构也是图书馆的合作伙伴。儿童图书馆的公共形象对于吸引儿童注意力非常重要,要不断强调阅读和认字能力,使人们了解其重要性以及图书馆在儿童阅读和认字能力培养上的作用。

儿童图书馆馆员需要有很强的沟通、协作、团队工作能力和解决问题的能力,积极主动、灵活并乐于接受建议的能力,具有分析读者需求,对服务和活动项目进行设计、实施和评估的能力,有学习新技能和专业发展的强烈愿望。儿童图书馆馆员需要掌握以下知识:儿童心理学,阅读发展和推广的理论,艺术和文化敏感性,对儿童图书和相关媒体的知识。儿童图书馆服务的管理者还应该参与到图书馆的整体计划过程中去,可靠的服务信息是评价和改进图书馆服务工作的必要工具。

(二)青少年图书馆服务

面向青少年的图书馆服务内容有:对青少年推广图书馆服务和开展读书活动,鼓励终身学习。激发青少年终身阅读,提高青少年的信息素养能力,组织青少年挑选文献资源,解答青少年咨询的问题。成立一个作业指导中心,指导他们的学业进展。帮助他们制作招贴画、培训他们使用软件。为青少年提供参考信息(包括家庭作业辅导),组织其参观图书馆,培养阅读和信息技能,提供读者咨询服务,鼓励读者使用各种形式的馆藏资源,协助获取馆藏外的资源。馆员为青少年介绍图书,讲故事,建设讨论小组和俱乐部,开展有关特别话题的信息活动(如健康、职业、热点问题),邀请著名人士演讲或表演,与社区机构和团体合作开展活动,举办青少年作品展,举办研讨会等。

国际图联发布了《青少年图书馆服务发展指南》(Guidelines for Library services for Young Adults)。该文件指出:青少年时期是人生一个非常特殊的阶段。每个图书馆应该将为青少年服务作为图书馆的基本服务。图书馆应给予青少年特别的关注,许多青少年在这一阶段放弃了自主阅读。对青少年心理和情感变化了解的人士,应鼓励青少年接触与他们兴趣一致的书籍。图书馆通过提供文献资源和读书环境,促进儿童向成人的转变以及在智力、情感及社会能力方面的发展。青少年图书馆服务管理需要加强以下几个方面。

第一是图书馆为青少年提供的服务不仅由图书馆馆员来规划,还应与服务对象的代表开展合作。图书馆必须尊重、接收和采纳青少年的选择,他们的选择可能会与图书馆提供的传统服务不相同。图书馆必须让青少年积极参与对图书馆文献资源、图书馆服务和图书馆活动的规划、实施和评价工作。

第二是图书馆的文献资源必须反映青少年的需求。图书馆必须为所有青少年提供各种文献资源,包括残疾青少年、社会弱势以及使用少数民族语言的青少年,反映不同类型青少年的不同需求、不同兴趣、不同智力水平和文化背景。收藏的文献资源包括印刷型书籍、杂志、剪报和小册子、招贴画,非印刷型磁带、光盘、多媒体(只读式光盘、交互式光盘)、计算机软件、录像带、棋盘游戏和电子游戏,与地区、国家和世界相连的计算机网络。

第三是对青少年需求不断进行评估,馆内家具和装饰应该反映青少年读者的特点,并且应与儿童区域划分开来。图书馆应该为青少年配备受过专门培训的、乐于满足青少年特殊需求的馆员为他们服务。

高质量的青少年图书馆服务需要一个与社区内其他专业或志愿者机构组成的良好网络体系。解决多元文化社会中的不同文化差异需求,策划文化活动,如文学活动、音乐和电影活动、欢庆活动、各种民族的戏剧表演、图片展、舞蹈表演、街舞等。

公共图书馆和学校图书馆可以与具有图书馆服务职能的其他教育

机构在电子馆际互借网络环境中开展协同工作。通过合作可提供馆际互借、图书馆培训和读者教育、阅读活动、信息素养教育、文化活动。

图书馆与社会机构、职业机构、福利机构、执法部门合作，为获取最新的信息和洞悉社会问题服务，建立一个由专业人员、志愿者、父母和给予图书馆支持的人士所组成的网络。

图书馆应制定为青少年服务的措施、政策，为青少年提供平等和合适的服务。为青少年提供一个活动地点和场所，指定专人负责针对青少年的服务。

图书馆馆员要理解和尊重青少年，熟悉馆藏和社区资源，乐于学习，易于接受变化和善于接受新的事物能够使用各种资源提供信息服务。

图书馆与青少年共同策划服务项目，以最大限度地满足他们的共同需要，建立以重点目标为导向的经费预算方案，为开展青少年活动筹集经费。让青少年知道图书馆所开展的新的活动和服务项目，邀请青少年共同参与。

（三）为特殊读者群服务

国际图联就特殊读者服务问题发布了相关文件。《图书馆为病人、老年人与残疾人服务指南》(Guidelines for libraries serving hospital patients and the elderly and disabled in longterm care facilities)。该文件强调：促进建设为病人服务的图书馆，鼓励各个机构与图书馆为长期接受医疗的人服务，为老年人服务，为残疾人服务。某些个人，包括临时或长期健康有问题的人，有权利检索图书馆资源，以满足个人的需要与兴趣。

《为残疾人利用图书馆服务》(Access to libraries for persons with disabilies)。该指南指出：图书馆的环境，包括入口、休息室、楼梯、电梯等空间应该让各种人都能进入。坐轮椅可以到达图书馆各个部门，视力不好的人可以借助拐杖或导盲狗在图书馆走路，听力不好的人可以与图书馆馆员说话，智力不好的人可以自己在图书馆找到图书与资料。有其他问题的人可以在图书馆得到自足。残疾人应该能够自由而安全地进入图书馆，如果大门不能进入，应该有另外的门可以进入，要有自动打开的门、坡道、电话。要有以国际符号表示的停留空间，在图书馆门口停车时,标识符号要清晰易读。入口处无障碍,光线好,光洁且不滑,不陡峭,直达楼口,两边有扶手,为听力不好的读者提供入口电话。门前有足够的空间让轮椅运行,没有门槛,玻璃门有标志可以让视力有障碍的人知道。

安全检测让身体不便的人通过,楼层与楼梯要标示出颜色。以象形文字引导上电梯,按钮有指示灯,有盲文文字和敏感语音。坐在轮椅上可以启动电梯按钮,服务桌应靠近大门,轮椅可以走遍图书馆。如果图书馆不止一个电梯,应该设置专门为轮椅服务的电梯。每个门可以自动打开,有为残疾人服务的桌子与计算机,有为他们服务的厕所。图书馆某些标志以象形文字表示,用户在轮椅上可以在书架上找书,阅览桌配有带扶手的椅子,在书架间有无障碍通道,有可以视或听的火警报告,以便工作人员在紧急状态下可帮助用户到达安全地带。为视力有障碍的人配备语音图书、放大镜、电子阅读。配备数字化的说书系统用来为盲人服务。图书馆应为残疾人读书、读报、读杂志,配备大字符图书、盲文图书、视听资料、文本电话等服务。

《图书馆为智障人服务指南》(Guidelines for Library Services to Persons with Dementia)指出:老年社会迅速发展,智障人的数量也多了起来。在行业服务、公共政策制定等方面都要考虑这些问题。图书馆为智障人服务,要与家庭和护理单位合作。面对这类读者,图书馆着重提供有图的书、发声的书、散文、神话故事与短篇小说、判案故事、诗歌、神话故事书、人物故事书、电影、智障护理人员读物。图书馆应该编一个为智障人服务的小册子,展示在图书馆,发送到医院、护理中心及其他各相关机构。

《图书馆为监禁人服务指南》(Guidelines for Library Services to Prisoners)指出:工作的范畴、管理措施、文献检索条件、图书馆的物质条件与设备。

《图书馆为聋人服务指南》(Guidelines for Library Services to Deaf/People)指出:图书馆对于聋人服务的责任,要求在图书馆文凭、证书与培训方面体现出来,图书馆馆员应该接受关于对聋人服务的培训,图书馆要选派能够为聋人服务的人员进行工作,为聋人服务是图书馆学教育的课程之一,图书馆应该在国家或地区设有为他们服务的参考服务部,国家图书馆学会应该有为聋人服务的分支小组。所有图书馆馆员应该接受与聋人交流的培训。每个服务点有一部文本电话,电话由图书馆工作人员使用,配有扩音器。图书馆应该使用最新技术与聋人通信,图书馆应该有听力设备系统,支持计算机辅助实时获取与计算机辅助注释的沟通,该项服务应该在会议与计划中应用。图书馆应该有闭路电视解码器,图书馆应该提供可视语言与口语翻译,图书馆应该有可视警报,让聋人在发生危险时可以撤离。添设与聋人文化相关的资源,图书馆应该采集、保存关于聋人教育的资料。图书馆应提供聋人感兴趣的文献。图书馆的资源与服务,聋人都可以检索到。图书馆要提供聋人可以检索到的地方文献信息,图书馆将有关聋人的信息上网,应链接与聋人相关的数据库。图书馆将工作和服务与聋人委员会相联系,图书馆文件要提交一份给聋人委员会。

《为盲人用户服务指南》(Guidelines for Library Service to Braille Users)。该指南指出:图书馆通过合作建设盲文资源,形成全国或地区的盲文目录,开展盲人的盲文普及活动,讲盲文故事,开展文学讨论,通过书目将各个图书馆的盲文资源综合在一起。

三、不同类型用户的图书馆服务管理

(一)学术型用户服务

学术型用户获取知识信息的目的是满足学术研究的需要。他们对于文献资源的利用偏重于某一个学科,对于文献资源的要求,具有一定的专业性与学术前沿性。现在国内很多图书馆配备了学科图书馆馆员,专门进行专业化的服务。学科图书馆馆员素质较高,他们一般具有硕士以上的学历,具有敬业精神,对于某个学科的文献、学术动态、研究的热门课题、学术前沿问题、重要知识信息源等比较熟悉,可以展开符合读者需求的服务。图书馆对于学术型用户的服务一般是开架借阅。图书馆开馆时间较长,有电子阅览室供用户检索文献。

图书馆为这类用户的学术研究配备了良好的基础设施,投入了大量的经费,知识信息服务条件较好,一般表现在:图书馆实行全流程计算机

管理,提供全开架借阅一体化服务。为方便学者获取资源,实行书刊借阅"通借通还"服务,网上预约、送书上门、跨区服务,使学者足不出户即可享受其他图书馆的文献资源。提供信息检索与查询服务,开展馆际互借,进行用户教育及培训,开展课题咨询与代检代查服务及原文传递服务,为学者提供各类文献的打字排版、复印、胶印服务以及音像制品的复制等服务。

(二)学习型用户服务

学习型用户指在校学习的学生、自学考试的学生、为胜任工作而继续学习的人、为了某种爱好而进行学习的人。图书馆应该努力为营造学习型社会服务。人们不断获取知识、更新知识、积累知识与创造新知识,是学习型社会的显著特征。

图书馆为全民学习、终身学习服务。图书馆馆员应积极辅导自学者、继续教育者、专题爱好者、课外学习者到图书馆来学习或获取资源对于来馆学习的人,图书馆馆员要当好辅导员、服务员、导航员与教员。图书馆还可以与有关部门合作开展就业指导、就业信息服务、远程教育服务、函授教育服务、自学考试服务等。

图书馆可以为学习型用户提供阅览室、教材范本(指适用教材,读者自己购买)、高等院校目录、各高等院校招生简介、教辅资料。给用户导航,让他们知道如何获取有关学校的信息、如何获取有关教材与辅助资料的信息,业余爱好者如何学习、向谁学习、向什么方向努力等。可以帮他们拟定学习计划,指出获取相关知识的书店与网站,让他们能够轻松地学习。

(三)考试型用户服务

考试型用户指利用图书馆通过考试的用户。他们的目的单一、明确、突出。现代化的社会,人们要经历很多考试,如在校学习期间的各种考试,参加工作以后的资格考试、证书考试、职称考试等。

考试型用户一般是考试在即,时间紧张,需要有安静的学习环境。图书馆对他们的服务主要是提供3个方便、2种信息。"3个方便"指的是有阅览空间、有辅导材料、有讨论问题的场所;"2种信息",即指图书馆提供教育信息和政府信息。公共图书馆为在校学生提供的考试服务不多，但是为社会各界人士的继续学习及其考试服务是义不容辞的。考试型用户众多，各级各类图书馆应为考试型用户服务，服务面较广，做好这项服务意义很大。高等院校图书馆为本科生、硕士生和博士生撰写学位论文或毕业设计提供服务，提供网上提交论文服务，提供学位论文网上浏览服务，提供各种考试试题及其标准答案、考试模拟试题与答案。

（四）生活型用户服务

生活型用户关心吃、喝、住、行与保健、烹调、美容、房屋装潢、书房设计、商品知识、保健、卫生、家庭管理、旅游知识、盆景养殖、服装裁剪、恋爱、婚姻、持家教子、语言知识、心理健康、和睦友谊、政府信息、人际关系等方面的文献资源。对于生活型用户的知识信息服务，社区图书馆与公共图书馆、乡镇图书馆、街道图书馆、企业图书馆比较注重。图书馆可以把这类图书陈列出来，让用户在阅览室自由地阅读。为方便读者，应扩充知识信息服务内容，组建文化服务部，开展图书租借、报纸阅览、磁带复制、视听播放等文化工作，丰富读者生活，培养文化氛围。图书馆的生活型服务可以多种多样，如举办展览、讲座、放录像带、生活沙龙等。

（五）科研型用户服务

科研型用户研究有所专攻，主题突出，他们需要了解国际、国内的研究动态，需要相关课题的研究资料，希望自己的研究有所突破，研究成果得到社会的承认。图书馆为科研型用户服务，最好能选择具有某课题知识的图书馆馆员，鼓励他们参与服务用户课题组的研究，及时掌握课题研究的进度与动态，及时提供课题研究所需要的文献资源。

图书馆应该实现全天候不间断地为课题研究者服务，提供如下服务：馆藏查询，国内外数据库检索，学科信息导航服务，期刊论文全文传递服务，网络化流通租借服务，图书预约及情报服务，随书光盘的网上阅览服务，个人图书馆建设服务，多媒体视频点播服务，馆际文献资源的传递服务，文献资源收集与整合服务，提供国际、国内大型学术会议信息，专利资料、新书信息的服务，提供国际、国内的文献资源交流与合作服务，提供特藏资料服务，建立科研档案等。

(六)商业企业生产型用户服务

商业企业生产型用户指用户获取知识信息的目的是为商品化生产与销售服务。图书馆为重点教育、科研与生产单位服务,为经济活动服务,为企业提供知识信息服务。商业企业生产型用户从事商业活动、企业生产活动等,他们需要市场信息、同行业企业信息、产品信息、消费者信息、科技动态、标准信息、企业信誉信息、股票信息、政府信息等。

一般来说,大型商业企业有自己的图书馆与信息所,其中收集了丰富的行业文献与信息,有先进的信息收集、分析、加工能力,有技术、有设备。他们的图书馆馆员、信息员具有本行业的专门知识。他们了解国内外本行业的数据库,可以检索到本行业企业的数量、规模、产品、质量、资金周转率、股市行情、市场占有率、企业信誉度、政府信息。非专业性企业知识信息服务的对象,主要是那些小商业、小企业,他们没有自己的图书信息部门,需要依托地方公共图书馆代为服务,图书馆应该善于服务,特别是善于辅导,让他们学会使用图书馆,获取自己所需要的知识信息。大型企业通常要利用其他图书馆,弥补自身文献资料的不足。各个图书馆应该积极满足他们的需求,为发展我国经济服务。

(七)消遣娱乐型用户服务

消遣娱乐型用户饭后茶余和下班以后,到图书馆来翻阅期刊报纸,使工作后的疲惫得以缓解与松弛,从而得到休息。图书馆服务策略应适应休闲文化的需要,开辟知识信息服务的新领域。英国的工业化产生了社会休闲文化。大工业改变了人们田园诗般的生活,人们从大自然里走出来,在城市里过着模式化的生活。在密集化的楼群中、模式化的生活里,泡图书馆,把思想放在文字符号、数码符号、音响图像中,成为人们休闲的一种手段。从吸纳大自然的灵秀为休闲到让思维神经的运动为休闲,这样图书馆文化与休闲文化就连在一起了。

知识信息服务策略应适应人们休闲文化的需要,调整服务理念,调整服务部门,调整服务时间,调整服务内容,安排图书馆工作人员定期、不定期地举办各种有针对性的服务,如音乐欣赏、名画欣赏、文物展览、名人文化讲座、书法展览、藏书展览、邮票展览、古旧图书展览、音乐会等,不断提高人们的人文素质与文化内涵。通过读者俱乐部、读者协会等群众性组织,提高人们的社会参与意识与社会交往能力。图书馆可以利用网站、BBS、E-mail,将休闲文化引入每个家庭。知识信息服务走入社区,充分发挥图书馆的信息枢纽职能,广泛地为社会服务,如为旅游行业提供信息服务、组织信息沙龙等,以休闲的方式为繁荣地方经济服务。

随着我国社会经济的发展、百姓的富足,人们休闲的时间会更多,人们会创造许多新的休闲方式。图书馆应该善于收集人们休闲的各种要求,发现比较好的休闲方式,利用图书馆的有利条件,推广与组织休闲文化服务。休闲文化活动不是生活的点缀,而是一种趋势、一种时尚,我们必须予以重视。

第三节 图书馆服务管理的主要内容

图书馆服务内容广泛,包括文献提供服务、阅览服务、检索服务。上网服务、定题服务、参考服务、文献传递服务、导读服务等。这些形形色色的服务都需要科学合理的管理。下面简单列举几种图书馆服务管理。

一、数字参考服务管理

数字参考服务是基于互联网或者 Web 的服务机制。用户以 E-mail、Chat、Web Form 等方式提问,请求网上的"信息专家"给予回答,信息专家以电子的方式解答用户的问题。数字参考服务的最新发展是合作化数字参考服务,由多个成员机构联合形成一个分布式的数字参考服务网络,面向广大的网络用户提供数字参考服务。在 IFLA 大会上提出要深入发展数字参考服务。多项关于数字化参考服务的指南与标准已经出台,例如虚拟参考桌(The Virtual Reference Desk,VRD)是美国教育部项目,旨在开发一个标准、大型的虚拟参考服务 CDRS,它向 VRD 看齐。还有 K-12 数字参考服务信息咨询专家指南等。数字参考服务管理的重点就是认真研究、贯彻执行这些指南和标准以便更好地做好数字参考服务。

二、视听服务管理

视听服务包括学习性视听和休闲性视听。学习性视听主要针对少年儿童和学生。为了加强阅读效果,通常配以视听资料,如神话故事、科普知识、历史故事、英雄故事、成语故事等。学生学习外国语,到图书馆来利用外语音像资料。为满足用户的视听需要,图书馆需要拥有一定量的视听磁带、录像带、光盘。用户还可以联网选择使用他们所需要的视听资源。休闲性视听的主要服务对象是成年人与退休人员,他们到图书馆看录像带,互联网看电影,欣赏音乐、名画、名模。图书馆应该提供健康的、知识性的、资料性的视听资源。

三、馆际互借服务管理

馆际互借说明了资源共享的重要性。本着相互合作、平等互惠的原则,图书馆开展与国内外图书馆之间的馆际借阅服务。国际图联在这方面的文件有《馆际互借与文献传递最佳实践指南》(Guidelines for Best Practice in Interlibrary Loan and Document Delivery)。具体内容为:确定馆际互借的工作流程,确定各级馆际互借服务的指导者,轮班执勤,确定本馆进入馆际互借流程的图书数量,利用馆际互借专家系统与其他ILL/DD系统交互操作。进行馆际互借统计,采用统一编号的标题,不断更新。

馆际互借服务管理需要做好以下一些工作:开展馆际互借需要有技术的专家,工作人员应具有使用新技术的能力,有地方与国际馆际互借的经验。馆际互借的硬件与软件必须更新,鼓励用户提出获取电子版文献的要求,终端用户可以连线准馆际互借程序,保存电子化申请的记录,馆际互借用户注重利用馆际互借专家系统,以正规的方法填写表单。申请借书的图书馆要认识到馆际互借是一种图书馆服务协作行为,要介绍馆际互借新技术。指导用户检索联合目录,快速处理用户的要求,以丰富的经验选择借书的图书馆,遵循图书馆稀有资源出借的条件。尽快将资料传递给用户,尽可能传递电子版资料。提供资源的图书馆要安排有经验的馆员收集资料,减少服务的差错,使用快速传递方法,以尽可能的方式统计互借的要求。

四、阅读推广服务管理

图书馆广泛开展读书活动,组织读书有关活动。图书馆馆员为书香社会、书香家庭的建设服务,广泛开展新书导读、新书推荐、名作欣赏、书刊导读、互动之窗、读书周、新书展览、善本书展览、家庭藏书、书房建设、读书俱乐部等活动。

图书馆要组织读者读书、评书,推荐好书。世界读书日、中国曝书节(农历六月初六)组织声势浩大的活动,交流读书经验。利用多媒体软件鼓励读者学习阅读,就读过的书进行对话。推荐书房建设经验,参观著名的书房,参观优秀的图书馆文献,特别是一般情况下难以看到的文献。设立大奖,奖励在读书活动中表现杰出的人。

图书馆要组织志愿者开展扫盲工作,扫盲工作的内容包括识字、基础英语知识、上网与计算机应用基础知识。特别是在文化程度低、经费少、居民成分复杂的社区,要组织志愿者,对该区的老人、孩子、妇女、缺少信息获取能力的人进行培训或辅导,让他们能够看书、读报、上网。讨论世界优秀新书、中国优秀新书、中国传统文化必读图书,拟定推荐书目。在当地报纸上开辟专栏,供读者发表文章,讨论问题,组织主题活动,形成良好的阅读文化。

阅读活动对于打造学习型社会有良好的推动作用,图书馆馆员要把知识信息服务与社会的文明进步结合起来,把知识信息服务与每一个人的生活结合起来,把知识信息服务与社区的繁荣、祥和的生活环境结合起来,使图书馆成为人们生活中的重要纽带。

五、文献增值服务管理

文献是有生命力、有价值与使用价值的,文献经过整合与更新,可以提高其原有的价值与使用价值。图书馆常见的文献增值服务有:编辑专题论文索引、编辑图书目录、编写书摘、编写文摘、撰写专题研究综述、代用户翻译论文、代建数据库、编辑个人年谱、编纂某类文献综录、校勘书稿、注释书稿、为政府部门汇编资料、为决策部门撰写专题述要、为研究所编辑连续性专题报道、为经济团体收集或提供数据等。图书馆应该有专人、专门业务设置,开展文献增值服务,形成知识供应链的思想,长期为用户服务。

第四节 图书馆服务管理的要求

一、图书馆服务的规范化

图书馆规范是图书馆服务管理体系的一个组成部分,规范就是设计科学的服务流程与服务标准,以便提高整体服务质量。

规范首先是馆员服务理念的规范。我们通过用户服务理念在图书馆战略层面的定位,使馆人员进一步深入理解服务的理念,主动创造良好的内部服务环境,确立全心全意为用户服务的态度,形成正确的服务心态,深刻认识用户服务的重要性,变被动服务为主动服务。馆员要把服务的主观能动性与管理的客观规范化要求相结合,开展优质高效的服务。图书馆馆员要在主观上使自己适应管理的规范性,自觉地维护管理规范的严肃性,主动地健全管理规范的系统性与完善性。图书馆的规范有行业道德规范、言行规范、服务流程规范、服务技能规范。图书馆馆员应具备良好的职业道德素质。

中国图书馆学会发布了《中国图书馆馆员职业道德准则(试行)》。图书馆馆员身处社会文明的前哨,图书馆馆员的形象、着装、语言、举止行动,反映着人类知识殿堂里的精神状态。所以,很多图书馆对图书馆馆员的服装做了规定或统一着装。图书馆馆员为用户服务时,态度要和蔼亲切,语言温和中肯。图书馆馆员服务时应注重自己的语言、姿势、面部表情、体态以及说话的音调、音量、节奏等。图书馆馆员为用户服务常用的语言有:"您好""谢谢""对的""可以""下一次为您服务好吗",不可以说"不""没有"等否定的语言。图书馆馆员要处处体现敬业助人、关心用户利益的精神。图书馆馆员服务时要用文明语言,不用消极语言,杜绝粗野语言。图书馆馆员的语言要给人一种文明、亲切、和善、温和、乐于助人的感觉。

服务流程规范化。加强图书馆各项规章制度的建设，拟订《图书馆业务工作职责与细则》《图书馆岗位津贴实施细则》《关于严格考勤制度，加强劳动纪律的若干规定》《图书馆馆员手册》等规章制度，实行"承诺制""挂牌上岗""考勤抽查"等管理。加强用户研究项目的调查研究，注重用户对知识信息服务的批评、建议、希望和投诉的调查分析。展开用户对知识信息服务意见的调查，将调查结果作为改进知识信息服务措施的依据。用户意见可分为建议、抱怨、对服务人员的评价等。对服务人员的评价分为服务态度、服务能力、服务方法等。

每项应按用户的满意状况分级，让用户填表。评价资料作为服务人员绩效考核的依据。对于用户的建议或抱怨，服务部门应特别加以重视，认真处理，以取得良好信誉。对用户的建议或抱怨，情节严重的，应及时汇报图书馆的领导，加以处理，并将处理结果以书面或其他形式反馈给用户。一般情况下，服务部门可自行处理，将处理结果以书面或其他形式反馈给用户。图书馆根据用户投诉情况，及时制定改进措施。图书馆根据投诉原因及产生的后果考核相关部门和责任者业务绩效。如果用户投诉不实，也应当根据具体情况妥善处理并反馈给用户。

服务技能规范化。图书馆将信息检索、阅览、参考咨询、文献典藏集于一室，做到"人在书中、机在人旁"。在日常服务中，应该规定：因为服务技能问题产生服务失误率超过5%的图书馆馆员，责任自负，并进行适当调整。

二、图书馆服务的标准化

提高图书馆服务质量，一方面，需要采用行业内的一些标准和规范，如《公共知识信息服务发展指南》《公共图书馆宣言》《推进执行图书馆为盲人服务的国家标准》《图书馆为青年服务指南》《图书馆为哑语人服务指南》《图书馆为监禁人服务指南》《图书馆为长期住院的病人、老人、残疾人服务指南》《图书馆为病人、残疾人服务指南》《图书馆为儿童服务指南》《为远程学习进行电子参考服务的指南》等；另一方面，图书馆还需要遵循相关国家法规与文件。国家对于知识信息行业颁布了有关法规与文件指导图书馆工作。执行这些法规与文件,有效地管理图书馆事务,很好地为用户服务,是图书馆馆员的基本职责。例如,《互联网信息服务管理办法》规定:非经营性互联网信息服务提供者不得从事有偿服务。互联网信息服务提供者应当向上网用户提供良好的服务,并保证所提供的信息内容合法。

此外,图书馆还需要按照一定的评估标准要求提供服务,包括公共图书馆评估标准、高等院校图书馆评估标准、科学院系统图书馆评估标准、公共图书馆工作条例、高等院校图书馆工作条例、科学院系统图书馆工作条例等。图书馆评估标准考核了图书馆的办馆条件(设施、现代化技术装备、经费、人员、总藏书量)、基础业务技术(文献入藏、藏书质量、文献标引与著录、数据库建设、网络化建设)、读者服务工作(读者满意率、普通服务、检索咨询服务、信息服务、读者活动)、业务研究、辅导、协调、协作、知识信息服务管理等,这些工作是做好知识信息服务的基础。知识信息服务必须重视基础建设。

三、图书馆服务的人性化

(一)图书馆服务人文化

图书馆服务人文化的内涵包括以下几个方面:①良好的学习环境。图书馆是获取信息、学习知识的场所,读者在图书馆能享受和谐、文明、关爱、自由、自助与互助并存的文化氛围。②良好的人文环境。图书馆具有良好的人文环境。图书馆大力宣传科学、教育、文化、文明、民主、发展与进步,充分体现"知识就是力量""知识是人类进步的阶梯"的思想。③良好的服务环境。知识信息服务"以人为本""读者至上"以读者满意为知识信息服务的出发点和归宿,树立服务意识,为读者提供文明而方便的学习环境。④良好的服务后勤环境。图书馆设休息室,供应茶水、快餐、水果,让读者有补养、解除疲乏的机会。⑤良好的沟通环境。图书馆营造亲切和谐的人文环境,积极地与读者进行沟通,让读者参与知识信息服务工作的监督管理,有的读者可以临时性参与管理,有的读者可以定期参与管理。

(二)图书馆服务个性化

个性化服务适应人们的个性需要,最大限度地满足了人们对特定知识信息的需求。图书馆在提供网络服务方面,可以开展个性化的Web页面定制服务。可根据用户需求,定制个性化的界面设置,以获取特定的信息资源和服务。该项服务主要包括网页版面(如界面颜色、图标、布局)、信息栏目和内容模块的选择。用户可以根据自己的需要,选择个性化服务内容,如新闻、财经、影视、游戏、文化、科学等。也可以选择常用的数据库、电子期刊、相关网站链接、搜索引擎、专业词表等。

数字图书馆提供的个人图书馆(My Library)服务就充分体现了个性化的要求。用户通过对系统界面、资源集合、检索工具与检索技术、系统服务等的定制,创建个性化界面,创建与网络资源服务的链接。系统提供给个人文献编辑工具,创建、组织、加工和维护用户的个性化文献(个性化论文、读书笔记等),构筑网络信息时代的"私人图书馆"。

(三)图书馆服务情理化

服务情理化是服务人文化的体现。图书馆的开放时间要合情合理,保证用户方便地利用图书馆。图书馆处处为用户着想,设有办证处、读者服务部寄存服务、接待服务、多功能报告厅、公共检索、休息讨论区、培训服务、捐书箱、捐款箱、意见箱、医务室、课题研究室、会议室、复印室、文印室(提供复印、政印、打字等服务)、信息咨询部等部门。图书馆乐意帮助用户,彬彬有礼地处理用户服务问题,给予用户关心和爱护,以关切的态度接待用户,随时随地回答用户的问题,培养用户的自信心、好奇心与好学精神。

(四)图书馆服务自助化

自助服务是用户按照某种程序自行操作的服务。自助服务采取"无为而治"的原则,可以最大限度地满足用户的需要。他人服务存在一个他人世界、他人意愿的问题,他人世界、他人意愿通常与用户的世界、用户的意愿不一致。不一致的服务就会产生不满意。对于自助服务,图书馆提供文献资源、提供空间,用户自行寻找所需要的知识信息,减少了服务者与用户之间的意愿差。

图书馆是"知识的集散地"和"学习中心"。图书馆应提供用户自学、互学、助学条件,培养读者的自我服务意识,培养用户运用现代信息技术的兴趣,培养用户捕捉信息的习惯,培训与提高知识信息用户的信息素养,提高知识信息用户的自我服务能力,指导与培训读者利用网络,提高读者上网技能,使用户学会自助服务。

第五章 公共图书馆阅读服务现状与应对策略

第一节 公共图书馆阅读服务现状分析

一、馆内阅读环境方面

公共图书馆馆内的阅读环境从某种程度上说,对读者的阅读活动有一定的影响。我国公共图书馆比较传统的阅读环境较为孤立,藏书、借阅、阅览等服务模式是分隔开的,建筑模式是分割的,这种建筑及服务模式就显得过于死板,阻碍了读者的视野,建筑空间也较为狭隘。不仅会使读者感到压抑烦闷,影响其阅读情绪,还会消耗其阅读热情,使其减少入馆次数。而有些公共图书馆却是刻意追求豪华、气派,片面追求在建筑风格上的"高、大、上",而忽视了最重要的经济、实用。

这样的风格却走上了另一种极端,即过于重视环境的重要性而忽略了实质性的要求。有些公共图书馆甚至削减其他支出,而刻意追求馆舍的美轮美奂,过多地强调层次性及高度等。而这导致的直接后果,就是使用面积减小,抢占其他必需的支出从而造成资源浪费,降低公共图书馆的工作效率,减弱公共图书馆的服务水平。

与此同时,当前我国大部分公共图书馆通常会忽略无障碍环境的建设。残疾人虽然在身体上有残缺,但是也无法阻挡他们对阅读的热爱,他们应当享受公平待遇。而正因为他们自身这些不足,本应享有的服务却无法享受,公共图书馆应该为他们的阅读创造条件,让他们真正享有阅读的权利。而有些公共图书馆却从来不会立足于这些残疾人,没有完善的无障碍设施,甚至有些公共图书馆没有建造无障碍设施。有的公共图书馆即使建立了一些无障碍设施,也因没有按照规范标准而建立的不适当,不具有系统性、规范性,而使这些设施成为摆设。

这些设施的存在不仅没有体现其功能,发挥使用效益,更会对人力、物力造成极大的浪费。相关法律法规不健全,没有专门的机构及人员负责监管,这些都不利于无障碍设施的建设。残疾人属于弱势群体,本该受到照顾的他们却没得到应有的人文关怀,公共图书馆无障碍设施的不完善,对这一部分读者进入公共图书馆阅读造成困难,这是他们选择公共图书馆阅读的一大阻碍。[1]

二、读者阅读需求方面

阅读兴趣是读者进行阅读活动的强大动力,它对阅读起重要的推动作用。但是大多数图书馆馆员缺乏与读者的沟通,并没有切实地去了解读者个人,对于读者的需求毫不知晓。然而读者选择公共图书馆进行阅读,是为了获得知识,满足个人的阅读需求。对于作为独立个体的读者来说,每个人的年龄、所处阶段、所处环境、教育背景以及兴趣爱好等都不尽相同,作为公共图书馆,应当对读者有一定的了解,只有这样才能更好地满足读者需求。

在充分了解读者需求差异的基础上,还应为读者探索个性化服务,根据读者的不同特征,提供具有针对性的服务。随着当前科学技术进步,社会环境的变化,人们的阅读习惯也在不断变化,人们阅读使用的媒介也有所改变,现今越来越多的读者使用数字化阅读。纸质阅读方式,需要读者用手进行翻页,一页页地进行阅读,此种阅读过程较为严谨,并有一定的连贯性。而数字化阅读则需要读者借助于计算机、手机和电子阅读器等设备,而进行一系列的检索、链接等操作,从中获得信息。数字化阅读方式更加高效迅速,广受读者的青睐。公共图书馆作为为读者的主体,对读者的这一需求变化探究、分析、跟踪是远远不够的,而公共图书馆通常对读者这一阅读需求的变化不足够了解,对数字化建设缺乏长远的战略眼光。

---

[1]肖佐刚,杨秀丹. 图书馆科普阅读推广[M]. 北京:朝华出版社,2020.

三、阅读推广形式方面

我国的阅读推广活动开始较早，但是推广力度较小，活动范围较为局限。我国积极倡导全民阅读。阅读推广活动的力度加大。从2000年开始，我国把每年的12月设立为"全民读书月"，从而进行阅读推广活动。我国公共图书馆在阅读推广活动中做出了一定成绩，但是也有一些局限性。比如，专门的、具针对性的阅读推广活动较少，举办的阅读推广活动较为单一。

有许多公共图书馆的阅读推广活动忽略个人特色，对具体的阅读对象不了解，他们的心理及兴趣等是不尽相同的。如青少年儿童与老人，工人与农民等他们的需求是截然不同的。

因此，公共图书馆在设置阅读推广活动过程中应该充分考虑个人的阅读需求，制定并开展专门性的阅读推广活动，同时壮大公共图书馆的读者队伍，我国公共图书馆的阅读推广服务在各个地区也不尽相同，东部一线城市及东南沿海地区公共图书馆开展阅读推广服务的层次较高，活动形式比较多样，而经济欠发达地区的公共图书馆服务水平不高，活动形式单一，缺乏新颖性、创造性。阅读推广活动一般通过图书馆的网站发布，公众获取阅读推广的信息不够通畅，导致宣传力度不够，不能最大限度地吸引人们参加。

四、数字阅读服务方面

在当前数字化阅读受到普遍关注的情形下，数字图书馆的建设成为各个公共图书馆需要考虑的问题。相应的技术问题需要进一步得到规范，如资源库建设及数据检索等一些基础性的问题，需要进行进一步规范。虽然在分类表及主题词等方面有了一定的标准，但是一些图书馆却依然没有建立，这表明在实践中并没有得到切实的贯彻执行。

在数字化软件开发方面，受学科领域、人才培养等各方面的局限，公共图书馆在此方面发展缓慢。各个公共图书馆依然是单枪匹马，靠自身仅有的资源进行软件的研究开发。这就导致出现了两种显著的结果。一种结果是，有些公共图书馆的高水平的软件与系统得不到推广；另一种结果是,有些公共图书馆不断重复低层次的软件与系统。这些情况,对资源造成了极大的浪费。虽然目前也陆续出现一些成熟的系统,但它的推广力度远远不够。在没有成熟的公司投入开发的同时,也没有一个完善的市场体系进行运作。可见,图书馆数字化软件的开发及普及还有很长的路要走。

第二节 公共图书馆加强阅读服务的应对策略

一、改善公共图书馆阅读环境

(一)改善馆舍环境

在空间布局上,要让读者有开阔的视野,当他们进入馆内,可以对所藏图书一览无余。这就需要采用藏、借、阅一体的空间布局,建筑设计上采用大开间的布局,开放性的模式首先给读者带来视觉上的冲击。所有的文献资料都采用全天候开架阅览,使读者更加全面、立体地置身于书海中。传统的封闭模式有高大的墙壁阻隔,查找多个文献资料还需要穿梭于各个不同分类的借阅室中。

同时,这种传统的模式对于员工数量上也是有更高的要求,使馆内人员不能优化配置。而这种开放式的布局不仅可使读者视野开阔,为读者带来便利,也会提高图书馆员的工作效率,形成管理开明的高度开放局面。同时,在条件允许的情况下,公共图书馆建筑方面可以兼顾艺术与实用。在建筑外观上,设计得更加美观,以达到吸引读者的功用。在室内设计上,公共图书馆可以使用明亮颜色的壁纸与地板,书架、桌椅美观、大方,使馆内读者轻松、愉悦,以激发读者的阅读热情。公共图书馆内外环境应宁静优雅、温馨惬意,重视馆内外的美化及绿化工作,为馆内读者创造良好的阅读氛围。

(二)提供无障碍阅读

公共图书馆设计人员要有无障碍设计的思想。设身处地地为残疾读者着想,从其角度出发。根据残疾读者的个人具体需求进行设计,要做到投有所用。需要建立专门的轮椅通道、标记特殊的触摸符号以及设置专用厕所等这些无障碍设施,以更好地为残疾人读者提供更好的服务。当然,安全问题更是在建设中需要重点考虑的因素,要设计适合残疾读者逃生的设施。同时,在建设过程中,功能要明确划分,根据残疾读者的个人需求,要尽量避免相互交错,给残疾读者的阅读活动带来负担。

在内部空间的设计上,要具有全面性。设计人员要充分考虑未来的发展趋势,以便日后的翻新及改造。同时无障碍设计要具有前瞻性,能够在相当长的时间内为残疾人读者提供服务,满足用户的需求,以减少对资源的浪费。要经常性且固定清洁及维护残疾人专用设施,以保证设施可以正常使用。设有专人负责清理通道处的杂物,以免妨碍残疾人读者的出入。对于垃圾要及时清理,以免影响残疾人读者的正常活动;对残疾人读者要采取优先策略,为方便残疾人读者的借阅活动,应为其提供推车等工具,针对占用残疾人专用设施的普通读者,进行及时提醒劝阻。

(三)提高馆员素质

公共图书馆的馆员素质也是影响公共图书馆环境的重要因素之一,优质的服务可以为公共图书馆创造一个良好的阅读环境,一个轻松愉悦的阅读氛围。当然,最重要的就是提高馆员的素质。首先,图书馆要积极组织对馆员的培训工作,在业务水平以及个人素质上都能有一定程度的提高。其次,实行奖惩措施。使馆人员具有一定的紧迫感,从而激发馆员的工作热情,使其更加尽心尽力地为读者服务。第三,要培养馆员的服务意识,贯彻落实无障碍服务观念,加强残疾人的服务措施。全心全意为读者解答在借阅过程中遇到的各种困难。

同时,随着当前数字化阅读遇到受到追捧,数字化阅读越来越受到关注,公共图书馆需要引进既懂计算机又精通图书馆学的人员。因此,要加紧进行馆员结构的调整,改变以往单一的专业素养,使公共图书馆馆员的知识构成更加多样化,以适应不断发展的时代需求。与此同时,对于公共图书馆的既有馆员,也应定期组织对他们计算机知识的传输。虽然当前有许多馆员对计算机知识不十分精通,但是要在残酷的竞争中取胜,适应公共图书馆不断提高的标准以及对数字化阅读的迎合,需力争在提供传统阅读服务的同时,也能对读者在数字化阅读中遇到的问题加以指导。①

二、开展阅读推广活动

(一)主题阅读

我国公共图书馆在各个方面也不足够完善。公共图书馆的宣传也不普遍,这些制约着阅读推广活动的开展。其中,主题阅读是公共图书馆阅读推广活动的重要手段。主题阅读活动是阅读推广活动的一个重要举措,它对于阅读推广活动的顺利开展起着至关重要的作用。

第一,公共图书馆应抓住社会热点。了解大众的兴趣点,相应的开展阅读活动,提高读者参与的热情。举办针对热点的主题征文及竞猜活动,为优胜者提供奖品,从而吸引更多的读者积极参与其中。比如为促进公民的思想道德建设,而开展的"公民道德实施纲要"读书专题活动。许多这样的活动,不仅增长了读者的知识,并宣传了图书馆的功能,取得很好的社会效益。公共图书馆要抓住社会热点,激发国民阅读的热情,开展不同主题的读书活动。

第二,公共图书馆可以利用节日举行主题活动。利用包括"世界读书日""全民读书月"等特殊的读书节日,进行主题阅读活动,以宣传推广图书馆。这些读书节日与公共图书馆起到相辅相成的作用,一方面,读书日对公共图书馆起到了宣传推广作用,激发了国民的读书热情;另一方面,公共图书馆也使这些节日变得更有意义,使越来越多的读者参与其中。

比如唐山图书馆就举行了一系列的主题活动,该图书馆使用传统媒介与新型媒介相结合的方式,对主题活动进行宣传推广。大众通过主题活动对于公共图书馆进行了重新定位,拉近了彼此的距离,更是在一定程度上对国民阅读进行了引导,吸引市民充分利用图书馆,以形成全社会的阅读氛围。

---

①段艳华.公共图书馆阅读服务研究——基于提升国民阅读水平的视角[D].哈尔滨:黑龙江大学,2015.

(二)读者俱乐部

设立读者俱乐部,是公共图书馆阅读推广活动的重要方式,它具有公益性和服务性。它在一定程度上不仅可以使越来越多的读者参与其中,更多的利用公共图书馆,也会吸引更多的人主动走进公共图书馆。俱乐部的活动氛围较为轻松,读者可以共同讨论有关事项,积极听取各方意见建议,确定活动主题,读者俱乐部负责的活动具有多样性,宣传、组织阅读活动以及订立活动规则等一系列服务。

读者俱乐部拉近了读者之间的距离,使读者之间更加亲近,便于彼此的沟通学习。俱乐部根据不同的标准分类,成立不同的部门机构,以更好地聚集同一标准的读者,他们组成联盟,更有针对性地进行活动。这种服务形式具有显著优势。一方面,它是以共同的兴趣爱好为单位,组成各个不同的部门,它的分类标准较为鲜明。会员之间交流频繁,联系较为紧密,使活动得以高效率开展;另一方面,活动氛围较为轻松愉快,每次制定的主题,都可以相互之间商讨拟定,不存在一家独大的现象,迎合多数人的趣味,充分体现了民主原则,激发读者阅读热情。

(三)名家讲座

名家讲座的形式得到了原国家图书馆馆长詹福瑞的充分肯定。他认为,在科学技术高速发展的今天,人们对知识文化的需求越来越大。名家讲座的阅读推广模式,可以为人们获取专业知识,提升自我修养提供更多的可能性。这种模式逐渐成为公共图书馆进行阅读推广活动的主要方式,并在发展过程中去糟取精,使其发展日趋完善,逐渐改变公共图书馆被动的状态。

公共图书馆的名家讲座活动是阅读推广活动中重要的途径之一,是各个公共图书馆的热门选择。比如,长春市图书馆就开展了一系列的名家讲座活动,吸引了大批读者前去参加。其中包括"国学大讲堂""时尚话题""健康驿站"等一系列大众关心、关注的问题,具有一定的实用性,受到大众的竞相追捧,一时间成为人们津津乐道的话题。淮安市图书馆则立足于高质量讲座,举办"城市教室"等,在社会上产生了广泛的影响,越来越多的市民选择在周末去听讲座,而不是进行其他一些娱乐活动,这就在一定程度上推广了公共图书馆,为公共图书馆吸引了大量读者。

名家讲座是重要阅读推广形式。主要原因在于:第一,名家讲座具有公益性。所涉及的读者范围较为广泛,它的免费性受到各个阶层、文化程度等不同类型的读者所接受。第二,讲座的老师通常具有一定的威望,实力不容小觑,具有较高的影响力。这个特性足够吸引更多的读者进行参与。第三,名家讲座的内容也多是公众较为感兴趣的方面,与人们的学习、生活等方面息息相关,这也是吸引人们参与其中的重要原因。第四,讲座定期举办。提前公布每期的主题,使读者有所准备。

名家讲座模式,使公共图书馆主动走进读者,拉近与读者的距离,能使读者真正认识公共图书馆;另一方面也吸引人们主动走进公共图书馆进行阅读,讲座加强了图书馆与读者的联系,成为二者连接到纽带。同时,名人效应也发挥重大效力,对读者的阅读活动有一定的指导作用,便于馆藏资源的利用,进而逐渐成为公共图书馆优先选择的阅读推广方式。

(四)阅读竞赛美

公共图书馆可以利用丰富的馆藏资源,很多公共图书馆都推出了针对各年龄段读者的夏季阅读项目。美国的阅读竞赛活动,最著名的当属成年人夏季阅读项目(Adult Summer Reading Program),此项阅读竞赛活动具有一定的针对性,在读者群众有广泛的影响力,受到追捧。其中,森特维尔图书馆就是其中一个成功的范例,它通过此活动顺利进行了阅读推广活动,并为图书馆吸收大量读者。

夏季阅读的竞赛模式主要是评比阅读量,与此同时,参与者还要对所读书目撰写读书心得及体会。竞赛的评委会根据活动规则进行评比,其中主要依据是参与者的借阅量及阅读深度。获奖的选手会有丰富多样的奖品,这是读者参与其中的一大动力。该公共图书馆正是运用这种阅读推广方式,吸引了大量的读者,这也是我国公共图书馆需要借鉴参考的方法。

阅读竞赛活动在我国也开始吸引越来越多人的关注。北京市怀柔区举办的"阅读怀柔"阅读竞赛,就吸引了400余人参加了该活动。新增的互动答题环节,观众可以直接参与,提高了活动参与者的积极性,使阅读竞赛活动有了一个更精彩的呈现。竞赛引入了新媒体形式,改变之前单一的一问一答模式,更增加了竞赛的趣味性。这是我国公共图书馆开展阅读竞赛,以推广公共图书馆阅读的范例,值得公共图书馆学习借鉴。

开展阅读竞赛,公共图书馆号召读者参加阅读竞赛,在竞赛中获得肯定,激发阅读热情。作为赞助奖品的各个商家都与图书馆有着密切的合作,图书馆在比赛宣传及广告语中,会对赞助商家进行广泛的宣传,赞助商会加大其曝光度。这在一定程度上,使广告商、公共图书馆以及参与者个人都从阅读竞赛中获得了效益,而达到了一种共赢的局面。这一活动给读者提供了非常大的动力,可以激发读者阅读的热情,吸引更多读者更多地开始选择到公共图书馆阅读。

三、完善公共图书馆数字阅读服务

(一)加快数字阅读服务进程

公共图书馆面对迅猛发展的信息技术和国民阅读的"数字化",应制定相应的措施,顺应其发展趋势。首先,要制定数字化建设方案。图书馆主管部门应当根据读者阅读需求变化,制定图书馆数字化建设的长远规划,数字图书馆要有合理的目标建设,科学的目标可以使图书馆数字化建设得以顺利实施。其次,要坚持技术创新,努力研发数字化应用软件。应用软件的研发,在注重科学技术水平的同时,还需要着重考虑读者需求,使其实用性发挥到最优。在信息化建设的今天,计算机网络、通信设备等科学技术的飞速发展使图书馆数字化建设成为现实。

数字化图书馆在建设过程中要选择合适的网络传输系统,如移动、联通、电信等相对独立且封闭传输系统就非常适合数字化资源平台的搭建。应在尽可能加快网络速度的同时,采取多元化的网络传播方式。促进数字资源的传播,以此加快数字图书馆资源共享的步伐。

国家在信息化建设中明确标注,图书馆的数字化建设应得到重视,更要不断提高其水平。数字图书馆的建设,在技术手段的选择与信息应用等方面,都应当符合国家信息化的要求。与传统图书馆相比,数字图书馆更重要的是强调信息资源的开发与利用,它们在信息的提供方式、资源的容量方面都有很大的不同;而传统图书馆则以收集文献、保护文献为工作的主要内容,满足读者对纸质的图书需求。

数字图书馆的顺利建设,将使图书馆资源更加全面、系统,不断满足社会各阶层不同用户的图书需求。在对数字图书馆的规划中,读者需求是不可忽略的,要适时追踪读者的阅读偏好,此点是在建设中重要的一环。为更好地了解国民阅读的发展趋势,图书馆要定期对到访读者进行需求分析,与其他图书馆也要时常交流探讨,进而制定适合自身发展的运行图书馆数字化的总体方案。

但就当前发展情况来看,我国图书馆数字化建设仍然是初期阶段,基础比较薄弱,整体发展还不均衡。针对这种情况,图书馆在数字化建设中应该采取针对性的措施,不同情况不同对待,以更好地适应其建设发展。对于规模较小、处于萌芽阶段,人力、物力匮乏的公共图书馆,首先要解决的并不是图书馆如何进行数字化建设,而是图书馆自身自动化建设的问题。而对于规模较大、有丰富的资源,人力、物力比较充足的公共图书馆来说,应当着重考虑馆藏资源数字化建设问题。对于国家级规模以上的图书馆来说,图书馆内部要主要考虑信息技术、转换技术、信息存储、嵌入技术、标准化规则等如何使用的问题。

因此,图书馆要想顺利地进行数字图书馆建设,加快公共图书馆的数字化进程,就必须充分利用现代化科技技能,灵活地运用联机检索、主题检索等方式,对大量低效、杂乱的文献信息资源进行分类,加工成有序的、高效的信息资源,方便读者使用,为读者"数字化"阅读创造良好的环境氛围。

(二)完善网络阅读导读服务

网络在线阅读是当今国民选择的主要数字化阅读方式。网络上丰富的资源能够满足读者不断扩大的阅读需求,使读者的阅读空间增大,也拉近了与读者之间的距离。然而,任何事物都具有两面性,网络在线阅读方式当然也不例外。正因为其信息资源极其丰富,就给读者在选择上造成了一定的困难。有些信息资源良莠不齐,读者不能准确分辨,这就需要公共图书馆在这方面进行引导,提供网络导读服务。例如澳大利亚成年人文学委员会在这方面工作就很突出,他们在网站上发布有关电子新闻、新书快报、畅销书排行榜以及不同领域的特色文献等相关信息并建立相关链接,从而引起大众关注,以增加网络的阅读量。

公共图书馆可以从中借鉴经验教训,具体可以经过以下几点操作:①丰富完善网络在线阅读服务,正确引导读者。首先,详细介绍馆藏资源,标明可用资源;其次,加强数字资源建设,将随时收集整理的文献资源存储备用,优化其性能。②首页导航页面要根据实际需求及时更新,各个导航要详细描述各结构的内容特色、使用规范等。

(三)优化移动阅读服务

针对当前国民阅读趋于数字化的现状,公共图书馆应该重视移动阅读服务。首先应该关注于整合各种阅读资源,搭建阅读服务云平台。当前,读者对便捷性的追求达到一个前所未有的高度,阅读同样需要便捷性。读者需要能够聚集各种阅读资源的网络服务云平台,包括网络文学、图书、报纸、杂志、文章、漫画、图片、有声读物、音乐、视频等。基于云平台,公共图书馆可以更智能、更个性化地向读者推荐阅读内容。其次,根据读者阅读需求,公共图书馆积极开发新阅读应用,真正解决用户在信息海洋中的阅读需求。

数字图书馆要以馆藏的文献信息资源为核心内容,此外还要注意各文献间的内容联系。在应用中形成社交关系链,让读者之间、内容之间、公共图书馆与读者之间产生互动,从而形成良好的阅读关系,吸引更多的人选择阅读,选择公共图书馆进行阅读活动。

四、建立基层图书馆阅读服务体系

(一)社区图书馆

为了吸引更多的读者,拉近读者与图书馆的关系,创造良好的阅读环境,在各个社区建立社区图书馆是其中一个最行之有效的对策。这种图书馆模式为广大社区居民就近阅读提供了便利,吸引读者进行阅读。目前我国的社区图书馆的建设尚不成熟,距离形成完善的服务体系还有很长的路要走,此类图书馆的建设在我国尚在起步阶段。而国外的社区图书馆却历史悠久,有许多成功经验可以汲取。社区图书馆面对不同的读者提供具有针对性的服务。各个公共图书馆应该建立市级图书馆同社区图书馆相结合的模式,一方面使公共图书馆与读者之间的联系更加紧密;另一方面为社区读者阅读提供方便。

在社区图书馆建设方面,深圳市图书馆取得的成绩较为显著,它以市、区、街道、社区为核心,设立公共图书馆服务体系,不仅拓宽了图书馆的服务范围,增大了服务对象的覆盖面,也扩大了公共图书馆的读者群体。

社区图书馆的建立,使图书进入社区居民的生活。图书馆的服务做到真正地深入到读者身边,让读者深切地感受阅读活动的便利。安阳市图书馆作为社区图书馆的成功范例,有许多经验值得借鉴,该馆在安阳市创建"文明社区",联合民政局等其他单位,在多个社区组建社区图书馆,为社区居民阅读带来福音。各个公共图书馆应积极创建社区图书馆、为社区图书馆捐献图书、捐建"爱心图书馆"等活动。社区图书馆之间可以加强沟通与交流,使相互之间联系更加紧密。同时向居民免费提供各方面的服务。

公共图书馆与社区联合,对于想要在社区内设立图书馆的地方,要提供帮助,拨调一部分人员进行组织建设。在此基础上,公共图书馆要重视培养管理人员,提高其管理水平,同时利用资源优势,提供技术及资金支持,以更好地加强社区图书馆的建设。

社区图书馆深入城市社区,主动出现在读者身边,这本身对读者的阅读活动就是极大地鼓励。社区图书馆不仅使社区的居民生活变得更加丰富多彩,还可以促进居民之间的文化交流,同时也在一定程度上提高了社区居民的素质,为本社区的居民阅读服务提供场所,对社区和谐生活起到了积极的作用。

(二)农村图书馆

在城市文化生活日益丰富的同时,我国偏远地区的文化基础设施仍是非常落后,同城市的文化基础设施相比有较大的差距,具体表现在公共文化产品的极端缺乏。当然,公共图书馆作为其中重要服务单位,发展状况自然不佳,许多农村的图书馆严重匮乏。农民缺少可以阅读的图书,没有可以选择的图书馆。而公共图书馆所体现的精神正是:公平、公正、平等和开放。因此,建立农村图书馆,满足农民的阅读需求,是当前亟待解决的问题。

农民读者的阅读活动的地域局限性,在很大程度上会受到阻碍,这是公共图书馆阅读服务中较薄弱的一环。因此,在我国这个农民人口众多的国家,我国公共图书馆要正视这个问题,逐渐重视农村的阅读服务,加快农村图书馆的建设进程。广袤的农村地区缺少真正意义的图书馆,数量众多的农村读者应该与城市居民一样,同等地享有公共图书馆所提供的服务。

新农村的发展,需要人们素质的提高以及科学文化的汲取。农村图书馆的建设,不仅从整体上提升了国民阅读水平,也在一定程度上缓解了城乡文化权利不均等的矛盾。基础设施薄弱、地方财政投入不足、农民文化水平较低,欠发达地区的广大农村首先可以建设本村的农村图书室,以基本满足当地群众文化需求。

公共图书馆应充分利用自身资源,积极投身到公共图书馆的建设中,发展壮大农村图书馆,同时,要了解农村读者的阅读兴趣,输进适合的、具有针对性的图书。从而使阅读活动正面地影响农民读者。比如,通过阅读有关养殖牲畜、种植农作物等方面的图书而得到知识,从而使农民们提高收益。

这就使得他们更有热情地进行阅读。当然,农村图书馆的建设在人员与财力上需要很大的支持,而公共图书馆的能力是有限的。这就需要政府在财政和政策上的支持,而社会捐赠也是公共图书馆获得资金的重要方式。同时,根据农民的具体特点,提供相关文献资源,传播农业知识,提供针对性的服务,从根本上加强了公共图书馆的阅读服务,从而真正做到提升国民阅读水平。

(三)流动图书馆

通常认为,流动图书馆是利用运输工具,定期给读者送去图书,进而开展借阅工作、举办阅读活动的流动形式的图书馆。流动图书馆的形式有多种,其中包括为读者上门送图书、在较为闭塞的地方建造图书流动站,或者利用交通工具定期为居民运送图书。

流动图书馆可以选择使用交通工具如大型的汽车,或者选择在某地点设立固定的图书借阅处等方式。这种流动的服务方式所涉及的地域较广,人群具有多样性,充分体现了公共图书馆平等、开放的精神。流动图书馆的设立,给国民提供了主动进入图书馆阅读的途径,在时间、空间上给予读者提供了便利。

在这个流动图书馆中,不同身份角色的阅读主体都可以找到自己喜欢或需要的书籍来阅读,这种形式让图书主动走入人们的生活中,使阅读成为国民的一种习惯,一种生活方式。

流动图书馆的设立,有许多经验教训可以汲取。首先,要对图书进行标准化分类,一边与他们申请流动图书馆。培训提升管理人员的管理水平。其次,在自动化建设方面要得到加强,以节省人力、物力,提高工作效率,为读者阅读提供便利。提升图书馆的数字化水平,在一定程度上提升服务质量。在这点上,广东流动图书馆的模式可以借鉴。它的自动化管理系统能够进行各分馆业务自动化管理,实现相关业务管理系统的现代化。

流动站点可以作为所属图书馆的一个书库,公共图书馆进行相关权限的设置,使资源得到共享。在服务管理方面,公共图书馆要根据各个图书流动图书馆所面向的读者特点以及他们的生活作息习惯,来确定各流动图书馆的服务时间。在对流动图书馆的设置中,要有完善的借阅制度等来保证流动图书馆的功能得到最大程度的发挥,优势得到最大程度的运用。工作人员的责任要明确,固守个人岗位。对每个流动站点,公共图书馆与各个站点之间要确立责任义务。

公共图书馆、流动图书馆以及图书馆员都要对各个环节认真负责,防止流动图书馆图书的流失。同时,公共图书馆要对馆内的文献资源进行归纳整理,从中精心挑选出一部分图书建立流动书库,供读者挑选借阅。这些挑选出的图书要迎合读者的需要,要定期有计划地组织图书馆的人员进行调查研究,然后针对调查结果外购一些受欢迎的图书种类,以吸引更多的读者。

在流动图书馆营运期间,定期与所属图书馆或者其他流动图书馆交换书籍,不仅可以节约资源、丰富流动图书馆图书资源,也可以让图书流动起来发挥其最大的作用。在场地选择上,公共图书馆既可以选择偏远农村、城市社区,也可以选择人口聚集的公园、广场等地方。在这些地方设立流动站点,由公共图书馆为后盾,提供人力、物力的支持。当然,也可以同其他单位、部门合同协作,以便更好地为读者提供服务。还可以在医院、公交站、火车站等地方设立流动图书站点,这些场所人流量较大,人们等待的时间较长,流动图书馆的出现不仅可以使其打发无聊时间,同时也提高他们的阅读热情。流动图书馆免费地让国民自由地阅读,图书主动出现在他们的生活中,图书馆主动走进他们的生活,这会在很大程度上激发他们的阅读热情。

国民的阅读习惯是可以渐渐养成的,国民阅读的兴趣也是可以培养的,流动图书馆正是利用它的流动与便捷性,时刻督促国民进行阅读,激发国民的阅读兴趣,从而为国民阅读创造良好的氛围。

第六章 公共图书馆阅读服务

第一节 公共图书馆阅读服务概述

一、公共图书馆

(一)公共图书馆概念

公共图书馆是由国家中央或地方政府管理、资助和支持的,免费为社会公众服务的图书馆。公共图书馆与专业图书馆不同。公共图书馆的服务对象可以从儿童到成人,即所有的普通居民。公共图书馆提供非专业的图书(包括通俗读物、期刊和参考书籍)、公共信息、互联网的连接及图书馆教育。公共图书馆也会收集与当地地方特色有关的书籍和资讯,并提供社区活动的场所。公共图书馆是一个国家或地区的文化信息中心,具有十分重要的地位。它担负着保存人类文化遗产、传播先进文化、开展社会教育、引导大众阅读等重要社会职能,是公民终身学习和接受继续教育的学校和场所,在推动社会发展中发挥着重要的作用。

(二)公共图书馆服务体系

1.公共图书馆服务体系概念

公共图书服务体系是公共图书馆运行和服务的模式或机制。公共图书馆服务体系是指一个国家或地区的公共图书馆独立或通过合作方式提供的图书馆服务的综合体系。公共图书馆服务体系是所有公共图书馆加上任何形式的合作平台形成的非营利性的、实现资源共享,传播先进文化,以保障大众基本书文化需求的社会公共文化服务体系。

2.公共图书馆服务体系基本特征

从公共图书馆服务体系本质属性来看,它是一种具有意识形态性、公益性、社会性等复合属性的公共品,主要体现在以下三方面:一是公共性特征,以公共部门为拥有主体体现了体系的公共性特征。二是公益性特征,特有的免费服务运行方式体现了体系的公益性特征。三是普遍性特征,以全体民众为服务对象体现了体系的普遍性特征,要求所有人享受均等性的服务。其中,公共图书馆最重要的特性就是公共性与公益性。公共图书馆的公共性、公益性的性质决定了公共图书馆是面向公众的窗口,它是直接免费为群众提供精神食粮的场所,公共图书馆的门槛越低,其公益性、便利性特征就越突出,进馆人数、读书的人就会越多,享受到的图书馆各项服务也就越多。公益性要求每一个图书馆为读者提供免费、便捷、完善的服务,满足大众的不同需求。

面对网络体系而出现的新要求,公共图书馆服务体系基本特征表现在以下两方面。一是开放性特征,公共图书馆服务体系开放性特征包括:开放性的"引进来"和开放性"走出去"。开放性的"引进来"是指一个开放的系统,要积极吸收、广泛学习、博采众长、整合会员馆以完善服务体系建设,提高质量。开放性"走出去"是指它是一个面向全社会的文化服务机构,读者无须"门槛",馆藏大量资源都应向读者开放。二是共享性特征,公共图书馆服务体系是各成员馆系统的综合。资源共享是公共图书馆服务体系优势特色,共享性是公共图书馆服务体系内在体征。[①]

二、阅读与公共图书馆阅读服务概述

(一)阅读的含义及阅读主客体分类

1.阅读的含义

阅读是一种主动的过程,是由阅读者根据不同的目的加以调节控制的,陶冶人们的情操,提升自我修养。阅读是一种理解、领悟、吸收、鉴赏、评价和探究文章的思维过程。阅读可以改变思想,从而可能改变命运。阅读可以使人们从书本上获得知识,提升自己的科学文化水平,促

---

①毕洪秋,王政,王余光等.真人图书馆与阅读推广[M].北京:朝华出版社,2019.

进素质提高,它是促进个人发展的一种重要方式。阅读主要具有以下三个作用:一是阅读可以获取知识,大众的知识获取主要靠间接的方式,而书籍正是这个方式的最好承接,它将祖先的生产经验记录下来,让大众得以学习,同时也对大家的知识经验进行记录和保存。"书籍是人类进步的阶梯",人类社会要进步,靠的是知识,而知识的获得还要靠阅读能力的提升来实现。二是阅读能促进技能的形成,人的技能是通过实践来达成的,但离开了理论支撑,技能的形成也将成为一个空壳。阅读是实践性的工具,学校所学的理论将促进他们技能的形成。三是阅读能增长知识,拓宽视野。阅读就是读者通过文本去寻找自己想要的东西,或者是文本中所蕴含的让读者认为有价值的东西。读者在阅读的过程中自然会有意无意地得到其他方面的知识。而就初中生而言,拓宽阅读的范围,不但能使他们增长知识,还能提高学习效率。

人的行为活动总是随着个人不同要求而改变。这些要求可能是个人的需要、个人的好恶或者个人的习惯等,同样地,阅读行为活动也会因此而改变。人们的阅读行为无论出于何种目的,比如休闲、娱乐或者学习,归根到底都是为了更加全面地认识世界,从而满足读者的精神需求。阅读行为也会影响着人们的情感,这些所体验的情感会影响着读者阅读活动,或是因为喜爱而激发读者热情,或是因为乏味而减弱读者的阅读兴趣。读者心理活动的变化直接导致读者的阅读行为的变化,各种心理因素都会直接进行影响读者的阅读动机,阅读动机的变化最终影响着读者阅读活动的进行。阅读是阅读主体实践活动与精神活动的一种体现。

2.阅读主体的分类

阅读主体是指有能力进行阅读的人。《中国大学生百科全书》中指出,"阅读主体的形成需要具备三方面因素:一是有阅读欲望。二是具备一定阅读能力。三是从事阅读活动。同时具有三要素,才会使阅读主体得以形成。"从中我们可以得知,并不是每个独立存在的个人都是阅读主体,其中最重要的界限就是阅读能力。一个人不一定具有阅读能力,要形成这种能力,首先需要他们能够正确认知文字。这就不包括不认识文字或者脑功能障碍的人,因为他们不能进行阅读并且理解文字,所以他们便没有阅读能力,更不能成为阅读主体。同时,阅读的主体进行阅读活动也有一定的限制,虽然他们具有阅读能力,却不能超出他们的接受范围,包括社会经验以及知识的储备等其他因素。比如不具备某种语言能力的人就不能阅读该种语言的文字。还有比如一些只能认识简单文字的幼儿,他们就无法阅读如经济法、会计学以及统计学等专业性强的书籍,公共图书馆的服务对象极其复杂,在综合考虑了读者的个人因素、活动方式等方面,读者类型的划分可分为以下几种。

(1)未成年人群体

未成年人群体通常有着多种多样的阅读兴趣,公共图书馆所提供的社会公共空间可以有效地激发未成年人利用图书馆的热情和阅读的兴趣,从而提高获取知识的能力。未成年人在公共图书馆学习和阅读的过程中,不仅仅可以实现阅读各类图书的需求,有利于帮助未成年人培养积极的兴趣爱好,形成良好的阅读习惯,充实自己的生活;而且,未成年人可以通过读书会等各种形式的聚会和有着共同兴趣的同龄人以及各类人群相互交流,未成年人可以通过在图书馆中的活动增进自己和家长之间以及未成年人彼此之间的联系,这有利于未成年人结交合适的朋友,扩展社会交往,参与新的社会角色,有利于未成年人的健康发展。

未成年人群在各方面都不够成熟,受外界影响较大,行为上具有较强的可塑性。他们的阅读具有一定的主动性,求知欲较强,阅读的内容较为单一浅显。

(2)大学生读者

此类读者主要是青年人,他们在思想方面处于形成时期,各方面逐渐成熟。他们的思想、观察能力以及自我意识都处在较强的阶段,阅读选择有一定自主性。

(3)科技读者

科技读者指科学技术工作者,他们由处在不同层次的科技工作者组成。他们的阅读专业性强,范围具体明确。

(4)教师读者

教师读者指从事教学工作的读者,他们分布在不同级别、不同类别的各个学校。担负一定的职业使命。他们处在不同层次、不同专业、不同年龄,因此,他们在对阅读文献的选择上依据不同的内容与范围、利用的内容深度以及阅读的范围在一定程度上存在差异性,对资源的利用方式也会有所不同。

(5)工人读者

工人读者是指分布在各个领域的工人队伍。此类型的人数比较多,其构成也比较复杂多样。工人读者对阅读的需求具有差异性,对阅读的深度及内容的选择也具有一定程度的差异性。

(6)农民读者

农民的人口数在我国占有很大的比重,这一部分读者是我国公共图书馆最潜在的读者群体。随着当前科学技术的进步以及农民对知识需求的日益加深,农民读者的阅读需求随之日益增强。

(7)军人读者

军人读者在文献需求上通常是以政治理论、军事技术为主要内容。

(8)居民读者

居民读者主要包括各行业的职工,退休、离休的居民以及各类闲散人员。

(9)残疾读者

残疾读者是特殊的读者群,他们虽然在生理上有一定缺陷,但是却有同正常人一样有阅读需求。

3.阅读客体的分类

根据阅读媒介的不同,其主要可以分为纸质化阅读与数字化阅读。其中,纸质化阅读主要包括图书阅读、报纸阅读以及期刊阅读。而数字化阅读则主要包括读者依靠网络、移动终端等媒介获取信息的过程。随着当前科学技术的不断进步,越来越多的读者选择使用数字化阅读方式进行阅读。伴随着时间的推移,人们越来越体会到,数字化阅读在给人们的阅读带来便利的同时,也更加全面地满足读者的阅读需求。当前,读者可以选择的数字化阅读方式越来越多,数字化阅读的范畴也越来越广,它主要包括网络阅读、手机阅读、PDF阅读、本地电子书阅读、手持电子终端阅读等,与数字阅读类似的称谓,还有超文本阅读、电子阅读、虚拟阅读、电脑阅读、屏幕阅读、超阅读、网上阅读等。

(二)公共图书馆重视阅读服务的意义

1.对读者个人的意义

公共图书馆重视阅读服务,提高服务质量,吸引更多的人进行阅读活动,对于读者个人有十分重大的意义。因为阅读,能够给个人带来智慧,增强个人素质;也对一个国家的生存和发展起着至关重要的作用。阅读活动不仅能使我们修身养性,更可以指引人们的人生方向,走出生活困境,使人生更加丰富。人的社会活动离不开阅读,从阅读中,领悟做人的道理,学会为人处世的经验教训,学到生活中的智慧哲学,提高自身的创新能力,提高读者自身的素质。阅读还能激发个人的无限潜能,增强自身竞争能力,使其在激烈的竞争中取胜。

2.对公共图书馆自身的意义

《公共图书馆宣言》中有对于公共图书馆的使命进行阐述,其中,第一条规定,要从小培养孩子阅读兴趣,并要不断加强其阅读习惯;第二条规定,公共图书馆要支持正规的教育。而对于国民个人自学教育同样也要予以支持;第三条规定,对于读者个人的发展,要不断创造机会;第十条规定,企业、协会和利益团体以及其他组织要提供针对性的信息,做好相应的信息服务;第十一条规定,公共图书馆为信息和计算机技术发展做出贡献;第十二条规定,支持并参与针对不同年龄层,开展的读写能力培养和计划,必要时主导发起此类活动。

公共图书馆具有进行阅读服务的职能,促进读者的阅读活动的开展是其一项重要的职责。公共图书馆采取一系列的举措以加强其阅读服务,从而激发国民的阅读热情,提升国民的阅读积极性,阅读群体也随之不断扩大。鉴于此,公共图书馆重视阅读服务这一举措对其自身发展也有重大意义。它不仅使公共图书馆更好地发挥其职能,并在实践过程中优化了其职能服务,同时向国民宣传了公共图书馆平等、公共、免费、开放的精神。

3.对社会发展的意义

公共图书馆重视阅读服务,对于社会发展也有重大的意义。国民通过阅读获得知识、文化等信息,从而提升个人的素质水平,进而为社会发展注入新鲜血液,以促进社会的发展进步。如果说体育运动可以增强国民的身体素质,那阅读活动就从根本上净化了国民的心灵,提升一个人的整体素质。同时,社会环境与阅读活动是相辅相成的,社会环境关系到能否提供良好的阅读氛围,而阅读活动的积极开展使国民素质得到提高,又会给国民创造良好的社会环境。国民阅读率可以说是一个国家阅读水平高低的标志,它在一定程度上反映了一个国家的阅读水平。它反映着一个国家的文化软实力。

国民阅读水平的提高,从而使国民的知识储备、创造力等得到提升,它影响、制约着全社会的发展。乃至关系到全人类的进步。作为社会公益文化设施的公共图书馆面对社会大众开放,其服务具有无偿性,在提高国民知识水平、对社会发展方面起着重大的促进作用。

三、浅阅读及其特点

(一)浅阅读

自从人类社会开始阅读起至今,阅读载体和阅读方式不断地经历改变,只要阅读载体发生改变,阅读方式也会发生相应的变化,这种改变具有必然性、进步性、革命性的特点。虽然浅阅读的概念目前还未有统一界定,但作为一种阅读方式,浅阅读古已有之。它是每一个阅读者在阅读过程中或多或少都会使用到的阅读方式,即泛读,即扫描式、浏览式、快速式、跳跃式的阅读。浅阅读就是指阅读不需要思考而采取跳跃式的阅读方法,所谓囫囵吞枣、一目十行、不求甚解,它所追求的是短暂的视觉快感和心理的愉悦。浅阅读是当今阅读的一种趋势和倾向,体现出了网络阅读的一些特性,具有阅读快速、休闲性强、即时共享的特征。浅阅读虽然具有随意性、消遣性、快速性等特点,但并不是没有思考的阅读,而是一种有效的阅读方式。

(二)现代社会浅阅读产生的原因

1. 网络环境产生了新大众文化形态

大众文化,是以大众传播媒介(机械媒介和电子媒介)为首,按商品市场规律去运作的、旨在使大量普通市民获得感性愉悦的日常文化形态。从这个意义上来说,通俗诗、报刊连载小说、畅销书、流行音乐、电视剧、电影和广告等无疑属于大众文化。"大众文化"这一概念最早出现在西班牙哲学家奥尔特加《民众的反叛》一书中,主要指的是一个地区、一社团、一个国家中新近涌现的,被大众所信奉、接受的文化。大众文化通常通过大众化媒体(网络、电视、报纸、杂志等)来传播和表现,尽管这种文化暂时克服了人们在现实中的茫然和孤独感以及生存的危机感,但它也很可能大大降低了人类文化的真正标准,从而在长远的历史中加深人们的异化。

网络技术日益朝着人性化、个性化的方向发展,同时具备了较高的互动性。逐渐融入人们的工作、生活、学习当中。网络技术带来了全新的交流传播平台,在这个平台中,丰富但也无序的信息充斥在生活的每一个角落。在最初发展阶段。人们带着好奇心享受着网络上各种各样的新鲜事物,随着网民的日益增多,网络文化发展呈现出一种新型的文化形态——大众文化。显然,在网络无处不在、无时不有的今天,大众已开始逐步接受了网络文化这一现实。而网络文化的特点之一就是快餐式文化,这一文化特征势必影响到人们的阅读方式,网络环境下的浅阅读成为一种时尚。在新媒体时代,大众将浅阅读定义为人们为了追求阅读娱乐性和海量信息,利用新媒体平台,通过快速浏览获取信息的方式。新媒体语境下,浅阅读方式以其快览性、浅显性和娱乐性的特点为人们带来了丰富的视觉冲击感和阅读愉悦感,并提供了充裕的信息量。

2. 读者的阅读需求和阅读心理发生了变化

随着经济社会和科技的发展,人们生活节奏加快。竞争日趋激烈。生活压力大。空闲时间少,人们没有更多的时间进行传统的深阅读,所以更倾向于阅读那些短小精悍,且具有解压放松功能的信息,所以"浅阅读"的产生反映了人们阅读习惯的转变。

从读者的阅读需求来看,大概包括四个方面:修养性阅读,如陶冶情操、净化心灵、完善人格、体验审美;学习研究性阅读,如本专业课程及课外读物的系统研读,为撰写学术论文收集材料;功利性阅读,如升学、求职、工作考核、评聘职称等;休闲性阅读,如欣赏文学艺术,调节紧张的生活节奏。进入21世纪之后,生活中的很多事物都发生了巨大变化,包括阅读。当今社会,阅读行为变得越来越普遍,但人们的阅读目的和需求也发生了变化,尤其快节奏的生活方式带给了人们新的阅读需求。除了学习、工作所必需的学习研究性阅读和功利性阅读外,休闲娱乐性阅读也占据了一席之地,并且呈现不断扩张的趋势。这就使得阅读只是一种行为,还是一种生活方式,是大众选择的一种生活方式。生活方式的转变促使阅读习惯的改变,阅读不再只是坐在房间里书桌前才进行,而是可以随时随地进行。随时随地阅读,空间和时间都是随机的,空间的安静与嘈杂以及时间的连续与断点都无法控制。久而久之自然形成了碎片化的多段阅读的形式,这样的阅读在内容和时间上都是碎片式的,即如今所说的浅阅读。

(三)浅阅读的基本特点

1.阅读快速

浅阅读的"浅"字意在浅显,也即阅读浅尝辄止,并不深入。浅阅读可以看作是通常说的扫描式、浏览式、跳跃式阅读,这类阅读不追求对阅读材料深入精细的理解,只求一个"知"字,只求了解大概的内容即可,因而阅读过程中通常保持较快的速度。虽然浅阅读并不追求"深入",但是并不降低对阅读内容的整体把握,大脑在浅阅读过程中仍然处于高速运转状态,仍然在处理大量的信息。实际上,浅阅读也是一种重要的阅读技巧,在较少的时间内阅读大量书籍需要浅阅读的帮助。为拓展知识面而读一些与专业无关的书籍时可进行浅阅读。能够熟练运用浅阅读的读者,能在短时间内对大量的内容有一个粗浅的了解,将阅读内容进行分类,从而确定哪些内容值得深阅读,哪些内容只需浅了解。

2.休闲性强

浅阅读通常在比较放松的状态下进行,阅读者的头脑和身体都处于轻松的状态,没有特定的阅读内容和范围,也不需要端坐书桌前埋头阅读。阅读者可以在任何时间任何地点进行短时间的阅读,享受休闲阅读带来的乐趣。关于阅读目的的调查结果显示,有52.17%的读者以娱乐为目的,有66.3%的读者以兴趣为目的,这说明以休闲娱乐为目的的阅读方式成为大众特别是年轻人的偏爱。浅阅读带着较强的休闲性,因而成为读者主要的阅读方式之一。

3. 即时共享

"浅阅读"一词是网络环境下的产物,自然浅阅读这一行为也烙上了网络时代的特色。移动互联网强势渗入人们的日常生活,网络阅读在阅读生活中占据着越来越重要的地位,浅阅读成为有效的网络阅读策略。即时共享是网络阅读的表现之一,因而也是浅阅读的重要特征之一。每一个接入移动互联网的读者,都可以即时将阅读到的内容分享到论坛、社区、空间、朋友圈等虚拟空间,同时可以发表自己的阅读感想,并且对相关评论进行回复,互动性较强,也在一定程度上产生了交流阅读心得的效果。

(四)浅阅读的优势和劣势

1. 浅阅读的优势

"浅阅读"听起来不是一个褒义词,但它其实带来了很多好处。电子阅读使读书的门槛降低,一部手机,一个立锥之地,读者就可以沉浸到阅读中去,无须理会周遭的嘈杂世界。原先忙于奔波而无暇读书的人们,在奔波的同时就能把书读了;原先只在书房和卧室里读书的人们,现在可以在出行和等待中就把书读了。读书人数的增多,读书时间的延长,使得读者的队伍空前壮大,知识的传播更加方便。人们既可以在电子阅读中掌握实用信息,提高工作生活的效率,也能从中汲取更多的文化知识,用丰富的知识营养武装头脑。长此下去,社会运转效率和国民文化素质都会有所提高。

浅阅读能够帮助读者迅速知晓每一天的新闻事件,也能够充分利用碎片时间积累阅读量,日复一日,终会达到"博览"之境界。读者在阅读娱乐性的书刊时,通过浅阅读能在较短的时间内满足娱乐消遣的需求,起到积极的调节作用。读者在阅读学习工作中的专业书籍时,浅阅读能发挥"观大略"的功能,通过快速浏览筛选。选择重点内容进行研究分析。熟练掌握浅阅读的阅读方式,使读者能够对阅读内容有一个大概了解,同时还可将阅读内容进行分类,从而可以在短时间内确定哪些内容是重要、的有用的,哪些内容是不需要的。如果在研究工作中没有浅阅读,任何内容拿到手里就开始一字一句研读,那其实是不灵活的阅读方式,浪费时间,事倍功半。

浅阅读有助于真正实现全民共享阅读。浅阅读,特别是消遣类的浅阅读,对阅读者阅读能力的要求并不高,只要是具备基本识读能力的个体即可进行浅阅读,并且从中获得心理上的愉悦。浅阅读能够激发阅读兴趣,也能够使阅读成为一件轻松的事情,这样没有负担的阅读,消除了一部分人对阅读的畏惧心理,因而必然会成为大众乐意之选,也能让更多的人享受到阅读的乐趣。浅阅读更加强调按照读者个人的意愿去选择阅读的内容、时间、地点等,整个阅读过程都体现了阅读的自主性,"阅读"由此转变为了"悦读"。

"悦读"是自由的选择,就好像呼吸到了自由的空气,那是一种享受。如今的时代,是阅读的好时代,数字化的环境为"分享阅读"提供了可靠的保证。浅阅读给读者带来"愉悦",愉悦的心情促使人们更乐于分享,人人都在分享,丰富多彩的共享阅读的空间因此而形成,离整个社会信息资源共享的美好愿望又近了一步,全民共享阅读终有一天会真正实现。

2.浅阅读的劣势

环境所限,屏幕刺眼,这些决定了电子阅读是一种时间有限的阅读。而在仓促的阅读过程中,人们面临的是信息时代所提供的无边资讯。"微博控"们总在不断刷新,以求掌握最新、最刺激的信息。小说读者们需要不断有新趣味点的刺激,才能把注意力集中在小小的屏幕上。眼花缭乱的信息,不断翻抖的"包袱",电子阅读者不断地吞吐资讯和进行娱乐,却没有时间系统地吸收知识、深入地思考问题,他们只是像辛勤的小蜜蜂一样不断与世界交换信息,却无法通过选择、消化、梳理而完整地建构知识体系,也就谈不上灵活地、创造性地运用知识。事实上,如果仅仅满足于八爪鱼般地吸收和释放简单信息,而无法实现信息的深加工和谱系化,阅读者就很可能成为信息的奴隶,而不是信息的主人。

浅阅读个人思维与知识储备的整体性和连续性浅阅读大多是跳跃式的碎片式的阅读。若是长期进行浅阅读,人的思维也就长期置于跳跃、分散的状态,久而久之,便会有碍于严密的逻辑思维能力的锻炼和形成。蜻蜓点水般的阅读形式虽然能够在有限的时间内了解很多信息,但同时也容易使人停留于表面,长此以往便容易养成思维的惰性,不利于深刻的思维能力的培养。

一个人若是缺乏逻辑思维能力和深入思考的能力,那么就容易造成思维模式整体性和连续性的缺失。通过浅阅读可以在短时间内阅览数不清的内容,这是应对信息爆炸的有效阅读方式。但是我们应该看到,以娱乐消遣为目的的浅阅读,所阅读的内容多姿多彩,容易使人上瘾,若是读者没有一定的自制力,很容易沉迷其中。

挣脱了信息爆炸的漩涡,却掉进了过度消遣的漩涡,得不偿失。同时,消遣性的阅读内容因为具有较高的娱乐性,很少有需要长时间记住的"实用信息"。浮光掠影的短时记忆,终究不利于完整且连续的知识储备的形成。

浅阅读不利于科技发展和知识创新,而社会进步依靠的却是科技的发展和知识的创新。无论是科技还是知识,都需要我们去习得和掌握,而阅读贯穿了整个过程。在学习中,浅阅读是一种有效的阅读方式,比如通过检视阅读来选择所需的资料。但是,我们不能把浅尝辄止式的消遣性的浅阅读带到学习中。消遣性的浅阅读可以帮助人们放松精神以及应对海量信息,但是将其运用在学习中是不适合的。学习,始终是一件严肃的事情,其目的是知识的传承与创新。如果把消遣性的浅阅读带到所有的阅读活动中,那么必将阻碍知识的更新与传递,最终也会影响社会的发展和进步。

四、浅阅读相关问题的辨析

(一)浅阅读与阅读心理

根据阅读目的的不同,浅阅读可细分为浏览式阅读和休闲式阅读。浏览式阅读可以是有目的的阅读,也可以是无目的的阅读。例如,浏览大量的文本资料,以确定哪些需要进一步阅读的方式就是有目的地阅读。休闲式阅读通常带有娱乐放松的目的,偏向从阅读中获取乐趣,不追求深层次阅读和思考。浏览式阅读可能会出现在生存型阅读、拓展型阅读、研究型阅读的某个阅读阶段,帮助读者快速把握阅读内容的整体结构以及大致的阅读方向。休闲式阅读是娱乐性阅读的典型阅读方式,读者完全可以依照自己的兴趣爱好来选择阅读内容、阅读方式、阅读地点、阅读时间。现如今,快节奏的生活以及爆炸式的信息洪流把人们淹没,因此在有限的空闲时间里进行轻松的阅读或者在短时间内获取所需的信息成为人们的阅读需求,阅读需求转化为阅读动机,进而外化为阅读行为,此时,浅阅读自然成为最佳的阅读方式。

(二)浅阅读与全民阅读

联合国教科文组织宣布每年的4月23日为"世界读书日",并提出:让世界上每一个角落的每一个人都能读到书,让读书成为每个人日常生活不可或缺的一部分。由中央宣传部等9个部委共同发出了《关于在全国组织实施"知识工程"的通知》,正式提出在全国实施"知识工程",倡导全民读书,建设阅读社会。该通知指出:在全国范围内推广和组织实施"知识工程",可以吸引越来越多的人热爱书籍,多读书、读好书,让全社会每一个人都能走进图书馆,利用图书馆,增强全社会的图书馆意识,树立起崇尚知识、崇尚科学、崇尚文明的好风尚,提高整个民族的思想道德素质和科学文化素质,推动社会文明与进步。全民阅读月、图书馆服务宣传周等就是为推动全民阅读而组织的大范围的大型的阅读活动。阅读是一个长期的过程,在这个过程中存在阅读的普及与提高等问题。在《如何阅读一本书》一书中,作者将阅读分为基础阅读、检视阅读、分析阅读、主题阅读四个逐渐递进的层次。其中,检视阅读即粗浅、概略地阅读,也就是浅阅读。浅阅读是普及阅读的起步点和切入点,浅阅读也是提高阅读的必经阶段。

(三)与浅阅读相关的阅读方式

1.浅阅读与深阅读

"深阅读",就是对图书心怀敬畏,细细品读,把读书学习当成一种人生态度、一种生活方式、一种工作责任、一种精神追求。深阅读就是人们为了提升学识修养、提高工作能力、发展理论思维而进行的阅读,是一种仔细认真的阅读,追求的是细嚼慢咽之后的精细消化。浅阅读与深阅读在概念上是相对的,若说深阅读是精读,那么浅阅读就是博览。浅阅读与深阅读在阅读方式上是相辅相成的。电子读物不能把纸质读书赶出公众视野,"碎片化阅读"不能取代"成建制阅读"。

"浅阅读"是广见闻、拓视野、增加知识点的便利方法,而"深阅读"则是打基础、拓深度、建构知识体系的有效途径。对于成年人来讲,他们可以根据自己的需求适当掌握两种阅读的比例。而对于未成年人来说,则不能任由趣味性强的"浅阅读"尽情占据他们的时间、精力,而是要通过各种方法引导其把足够的注意力放在"深阅读"上,以打下较为扎实和完整的知识文化基础。

2.浅阅读与数字化阅读

时下,很多人在谈论数字阅读时通常喜欢将数字阅读等同于浅阅读,应该说这是一种偏见。从现有的技术来讲,凡是纸质的出版物都可以数字化,严肃学术读物也有很多已经数字化,很多图书馆的图书已经数字化,国家图书馆的图书已经数字化,并且购置了几十万册的数字图书。泛读根据不同阅读方式可分为扫描式速读、纲目式速读、总览式速读、跳跃式速读。由此可见,浅阅读其实就是泛读,而泛读并不只是出现在数字化阅读中,在纸质阅读中同样存在。

比如通过网络学习、工作,通常都被划入深阅读之列,而阅读纸质的杂志或者浏览一本书的内容梗概却实实在在地属于浅阅读。浅阅读之所以被误以为出现在数字化阅读中,是因为网络技术的飞速发展极大地推动了浅阅读的流行。数字化阅读本身并非线性阅读,因此存在大量跳跃的、片段的阅读,这些因素促使"泛读"突显出来。浅阅读与信息载体并没有对应关系,浅阅读与数字化阅读都只是阅读的方式,没有包含与被包含的关系,更没有相等的关系,它们只是在某些情境下有所交叉。数字阅读确有浅质化的品种,比如微博阅读等,但是这些不等于数字阅读的全部,不是说数字化就等于浅阅读,应该说,阅读的深浅与纸质还是数字等介质无关,和阅读人、阅读内容有关。

3.浅阅读与功利性阅读

关于功利性阅读,有人认为,功利性阅读有两类,一类是学生们的应试阅读;一类是为完成某些特定目的进行的阅读。还有人认为,功利性阅读是指为了眼前物质上的利益和功效,从书面语言或其他语言符号中获得意义的社会行为、心理过程和实践活动。在关于浅阅读的研究中,通常看到把浅阅读和功利性阅读放在一起讨论,有些人甚至认为,功利性阅读是一种浅阅读。笔者并不认同这种看法,因为从功利性阅读的定义来看,它是一种目的性很强的阅读,在阅读过程中需要注意力高度集中,对阅读内容也需要一定程度的记忆和理解,这样的阅读通常并不像浅阅读那么轻松,因此功利性阅读不该被划入浅阅读的行列。

五、面向浅阅读的公共图书馆服务理论思考

(一)公共图书馆阅读服务的核心理念——以读者为中心

联合国教科文组织在修订的《公共图书馆宣言》中指出:"公共图书馆作为各地通向知识的门径,为个人和社会群体提供了终生学习、独立决策和文化发展的条件。""公共图书馆是教育、文化和信息的有生力量,是透过人们心灵促进和平和精神幸福的基本力量"。

"所有年龄的群体都必须得到与其需要相应的资料。公共图书馆的馆藏和服务必须包括各种类型的适当媒体和现代技术以及传统资料。""馆藏和服务不应受制于任何形式的思想、政治或宗教审查制度,也不应受制于商业压力"。这些表述,明确表达了公共图书馆的基本价值取向,即:公共图书馆必须尽自身所能,以读者为中心,全心全意地为所有公众提供不受任何限制的高质量的服务。中国图书馆学会发布《图书馆服务宣言》，其中提出了"普遍开放、平等服务、以人为本"的基本原则，也即现代图书馆服务理念。

这一理念被中国图书馆人接受，成为图书馆核心价值观。以读者为本，要求公共图书馆始终以读者的需求为出发点和归属点，要求馆员培养读者意识，树立"以读者为中心"的服务理念与服务宗旨，要求为读者提供更优质的资源和服务。程焕文教授曾经提出"用户永远都是正确的"的定理，一石激起千层浪，引起了图书馆界学者、学生激烈的辩论，正反双方各持己见，一时难分高下。称"用户永远都是正确的"为"定理"稍显不妥，但将其作为服务读者的理念，定对公共图书馆的工作大有裨益。公共图书馆应当始终将"一切为了读者""尽力满足读者的合理需求"作为图书馆阅读服务工作的思想准则。

（二）公共图书馆面向浅阅读服务的基本思路

浅阅读在现代信息技术环境下是客观存在的阅读方式，因而公共图书馆也必须以客观的态度对待浅阅读，面向浅阅读提供优质的服务。面向浅阅读，公共图书馆应当围绕图书馆服务的核心理念，结合相关的阅读理论以及浅阅读的相关特点和规律，确定服务的总目标，即充分开发利用信息资源，全面满足读者阅读需求，有效提升读者整体素质。

在这个总体目标指导下，面向浅阅读的公共图书馆服务思路应当是：以读者需求为服务前提，读者满意为服务宗旨，资源开发利用为服务基础，新技术应用为服务手段，个性化服务为服务机理，形成面向浅阅读服务的运行管理机制，从而实现阅读服务的总目标。

1.以读者需求为服务前提

以读者为本的服务理念要求公共图书馆为读者提供服务时必须尊重读者。尊重读者，首先就是要尊重读者的需求，以读者需求为服务前提，以读者的阅读需求为公共图书馆提供阅读服务的出发点。公共图书馆是读者阅读的引导者但不是决定者，读者有选择阅读内容、阅读方式等的自主权利，公共图书馆应当尊重读者的阅读权利。在网络阅读普及的时代，浅阅读作为一种有效的网络阅读策略，能够在信息海洋里高效筛选信息，因而逐渐成为大众的主要阅读方式之一。浅阅读在大众阅读中的流行，反映的恰恰就是大众对浅阅读这种阅读方式的需求，公共图书馆应当注意到大众读者的这种需求，尊重读者对浅阅读的选择，辩证看待浅阅读，以读者的浅阅读需求为导向，提供相应的适合读者的阅读服务。

2. 以读者满意为服务宗旨

公共图书馆的资源以及服务只有被读者使用之后其价值才能得以发挥，读者的使用感受和使用反馈即读者的满意程度，公共图书馆为读者提供阅读服务的最终目标就是要让读者满意。公共图书馆起初遵从的服务理念是"以馆藏资源为中心"，在这个理念的指导下，图书馆的一切工作关注的焦点是"物"不是"人"，而"人"才是图书馆的服务对象，服务对象满意的服务才是好的服务。读者的满意是在阅读服务中体验到的，既包括对阅读内容的满意，也包括对阅读服务的满意，还包括对阅读形式和阅读层次的满意。公共图书馆应当以读者的满意为服务宗旨，为读者的浅阅读需求提供各类有用、可用，并且能满意的资源，使读者充分体验浅阅读这种阅读方式所具备的阅读优势，在阅读中收获知识也收获乐趣。

3. 以资源开发为服务基础

读者作为阅读活动的主体，自当受到公共图书馆阅读服务的重视，"以读者为本"的服务理念倡导的就是将读者摆在第一位。然而，阅读资源作为阅读活动的客体，自然不能被忽视。图书馆的资源是图书馆开展一切工作的基础，也是公共图书馆为读者提供阅读服务的必要条件。公共图书馆现有的资源多为一次文献，而浅阅读"快速"的特点要求的是在大量的一次文献中快速找出所需的目标资源，因此，读者对二次文献、三次文献的需求程度就会提高；同时，对于资源的发布方式也会提出更高要求，网络化、数字化、移动式的资源受到许多读者的青睐，这就对公共图书馆的资源开发提出了新的要求。资源是图书馆服务的基础，基础不够好，服务便难以开展或者效果不好。面对读者的浅阅读需求，公共图书馆资源的进一步开发应当提上日程。

4.以新技术应用为服务手段

如今,各公共图书馆均竞相建立和发展数字图书馆,对数字资源以及数字设备的经费投入也呈逐年上升之势,这说明公共图书馆正在用实际行动迎接信息技术带来的机遇和挑战,以便融入现代信息技术环境中。移动互联网时代,浅阅读乘着移动技术和网络技术飞速发展之风,扶摇直上,成为大众主要的阅读方式之一。以服务大众阅读为己任的公共图书馆,应当注意到浅阅读这一现象,也应当明晰浅阅读得以持续发展的环境和条件,以先进的技术手段为读者提供更为便捷、更为满意的服务。

5.以个性化服务为服务要求

公共图书馆应当为读者提供个性化的阅读服务,其原因有二:一是不同的读者知识构成、文化背景等不同,其对阅读的需求也有所不同,读者个体阅读需求的特征日益明显,公共图书馆提供的面向大众的普通阅读服务已经无法满足读者的特定需要。二是公共图书馆管理理念从科学管理逐步过渡到了人本管理,很显然,这一转变直接影响图书馆的阅读服务。按照人本管理理念的要求,图书馆的服务应当以读者为本,只有以个性化服务为服务要求,才能满足读者的个性化需求。浅阅读具有阅读快速、休闲性强的特点,具有浅阅读倾向的读者对阅读内容多样性的需求就更为明显,因此,公共图书馆应当提供有针对性的浅阅读服务,以满足读者多样的阅读需求。

(三)公共图书馆面向浅阅读服务的基本原理

1.普遍服务原理

"普遍服务"最初来源于"电信普遍服务",指的是对任何人都要提供无地域、质量、资费歧视且能够负担得起的电信业务。普遍服务主要出现在与公众生活密切相关的公益性垄断性行业,如邮政、电信、电力、供水等。后来,随着社会的发展与时代的进步,"普遍服务"的理念逐渐从邮政、电信、电力、供水等垄断性行业拓展到教育、医疗等非垄断行业,公共图书馆作为一个公益性的机构,为读者提供阅读、学习、再教育等服务,倡导"平等、自由、免费、开放"。

因而,"普遍服务"的理念也在图书馆界兴起,并被图书馆人认为图书馆的普遍均等服务思想。公共图书馆要真正做到为大众提供普遍均等的服务,面对读者不同的身份地位时要具备普遍均等的理念,面对读者对阅读内容、阅读方式的选择上也要具备普遍均等的理念,不要只倡导读者进行深阅读,还要尊重读者的浅阅读选择,满足读者的浅阅读需求。

2.分层服务原理

有一种阅读理论叫分级阅读理论,分级阅读是一种针对儿童读者的阅读理论,即根据儿童在不同年龄段的智力和心理发育程度,在科学划分的基础上形成适应不同程度儿童阅读的书目计划。分级阅读起源于发达国家,发展了十几年,分级阅读概念产生于对少年儿童生理和心理特征的科学分析。少年儿童在不同的成长时期。阅读性质和阅读能力是完全不同的。正如王泉根教授所说,完整的人生分为婴幼儿、青少年、中壮年、晚年等多个时期。虽然有所谓"老少皆宜"的经典读物,但老与少对同一读物的阅读理解是完全不一样的,同一本书在不同的读者那里,会有不同的阅读效果,人生的阅读之所以是分级的,其根本原因是阅读这一种智力活动需要有人生的阅历、经验、体会、知识去补充、阐释和完善作品的意义。人生的阅历、经验、思想水平是与年龄成正比的,年龄越小,对作品的理解、接受也就越难。这一常识正是我们建立分级阅读的基础。根据阅读动机理论和阅读图式理论,并将分级理论移植于浅阅读的服务中,可知,读者对阅读内容、阅读方式等的选择受到读者阅读需求与读者已有知识结构的影响。

公共图书馆在为读者提供阅读服务时,要考虑到读者的阅读动机和阅读图式,提供读者想读的、适合读者读的内容;同时,也应当从分级阅读理论得到启发,为读者提供分层阅读服务。分级阅读针对的是儿童,分层阅读面对的是大众读者,公共图书馆可以根据读者不同的需求和知识构成,将读者分层,为不同层次的读者提供不同的阅读服务,做到为不同层次的读者提供有针对性的阅读服务。选择浅阅读的读者自然对浅阅读有一定量一定程度的需求,而浅阅读这种阅读方式也是与浅阅读读者的知识构成相吻合的,因此公共图书馆应当针对读者在浅阅读这个层次的阅读需求提供相应的阅读服务,做到有的放矢。

3. 递进服务原理

阅读分为四种渐进的层次:基础阅读、检视阅读、分析阅读、主题阅读。之所以说这四个层次是渐进的,是因为低一层次的阅读并没有在高一层次的阅读中消失,高一层次的阅读又包含在更高一层次的阅读中。第四层次的阅读,即主题阅读,包含了所有层次的阅读,同时也超过了每一个层次。第一个层次的基础阅读,也就是初级阅读、初步阅读,是识字扫盲的阶段,读者通过基础阅读掌握初级的读写能力。第二个层次的检视阅读,就是粗读、略读,也即浅阅读,是在有限的时间里获取大量信息的阅读方式。第三个层次的分析阅读和第四个层次的主题阅读,是深阅读的范畴。可见,阅读是逐层递进的,浅阅读是深阅读的前一阶段,深阅读是浅阅读的升华阶段。阅读方式有深浅之分,读者所阅读的内容也有难易之高下。对于不同的人来说,同样的阅读内容难易程度有所不同;对同一个人来说,不同的阅读内容也有难易之别。只有阅读的内容与读者的知识结构相符,阅读才会有效果。阅读是一个循序渐进的过程,公共图书馆的阅读服务应当遵循递进服务的原理,掌握读者浅阅读由浅入深的规律,以读者满意为宗旨,在不同的时间、不同的阶段,为读者提供不同层次的服务,最终在整体上实现阅读的预期目标。

4. 个性服务原理

理念是行动的指引,公共图书馆以人为本的服务理念强调的是个性化,要求以读者为本,认为读者的需求也是图书馆的需求。可以说,图书馆个性化服务是图书馆服务的发展方向。印度图书馆学家阮冈纳赞《图书馆学五定律》中第二定律和第三定律分别表述为:"每个读者有其书"和"每本书有其读者"。这两个定律表现在图书馆的服务上就是"为人找书"和"为书找人",简明地表述了图书馆阅读服务的动力和目标,体现了图书馆的服务精神。"书"在现代信息技术环境下表现为"信息资源",因此公共图书馆应当要为读者找资源。

5. 整体效益原理

图书馆是一个生长着的有机体。文献资源、人才资源、技术资源、设备资源以及读者资源构成了图书馆的整体,图书馆的发展应当是整体的发展,换句话说,也就是文献、人才、技术、设备以及读者等各类资源的共同发展。因而可以认为,公共图书馆的效益是所有资源整合之后所产生的整体效益,而非某一部分或者某几部分的效益。公共图书馆追求整体效益,实际上追求的是各类资源协调发展之后产生的效益。在为读者提供阅读服务的过程中,若是忽视了读者对浅阅读的需求,那么必然有碍于整体效益的最终实现。除此之外,公共图书馆还应当关注读者阅读的整体效益,既要引导读者的深阅读又要服务于读者的浅阅读,为读者提供更加全面的阅读服务,从而使读者获得最佳阅读效益。

(四)公共图书馆面向浅阅读服务的内容和形式

1.服务资源的特色化

公共图书馆的文献资源是图书馆开展一切工作的基础,因此文献资源保障体系的建设显得尤为重要。公共图书馆在建设文献资源保障体系过程中,要保证资源的全面,同时也要注意避免资源建设千篇一律,而应当突出资源的特色,为读者提供有特色的资源,加大读者使用图书馆资源和服务的特征。

现代公共图书馆的文献资源保障体系包括纸质资源保障和数字资源保障两个方面,随着数字图书馆的建设和发展,数字资源保障体系的建设受到各公共图书馆的重视,其在数字图书馆建设方面对人力、物力、财力的投入呈逐年上升之势。但是,受到资金、技术等方面的限制,数字资源多以馆藏纸质资源的数字化为主,造成资源重复的同时也削弱了图书馆保障纸质资源的能力。应该说,面对读者浅阅读的需求,对公共图书馆服务资源的特色化的要求显得更加突出和迫切,因此文献资源保障体系的建设应当同时注重纸质资源和数字资源的特色化,以资源整体的特色化为建设目标。

2.服务内容的多样化

调查结果显示,目前公共图书馆的阅读服务包括传统借还服务以及开展阅读活动两个方面,从阅读活动的内容来看,多以阅读讲座和书评活动为主,服务内容的多样化方面依然欠缺。因此,公共图书馆阅读服务内容的多样化有待进一步优化和拓展。大众的浅阅读具有阅读快速、休闲性强的特点,因而公共图书馆在针对读者的浅阅读倾向进行阅读服务的优化时,在服务内容的设计上应当注意强调"微"和"趣"的融入,顺应现代阅读方式的流行和趋势,使阅读服务的内容更加丰富多样,更加符合大众读者的需求。

3.服务形式的创新性

现代信息技术环境下的浅阅读具有即时共享的特点,即时共享对互动性有较高的要求,因此公共图书馆应当创新阅读服务形式,在从阅读服务的宣传、开展再到反馈的整个过程中,每一个环节都应增强与读者的互动。公共图书馆应当从三个主要方面创新阅读服务形式:第一,新兴的知识社区平台是现代读者浅阅读活动的主要聚集地,公共图书馆应当创新咨询平台,参与到虚拟知识社群中,增强与读者的互动交流;第二,读者的浅阅读在阅读时间上表现出碎片化、分散等特点,公共图书馆应当创新服务时间,以满足浅阅读在时间上的任意性;第三,浅阅读的兴起与移动互联网的飞速发展密不可分,公共图书馆应当创新服务平台,大力发展移动阅读服务。

六、面向浅阅读现象的公共图书馆服务方法优化

(一)面向浅阅读的服务理念优化

1.理性认识大众浅阅读

目前学术界关于浅阅读的评价大多数趋于贬义,也有一些学者认为应该辩证看待,仅有少数学者对浅阅读持支持态度。在学术界的讨论中,有一部分参与讨论者是各类型图书馆的工作人员,其中不乏有排斥贬低浅阅读之声。事实上,浅阅读古已有之,时至今日仍流行于世,自有其优势和合理性。所谓存在即合理,浅阅读不应遭遇诸多不公的评价。从古至今,有很多学者文人都从不同角度不同程度肯定了浅阅读在阅读过程中的优势和价值。苏联作家苏霍姆林斯基曾在给儿子的信中写道:"我告诉你,很多东西,不必细读,浏览一下就行了,所有东西都关乎于时间,你要学会最大限度地使用它。"弗兰西斯·培根曾经说过:"有些书可

以浅尝辄止,有些书是要生吞活剥,只有少数的书是要咀嚼与消化的。"在我国,远有陶渊明在《五柳先生传》中写道:"好读书,不求甚解";近有鲁迅先生曾言:"广然后深,博然后专"。这里所指的"广"与"博",无不与浅阅读相关。公共图书馆作为社会阅读服务机制,提供大众需求的阅读服务是职责所在,应当秉持一种包容的态度,理性认识浅阅读,认识到浅阅读有其存在的意义和价值,了解浅阅读是信息爆炸时代获取和筛选信息的有效策略。

2.培养为大众浅阅读服务的理念

理念是根植于人们心中的一种观念和想法,是发自内心的认同和肯定,需要全体人员达成共识。理念的培养是一个长期的过程。公共图书馆作为阅读的倡议者、阅读服务的提供者、读者阅读的导读者,应该辩证看待浅阅读,对其始终秉持这样一种理念:浅阅读归根结底是阅读的方式之一,应该受到公正的评价和对待;浅阅读本身并不能致使阅读出现偏差,在阅读中起着主导作用的是读者的心态;阅读内容的选择是读者的自由,阅读方式的选择是读者的权利,读者对浅阅读的选择应该受到尊重。

公共图书馆应当自上而下培养全体馆员的浅阅读服务理念,上至图书馆的领导层,下至图书馆的各部门工作人员,客观认识浅阅读,以理念指导行动,为读者提供人性化、个性化的阅读服务,从而使读者获得满意的阅读体验。领导层既是公共图书馆的管理者也是决策者,领导层对浅阅读的看法影响各部门工作人员对浅阅读的态度,同时也直接影响图书馆阅读服务的导向。因此,图书馆领导层应当带头肯定浅阅读的优点和价值,并通过开会、培训等方式强调和引导图书馆工作人员浅阅读服务意识的培养。图书馆工作人员是读者阅读服务的提供者,但从另一个角度来说每位工作人员也都是大众读者中的一员。因而可以引导工作人员回想自己的阅读方式,判断自己的阅读是否具备了浅阅读的特点。如果答案是肯定的,那么想必工作人员对浅阅读又有了新的认识,也就更容易从心理上认同浅阅读,从而强化浅阅读服务的理念。

(二)面向浅阅读的服务资源优化

1. 网络资源的重组和优化

公共图书馆对网络资源重组就是指图书馆利用技术优势、人才优势将无序混杂的网络资源进行挖掘分析,经过加工和优化,重新组合成新的资源,以满足读者不断强化的多样性需求。对网络资源进行重组和优化,有利于馆藏资源的扩展,有利于改善馆藏机构,有利于丰富图书馆文献保障体系,最终将有利于图书馆阅读服务能力的提升。公共图书馆网络资源的重组和优化包括以下几个方面。

(1)网络资源的分析与采集

网络资源分析是对网络资源进行重组和优化的第一步,这一步实现的前提是对网络信息资源的特点和浅阅读读者的需求特点进行分析。图书馆专业工作人员需要利用专门的信息分析方法进行深入剖析,从海量网络资源中提取出读者需要的有价值的信息。读者通过分析之后确定资源采集的方向,有目的地进行资源的检索与筛选。虽然是有目的的检索,但是检索出的结果中依旧会包含一些无用的信息,此时就需要通过一定的资源评价标准进行鉴别筛选,包括对错误信息的剔除、对重复信息的去重、对不良信息的淘汰等,以此保证采集的网络资源满足读者阅读之所需与图书馆提供阅读服务之所需。

(2)网络资源的处理与管理

读者通过标引、著录提取出资源中的可检索点,包括题名、作者、主题、出版社、关键字、摘要、正文等字段,同时可采用先进的计算机应用软件进行自动标引工作,再由专业人员对标引结果进行复审。完成标引的资源需按照一定的原则和标准进行分类,资源分类要以读者的阅读需求为指导,突出便捷性、易用性;同时鉴于读者使用网络资源的习惯,可借鉴网络上比较成功的分类标准和分类体系,比如雅虎的主题分类。网络资源可存储可检索,依靠的是数据库的正常运行,因此数据库的管理和维护问题也是网络资源重组和优化过程中的一个重要环节,应当受到图书馆的重视。

2.特色资源的重组和优化

网络资源是庞大的,无穷无尽的,读者的阅读需求是无限的,公共图书馆对网络资源的重组和优化无法穷尽庞杂的网络资源,同时也无法借着优化后的网络资源完全满足读者的阅读需求。浅阅读具有快速、娱乐、共享等特点,因此浅阅读读者对阅读内容的好奇心更加突出。要为读者提供特色化、个性化的阅读服务,公共图书馆需要大力发展特色资源馆藏,并对特色资源进行针对浅阅读的重组和优化。应当说,面向浅阅读的特色资源的重组是一种有针对性的、有目的的知识再创造劳动,如果经过重组的特色资源在一定程度上满足了读者的个性化需求,那么公共图书馆的服务以及特色资源就真正发挥了应有的价值。

特色资源内容本身已具备了与众不同的特点,那么特色资源的重组在表现方式上也应当突出特点,以此区别于一般性的馆藏资源。公共图书馆在重组和优化特色资源时,从读者的浅阅读需求出发,应当关注特色资源的多媒体化,也就是说,将文字符号以外的图像、声音、视频等都列为重组的对象,丰富特色资源的内容和表现。同时,浅阅读过程中存在大量的浏览式阅读,因此图书馆在重组和优化环节中应当还要特别关注特色资源标题的拟写问题,应当要注意标题的表现力和吸引力,以此赢得浅阅读读者目光的停留。

3.二次文献的重组与优化

文献主要分为以下几种。

零次文献:记录在非正规物理载体上的未经任何加工处理的源信息叫作零次信息,比如书信、论文手稿、笔记、实验记录、会议记录等,这是一种零星的、分散的和无规则的信息。零次信息的载体形式就称之为零次文献。

一次文献:又称原始文献,是情报学中的一种主要文献,指以作者本人的工作经验、观察或者实际研究成果为依据而创作的具有一定发明创造和一定新见解的原始文献,如期刊论文、研究报告、专利说明书、会议论文、学位论文、技术标准等。

二次文献:是对一次文献进行加工整理后产生的一类文献,如书目、题录、简介、文摘等检索工具。

三次文献:是在一、二次文献的基础上,经过综合分析而编写出来的文献,人们常把这类文献称为"情报研究"的成果,如综述、专题述评、学科年度总结、进展报告、数据手册等。

二次文献的重组与优化,最基本也最重要的就是对目录资源的重组和优化。尤其是在现代信息技术环境下,国内构建数字图书馆蔚然成风,但通常只停留在单纯构建数字化图书馆阶段,并没有将数字化文献与传统文献的书目数据统一起来,这就不利于读者对阅读资源的查找以及对目录资源的浏览筛选。现如今,读者对数字化阅读提出了更高的需求,浅阅读的盛行,目录资源的重组和优化显得比往常任何时候都更加重要,只有对目录资源进行优化,将不同的目录资源融为一体,才能为读者提供快速便捷的检索方式,提高读者通过浅阅读筛选文献资源的效率。

读者通常会通过浅阅读快速浏览简介、提要、文摘等二次文献,在短时间内对大量的阅读内容有一个大致的了解。因此,公共图书馆也应当同时对简介类二次文献进行重组与优化,为读者提供丰富的二次文献资源。图书馆可以将简介类二次文献与目录资源关联起来,提供读者浏览目录之后对简介进行二次浅阅读,同时根据内容和形式特征对简介类二次文献进行分类,根据读者的偏好向读者推荐相似的二次文献。

(三)面向浅阅读的服务方式优化

1.阅读活动方法优化

(1)阅读活动形式的优化

图书馆吸引读者到馆参与阅读活动极为重要。然而,现代公共图书馆已发生了巨大的变化,馆藏资源不再只有纸质资源,还有数字资源;为读者服务的地点也不再局限于图书馆内,还有图书馆外、网络上。同时,读者的阅读偏向也发生了巨大的变化,手持移动设备的快速阅读得到大众读者的青睐,其慢慢挤占了手捧书本的慢速阅读的位置,大众读者对浅阅读的需求前所未有,使其成为主要的阅读方式之一。浅阅读具有即时共享的特点,现代意义的浅阅读多以网络阅读为主,换句话说,网络上聚集了一大批浅阅读读者,这批读者从浅阅读中获取需求的信息内容,并乐此不疲。

公共图书馆应当关注大量浅阅读读者,针对浅阅读优化阅读活动的形式,适当增加网络阅读活动,为浅阅读读者提供参与图书馆阅读活动的平台,为网络读者提供参与图书馆阅读活动的便捷通道。

(2)阅读活动时间的优化

公共图书馆举办阅读活动多集中于世界读书日、服务宣传周,且持续时间较短。持续时间较短,造成的影响表现为以下两个方面:第一,短时间的活动难以达到持续激励的作用。阅读习惯和阅读兴趣的培养都需要较长的时间,因此阅读活动效果不明显;第二,对于在时间点上有冲突的读者,一次次错过阅读活动,久而久之便会降低参与活动的热情。因此,延长公共图书馆阅读活动的举办时间尤其必要。浅阅读具有休闲性强的特点,因而读者的浅阅读在阅读时间的选择上具有一定的随意性。

阅读时间的随意性即阅读的不确定性,那么公共图书馆固定时间的阅读活动就错失了大量浅阅读读者的参与,错失了挖掘潜在读者的机会。因此,公共图书馆应当举办长期持续的阅读活动,以吸引在不同时间段进行浅阅读的读者。鉴于公共图书馆经费、人员等的制约,可通过以下方法加强长期阅读活动的可持续性:一是搭建网络阅读活动平台,举办长期的网络阅读活动,读者可通过网络在任意时间进行参与,图书馆定期评选优秀参与者,激发读者参与的积极性。二是通过公共图书馆联盟、图书馆协会、政府等具备条件的组织机构举办大型的长时间的阅读活动。

2.阅读指导方法优化

浅阅读的阅读环境多以网络环境为主,这一点与网络导读的活动空间相符,因此,公共图书馆面向浅阅读的阅读指导方法优化可以网络导读的优化为主要内容。通过网络导读的优化,引导读者更好地开发和利用网络资源,同时网络导读也更能体现人性化、方便性和快捷性。网络导读的优化应当首先强调"主动",变以往的被动服务为主动服务,通过对读者阅读习惯、偏好等的分析，主动向读者提供个性化的阅读服务。比如，开展信息推送服务，根据读者的检索历史搜索出更多符合读者需求的信息，经过一定的筛选和分类，将信息的简要概况传递给读者，节省读者的时间。同时，通过开展虚拟资讯，与读者实时互动，给读者提供即时指导；或者通过BBS等虚拟社区定期或不定期解答读者疑问。

公共图书馆应当重视书评的指导价值，书评具有传递有效信息、展示研究成果、评论学术优劣的导读功能。优秀的书评不仅展示了书评人对作品优劣的品评，而且能够给予读者一些启发和指引。公共图书馆应积极编写优秀书评，专业馆员负责常规的书评编写工作，同时可以邀请一些馆外的专家、优秀书评人编写书评，还可以鼓励读者参与书评的编写，多途径丰富书评资源。读者通过浅阅读快速浏览书评，筛选感兴趣的书评内容，再进一步深入理解作品的内涵，久而久之定能提高读者阅读鉴别能力和作品欣赏水平。

3. 阅读培训方法优化

浅阅读追求阅读的速度，因此注重的是信息的快速获取。针对浅阅读对速度的要求，公共图书馆可以面向浅阅读读者推出一系列速读课程与速读技巧培训，向读者介绍科学的速读方法，帮助读者掌握正确的阅读技巧，让读者在保持阅读速度的同时提高阅读的准度，促进读者对阅读内容的理解。读者通过浅阅读能够在短时间内阅读大量的信息内容，这是应对信息爆炸的有效阅读策略。然而，信息是不断增长的，借助现代信息技术的发展，信息的更新速度远高于信息的老化速度，面对过量的信息海洋，再快速的浅阅读也始终都只是疲于应付。因此公共图书馆还可以推出信息检索培训，帮助读者掌握网络信息检索的方法与技巧，提高读者的信息检索能力。

公共图书馆可以将速读培训课程和信息检索培训课程的相关视频放到图书馆网站上，提供给未参与培训的读者，使他们能通过视频学习速读和检索技巧，也便于读者通过多次回放视频来更好地掌握这些技巧，以帮助读者在阅读效率上有一个质的飞跃。

(四)面向浅阅读的服务环境优化

在紧张的工作学习之余,人们对物质享受和精神享受有着双重需求。公共图书馆有能力、有义务满足人们的精神需求,公共图书馆应当站在读者的角度,一切从读者的阅读需求去完善阅读服务。浅阅读追求的是简单、轻松,这也预示着人们追求的是"悦读"。那么公共图书馆就有必要积极满足读者的"悦读"需求,欣然接受浅阅读,优化阅读环境,为读者创造轻松自在的阅读空间和阅读氛围。读者到图书馆不再只是借还书或者阅读书刊报纸,还可以使用图书馆的无线网络接入互联网,或者是在图书馆安静宜人的环境里小憩一下,放松自己。

就如程焕文教授所言:"现在,图书馆还必须成为民众休闲和娱乐的场所。这很重要,其意思是说,民众到图书馆来,不一定为了学习研究,可能并没有目的,只是一种随意的行为。闲暇的时候,民众觉得图书馆的环境高尚优雅,像逛街一样,随便到图书馆逛逛,随意翻翻书刊报纸,不是为了学习,纯粹是为了休闲;或者带上家人,或者约上几个朋友,到图书馆去喝杯咖啡,聊聊天,或者去听听音乐,或者去看一部录像或是电影,或者去上网,玩玩游戏,权作打发时光。我想图书馆的这种大众化应该成为一个发展路向,这样一来,图书馆也就真正与民众的日常生活融为一体了。"

第二节 图书馆阅读文化

一、阅读文化概述

(一)阅读文化的界定

阅读文化是一种阅读价值观念,它的形成以一定的技术形态和物质形态为依托,并且受社会意识和环境制度的制约。作为一种社会文化系统,阅读文化的结构可以分为功能与价值、社会意识与时尚、环境和教育三个层面。

1.功能与价值层面

阅读的功能由阅读者的阅读动机决定,一个因喜欢书籍作者而决定阅读的人,其阅读的功能就是为了达到读者与作者之间的思想对话、精神交流,就是通过阅读作者的书籍来拉近读者与作者的心理距离,进一步增加读者对作者的认识,开阔读者思想的境界。一个因专业知识补给需求而决定阅读的人,其阅读的功能是具有针对性的充电,是功利性地获取知识,是突击式地摄取营养。阅读的价值,与阅读者自身的阅历、知识背景、阅读兴趣、思想沉淀相关,通过阅读可以聆听作者的声音,感悟作者的故事,体会作者的感受;可以增长读者的见识,开阔读者的视野,提升读者的思想;可以在精神上愉悦读者,在价值观上塑造读者,在容颜上美化读者;可以在知识上对读者进行量的累积,在思想上对读者进行质的飞跃,在情感上达成作者与读者的共鸣。

通过阅读,读者会找到自己的方向,发现自己的兴趣点,从而更好地认识自我,改造自我;通过阅读,读者会在书本上获取知识,汲取经验,从而在实践上更好地解决问题、处理问题。通过阅读,读者会找到自己的精神慰藉,探寻到自己的精神导师,会因为认同某个作者的观点,而喜欢上阅读书籍,而作者也会因为作品受到读者的喜欢与鼓舞,激发再创作的欲望与兴趣,生产出更好的作品供读者阅读,进一步促进文化事业的发展。

2.社会意识与时尚层面

阅读作为一种社会文化现象,必然要受到各种社会因素的影响和制约。一项政策的出台、一个热点事件的出现、一股时尚风潮的吹动都会对阅读产生影响。当下,信息流动速度的加快,信息传播面积的扩大,阅读内容在短时间内就能得到快速生产,阅读效果在短时间内就能得到快速仿效。

3.环境和教育层面

环境和教育因素是阅读文化产生和发展的物质基础。良好的阅读环境、优质的教育资源,必然有益于好的阅读文化的生产与发展。阅读是文化消费、文化生产的一部分,对人们的影响是精神境界的,是意识层面的,属于上层建筑。经济基础决定上层建筑,对于一个作家来说,如果没有安静的创作环境,没有接受过良好的教育,没有足够的物质基础来保证自己的内容输入,就不会创作出好的作品。对于读者来说,如果每日忙于为自己的生计、困于温饱问题,就不会有心思来阅读,就不会有金钱来购买书籍,更不会有时间来潜心品读。

(二)阅读文化的特征

1.群体性

阅读文化不是指个别人的阅读观念和阅读行为,而是指一个社会、一个民族、一个国家或一群人共同形成并享有的阅读理念和阅读行为特征。一种被认为是文化的思想或行为必须被一个民族或一群人共同享有或被大多数人享有。阅读文化被社会群体积累传承和推广,并依附于社会,不同的社会有不同的阅读文化。

2.时空性

任何文化都是在一定的时间和空间形成的,阅读文化也不例外。阅读文化的时间性是指阅读文化形成和发展中的阶段性、延续性和间断性。阅读文化有发生、发展、成熟和衰亡的过程,也有复兴、重构、再生的过程。从口耳相传到文字记录,从手抄本时代到印本时代,再到电子图书时代,阅读文化的进化体现为一个历史的过程,不同阶段的阅读文化因时代的不同而呈现出差异性。阅读文化的空间性是指阅读文化发展中的地域性。不同地域的政治、经济、宗教、心理、语言形成独特的民族阅读文化模式,从而呈现出鲜明的阅读文化空间特征。[1]

3.关联性

阅读文化是社会文化现象之一,与一个社会或民族的政治文化、经济文化、宗教文化、传统文化、民俗文化等各种文化相关联。阅读文化不会独立存在,而是在一定的政治文化、经济文化、宗教文化、传统文化、民俗文化的背景下形成和发展,也影响着社会文化的发展。

---

[1]吴海峰.大学图书馆阅读文化的多视角研究[M].郑州:大象出版社,2014.

(三)阅读文化建设的意义

1.阅读文化建设有助于提升民族精神境界

民族精神是民族长期积淀而形成的体现本民族性格和哲学理念的思维特征。它同民族的教育文化意识和特定的国家性质相互作用,构成特定的民族价值观,影响着民族的发展。一个民族的灵魂深受这个民族的群体阅读进程的影响。一个民族的阅读文化是民族精神的写照,阅读文化深受民族精神的影响,同时阅读文化也影响着民族精神的发展。公民素质的提高离不开社会阅读的普及和书香社会的建设。一个民族的精神境界,在很大程度上取决于全民族的阅读水平。因此,阅读文化建设是提升民族精神境界的重要途径之一。

2.阅读文化建设有助于社会文化持续发展

阅读是人们接受教育、发展智力、获得知识信息的最根本途径。阅读文化建设关系到整个社会的文化品质和可持续发展的潜力问题。当前人们正面临着一个前所未有的视觉文化时代("读图时代")。从比较的意义上说,人们越来越多地受到视觉媒介的支配,人们的价值观、见解和信仰越来越明显地受到视觉文化强有力的影响,致使"传统的阅读在某种程度上经历着'边缘化',而各种视觉文化实践则独领风骚"。

视觉文化的异军突起对阅读文化造成某种程度的压制和排斥。在大量视觉媒体急速扩张的条件下,如何有节制地控制视觉媒体对公众闲暇时间的侵占和剥夺,如何倡导和鼓励一种阅读文化,提倡从小开始培育良好的阅读习惯和兴趣,是现代文化建设中一个不可推诿的严肃任务。阅读文化建设有助于社会文化的持续发展。

二、图书馆阅读文化

(一)图书馆的阅读文化意蕴

1.图书馆工作者的素质是阅读文化意蕴的基础

图书馆工作者必须经过一定的专业培训。获得一定层次的专业资格证书。图书馆专业知识中最核心的部分是图书的分类和编目。图书馆工作者不仅要熟悉图书馆中的图书,而且要熟悉《中国图书馆分类法》，只有这样，才能把图书分类排放，便于读者查阅、出借。图书的编目包括图书的著录、标引和目录的组织。图书的著录是根据著录规则，对图书的内容特征和形式特征进行描述；图书的标引包括分类标引和主题标引两个方面；目录的组织是将各种款目有序地组织起来。目录是读者检索图书的主要工具。图书馆工作者除了有专业知识外，还要有广博的知识结构，包括学科知识、外语知识、计算机操作能力、工具书使用能力、普通话水平等。图书馆工作者只有具备多元化的知识结构，才能为读者阅读工作奠定坚实的基础。

2.阅读环境是阅读文化意蕴的外在因素

图书馆的位置应选在安静的地方，图书馆的房间应保持宽敞明亮，室内空间的色调应采用柔和的暖色调，使读者保持轻松、平和的心态。墙壁上可以悬挂精美的书画、张贴格言，在醒目的位置可以张贴推荐书目、新书海报、图书封面、摄影图片。美化绿化环境，图书馆内可以摆放鲜花和绿色植物，选择适合青少年的音乐，营造良好的阅读氛围。优美的阅读环境使读者感到舒适，且会不知不觉受到文化的熏陶。

3.馆藏资源是阅读文化意蕴的内在因素

只有具备丰富的馆藏资源，才能有足够的阅读素材。图书馆工作者要重视馆藏资源的广泛性和学科的完整性，调整优化文献结构，切实建立起一个藏书数量足，质量高，结构合理，各类文献齐全的阅读资源体系，适应信息时代的发展。中学图书馆文献资源建设应该是多元化知识载体建设，它不仅包含传统的印刷型文献资源，而且还包含了现代电子型、数字化资源以及声像结合的音像资源，各类资源互为补充、互为并存，从而建立多层次、综合性的文献资源体系。图书馆工作者采购前开展读者需求和阅读倾向的调查，广泛征求师生意见。

图书馆工作者根据读者的需要引进新书，教学类的书籍适应教学改革的需要；课外读物注重质量，符合学校师生的阅读特点；还要顺应时代的发展，引入多媒体资料，并建立电子阅览室，丰富电子阅览室的资源，电子阅览室的设备设施要定期维护，保证网络畅通。

4.阅读活动是阅读文化意蕴的核心

读者的阅读活动体现了读者的文化素质,也是阅读文化意蕴的核心,图书馆开展阅读活动的方法有以下几点:

(1)根据读者的兴趣、特长开展阅读活动

不同年龄段的读者有不同的兴趣和特长,图书馆的各类书籍可以满足不同层次读者的需求。图书馆工作者开展阅读活动时可与相关读者群的兴趣、特长结合起来,尊重他们的兴趣、特长,使读者真正喜欢阅读。根据读者群的类别、个性组织兴趣小组,开展文学家园、英语沙龙、计算机小博士之家等活动,因势利导,发挥群体效益,激发他们的兴趣和阅读动机,活跃阅读心理,培养良好的阅读习惯。还可以组织群体阅读,然后让他们一起讨论作品情节,发挥想象,改写或续写结局,比如让学生将喜爱的人物、情节画成动漫作品。

对于儿童来说,可以举办故事会,让儿童自由讲述故事,通过讲故事比赛,锻炼口才;开展读书征文活动,紧跟时事,让群众关心国家大事;进行才艺表演。才艺表演能给他们提供更多展示自我的机会,能增强儿童的自信心。举办演讲比赛,向读者推荐有关演讲的书,提高他们的演讲水平,锻炼他们的语言表达能力。通过多种阅读活动激发读者的兴趣,发挥他们的积极性,从而使他们热爱阅读。

(2)利用重大节日,结合形势教育开展大型阅读活动

图书馆是实施社会教育的重要阵地,图书馆工作者可配合各单位、组织开展各种丰富多彩的读书活动,充分利用重大节日来开展阅读活动。这不仅能使图书馆的形象和地位得到提升,而且有助于更多人参加到阅读活动中来,激发更大的阅读兴趣。通过这些灵活性、开放性的阅读活动,在寓教于乐中增长读者的知识,培养他们的阅读能力。

(3)以各种形式来引导人们参加阅读活动

各地区的公共图书馆可以设立书目和专题书架,图书馆工作者要推荐好的书目,有针对性地向他们提供各种学习信息,通过阅读来拓宽社会群体的知识面;采取"寓教于乐"的方法将阅读活动通过文艺表演的形式开展,以此吸引读者,使他们养成良好的阅读习惯;图书馆工作者可举

办"好书大家读"活动,评选出优良的图书;推出读书文化节,开展主题新颖、内容丰富的活动及比赛;举办讲座、培训班、读书夏令营、读书征文、公益报告会、图书展览等活动;举办名人名家见面会,作正面的阅读引导;与大众传媒结合录制阅读节目。一方面,各地区公共图书馆工作者应配合学校的教学,争取学校的支持,将阅读活动和学校的学习计划相结合。

与学校合作,联合布置课外作业,要求学生利用图书馆来完成;开展如小论文写作、专题调查等研究性学习;组织辩论赛,通过参与辩论,使他们学会自己搜集材料,整理读书笔记,分析概括总结。利用图书馆丰富的文献资源开设阅读课,使图书馆成为阅读教育的基地。

一些儿童图书馆可以通过故事会、演讲会、诗歌朗诵会等形式,让儿童们在轻松愉快的氛围里接受阅读的熏陶,培养他们主动阅读的意识,使他们养成良好的阅读习惯,逐步发展阅读能力。利用板报、墙报等宣传栏向读者介绍优秀作品和读书方法。不定期编辑出版校刊,设立"新书报道栏""专题书目推荐栏""热点书目评价栏""读者心得栏"等,发动读者写稿,活跃气氛,激发他们的读书兴趣,引导他们参加阅读活动。

(二)图书馆阅读文化建设

1.图书馆阅读服务建设

图书馆阅读文化建设的一个重要指标就是阅读服务质量。图书馆馆员应秉承服务至上的理念,以科学的管理方法与服务手段,为用户提供高质量的阅读服务,当前可以从服务内容与服务手段两方面对阅读服务建设情况进行评价。图书馆阅读文化建设工作的开展,一方面要求针对用户群体的需求开展阅读文化活动;另一方面需要保障服务内容的新颖性,以提升用户对阅读活动的兴趣。在服务方式上注重创新与创意,注重体现时代性与科学性,并需要运用新媒体工具满足多样化的阅读需求,力求在深入调研的基础上制定科学的服务方案,以保障阅读服务的针对性与实效性。例如,上海图书馆在分析用户阅读需求的基础上,推出了移动图书馆与"一卡通"外借阅读服务,极大提高了用户参与阅读活动的便利性,也丰富了图书馆的阅读服务内容。

2.图书馆阅读环境建设

图书馆阅读文化建设的开展要求为用户营造良好的阅读环境,让用户在阅读过程中获得轻松、愉悦的感受,进而提升用户在阅读文化建设中的参与度。首先,图书馆可以从阅读空间布局、室内装饰等方面入手,力求通过室内环境、规划、美化等方面营造良好的氛围,以物理环境美化为阅读文化建设创造条件。图书馆作为用户获取知识、提升文化素养的场所,也需要营造良好的人文环境,力求将阅读空间变为传承与传播文化的平台。

用户在具有人文意蕴的阅读环境中能够受到感染,获得内心的宁静,提升用户的阅读效率,也可以吸引更多热爱阅读的用户。例如,浙江省图书馆在阅读文化建设方面注重营造良好的阅读环境,阅览室设置的座位超过500个,应用了现代化影像设备与虚拟展厅板块,让用户有身临其境的感觉。也是用户阅读学习的理想场所。

3.图书馆阅读资源建设

馆藏资源是图书馆开展阅读文化建设的基础,也是吸引用户的根本条件。图书馆需要综合运用先进技术与新媒体工具,积极调整馆藏资源结构,增加馆藏阅读资源种类与数量,推出在线阅读、电子刊物等服务,以满足新媒体环境下用户的移动阅读需求。同时,图书馆需要根据相关政策积极调整文献布局,力求凸显自身的阅读资源特色,并通过不断充实、完善与发展,逐渐形成独具特色的阅读文化。例如,安徽省图书馆结合阅读文化建设需求与本省特色,构建了特色数字资源导航栏,收录了具有安徽本地特色的工艺美术、剪纸、戏曲等资源,并且开展了一系列与安徽本地文化相关的阅读文化活动,突出了省级图书馆的馆藏资源优势,也吸引了更多用户的关注。

4.图书馆在阅读文化建设中的作用

"阅读文化是建立在一定技术形态和物质形态基础上,受社会意识和环境制度制约而形成的阅读价值观念和阅读行为的总和。"以校园阅读为例,校园阅读文化则是阅读文化与校园文化在校园活动平台上的交集。在阅读文化建设的过程中,图书馆应在阅读文化建设中应当起到认知、传播、教化以及凝聚的作用。

(1) 认知作用

人类认知过程总是受到文化现象的制约和规范。通过不断地积累经验,改进自己的思维方式,提高自身的认知能力,从而逐渐认识自然、认识社会、认识自身、认识世界。阅读文化通过阅读活动来实现其自身的认知功能,而图书馆在这个过程中充分发挥其服务功能,实现认知作用。图书馆的认知作用,主要体现在对于阅读内容以及阅读方式的认知两方面。图书馆充分发挥其阅读服务功能,科学合理地为读者选择认知内容,促进读者建构合理的认知结构。随着信息化、网络化的普及,社会大众面临着越来越多的阅读选择,如何能在众多良莠不齐的知识内容中挑选出符合自身的阅读需求则显得尤为重要。图书馆通过专业的阅读指导服务为读者准备合理结构的阅读内容,从而形成合理的认知结构。这是图书馆充分发挥其认知作用的重要体现。

(2) 传播作用

图书馆通过丰富的馆藏文字资源进行知识传播,其文献资源是传播作用得以体现的物质保障。传统阅读方式目前仍然还是社会大众的主要阅读方式,因此,图书馆大量的文献资料存储吸引着更多的读者前来图书馆进行阅读活动。

公共图书馆结合读者的阅读兴趣、专业倾向、文化水平等方面推荐合适的阅读书目,来进行文化传播。此外,随着网络阅读的发展,图书馆通过对于网络阅读资源的加工、整合,将网络信息转化成为有利于各年龄阶段读者阅读的一种资源,满足阅读的需求。因此,图书馆的传播作用,不单单体现在以文字为载体的传统阅读当中,随着电子出版物的兴起,网络阅读将这种传播作用展现得淋漓尽致。

(3) 教化作用

图书馆是推动全民阅读的组织者,在社会阅读文化的建设中扮演着重要角色。阅读文化建设通过营造阅读文化氛围,从而达到教育的目的。而图书馆引导读者在浮躁的现实面前,通过阅读方式丰富情感和心灵,陶冶情操,从而帮助读者拓宽视野,提高能力。各地的图书馆作为社会阅读文化的主体,在阅读文化建设中起到教化的作用。通过文献存储、资源处理、文化传播交流等形式,将主流文化深深地烙印在人们的精神生活当中。在满足读者阅读需求的前提下,引领学生阅读,促进文化传播,从而在提升自我认识的前提下,促使学生完善自己的道德价值,树立正确的世界观、人生观和价值观。这种潜移默化的教育熏陶,是社会大众在文化背景下的自发行为,但已经逐渐成为一种风格和习惯。

(4)凝聚作用

阅读文化的主体受到文化情感的激发,这是一种普遍现象。各地图书馆提供大量的阅读资料,读者作为阅读参与者通过图书馆接受各种文化信息,不论是心理还是精神上都出现了众多需求,这些需求的不断"扩张"就形成一种刺激因素。而所谓的激励作用,就是通过某种刺激因素,促使某种思想愿望和行为产生的心理过程作用。因此,图书馆作为信息的接收载体在一定程度上刺激读者的需求,从而激励自身去进行探索。阅读文化不论是物质形态还是精神形态,都能够在一定程度上起到激励的作用。

图书馆能够营造优良的社会阅读文化,从而以其微妙的方式沟通人们思想感情,融合人们的信念情操,培养和激发人们的群体意识和集体意识。在阅读文化氛围中,人们通过阅读活动,产生对于知识目标、价值观念、行为标准、道德规范的认同感。通过这种认同感,促进人际交往过程中的和谐。通过营造良好的阅读文化氛围,构建和谐的阅读文化环境,使得人们在其中能够得到精神上的一致性和认同感。由此可见,图书馆在阅读文化的建设中,有着不可言表的凝聚作用。

第三节 图书馆读者服务

读者服务工作是图书馆的基本职能,更是图书馆一切工作的归宿和出发点。现代化技术在图书馆工作中的应用,给图书馆读者服务工作带来了新的变革,使读者服务工作的方法越来越多样化、科学化、现代化。作为图书馆工作人员,要以读者为中心,运用各种方法,全方位、高效益地为读者服务。

一、读者心理与读者服务

(一)读者的阅读需求

在读者的阅读心理中,阅读需求是最本质、起着主导作用的心理因素,它影响和制约着读者各种心理活动现象,是决定读者阅读行为最根本的动力。要了解和掌握读者心理及行为产生与发展的规律,必须从读者的阅读需求出发,对读者心理特征进行了解。

读者在阅读活动中所表现出来的阅读需要多种多样,这些多种多样的阅读需要大体上可以归纳为以下几种类型:社会型阅读需要、专业型阅读需要、研究型阅读需要等。

1.社会型阅读需求

社会型阅读需求是指在各个不同的历史阶段中表现出的许多读者共同具有的社会性特点的阅读需求。它反映了强烈的时代特征和社会发展潮流的需要。如在某一个特定的历史时期,许多不同职业、不同文化程度、不同兴趣爱好的读者群。为适应社会潮流发展的需要,比较集中地共同阅读有关的文献,使某些文献一度成为社会上的畅销书和阅读热点。

2.专业型阅读需求

专业型阅读需求是指从事学习、工作、研究等专业活动的读者所提出的文献需求。这种阅读需求通常同读者所从事的专门业务工作、专业学习和研究实践活动紧密相连。实践活动决定专业需求的内容、范围和重点;而专业阅读需求的满足、专业知识技能的提高、具体问题的解决,又进一步推动了专业实践活动的深入发展。专业阅读需求与实践活动在内容、目的、时间、范围上的高度一致,体现出鲜明的职业特征,使阅读活动和社会实践稳定、持久地向着同一方向发展。

3.研究型阅读需求

研究型阅读需求是指为了解决某一研究课题,完成所担负的具体研究任务而产生的阅读需求。具有研究型阅读需求的读者通常是围绕着研究内容,组织和开展阅读活动,其阅读目的是通过阅读来了解课题的研究动向,掌握课题的研究水平。因此,这种阅读需求所涉及的阅读范围具有长期的指向性和专业性,体现出较强的任务规定性特征。读者在研究活动的各阶段中,根据不同的研究进展,提出对文献的具体内容范围和要求。任何承担了科研任务的读者,受研究任务的制约,都会表现出强烈的研究型阅读需求。

除了上述三种阅读需求之外,还有业余型阅读需求,具体指读者为了打发、消磨时间,所进行的阅读活动。

(二)读者服务

读者服务是指图书馆教导读者使用图书馆资源与服务或为读者选择适合的阅读书籍,并解答读者各种问题,包括阅览服务、参考服务与推广服务。

因此读者服务不仅是馆员与读者的互动,也包括图书馆办理的活动、借还书的标示等事物与读者间的互动。担任读者服务的馆员必须经常与读者接触,因此应具备丰富的知识与亲和力、正确判断力、善于观察等特质。[1]

二、图书馆读者服务工作

(一)图书馆读者服务工作特点

1.服务理念多元化

图书馆是公开、免费获取知识的场所,随着经济的全球化发展,图书馆的服务理念也发生了巨大的变化。将市场思维带到读者服务工作中,依据社会公众对图书资源的需求,不断优化图书馆的图书类型,从而为读者提供优质的服务,是图书馆持续发展的重要手段。同时,将部分读者服务工作有偿化,结合图书馆公益活动,能够构建新一代的读者服务

---

[1] 肖竹青. 高校图书馆文献采编与读者服务研究[M]. 北京:企业管理出版社,2019.

模式。

2.服务方式现代化

在图书馆的传统服务中,图书租借、文献搜索及宣传资源等工作的开展已经无法满足现代图书馆发展的需求。随着经济的快速发展。人们越来越注重时间价值,如何在有效的时间内获取更有价值的知识已成为社会发展的共识。利用计算机网络技术和数字化技术构建图书电子系统,能够降低图书馆的服务难度,提高服务效率,促使图书馆服务工作朝着便捷、有效的方向发展。

3.服务对象社会化

要想实现图书馆的大众教育功能,提高社会公众的道德素养与文化素质,相关部门需加大图书馆的开发力度,整合有效的数字资源,储蓄更多有价值的文献资源,让社会公众都能够从图书馆内获得自己想要的图书或资料,实现用户至上、服务第一的发展理念。

(二)图书馆读者服务工作的优化

1.深化读者服务方法

首先,在图书馆读者服务管理过程中,明确服务内容、目标及发展方向是保证服务效果的关键部分。因此,相关部门及图书馆管理人员应不断优化读者服务方法,不断扩充图书馆馆藏,使图书馆朝着深度与广度的领域发展,为读者提供更加丰富的知识服务,满足读者多样化的需求。其次,发展个性化服务模式。从图书馆的角度出发,以读者需求为中心,同时结合读者的个性化需求,利用信息化技术综合分析读者的真实需求,并依据最终的数据分析结果制定相应的服务策略。最后,提高读者服务的技能化水平。要想提高图书馆的技能化水平,应重视馆员自身服务技能的培训工作,为读者营造人性化的服务环境。

2.注重馆员创新意识的培养

在图书馆的发展过程中,优质的读者服务能够吸引更多的读者,为图书馆的可持续发展提供基础保障。在信息化时代的背景下,只有不断创新,提高自身竞争实力,才能做好优质的读者服务工作。在这样的情况下,馆员应该重视自身创新意识的培养,构建创新体系,提高服务水平。

3.扩大读者群体

在图书馆管理过程中,读者是服务工作的主体,不断扩宽读者群体,能够增加图书馆的客流量,促使图书馆进行自我提升,为读者服务工作的开展奠定坚实的基础。因此,在图书馆读者服务管理过程中,除了优化读者服务方法,培养馆员创新意识外,还应该重视扩宽读者群体工作,积极开展市场调研。大力将潜在的读者转化为稳定的读者,为图书馆的持续发展提供基础保障。同时,馆员还应该定期组织读书活动,举办图书馆活动提升图书馆的社会地位,充分发挥图书馆的教育功能,吸引更多的人都积极参与到读书活动中来。

4.构建绿色通道

为了满足不同读者的阅读需求,图书馆应构建绿色通道。如,通过构建残疾人读书特殊通道,满足残疾人的阅读需求,组织馆员或者义工为其提供人性化的服务;对于军事化管理的机构或单位来讲,丰富基层的业余文化生活能够愉悦他们的身心,图书馆可以为这些机构提供专业化的图书,满足人们的求知欲望;对于贫困家庭或地区的儿童,图书馆可以为其提供免费服务,赠送他们爱心读书卡,通过共享图书资源扩大他们的知识层面。

5.开展多元化服务

图书馆作为公共服务机构,为了满足读者的多样化需求,提高读者服务效率,馆员可以利用信息化技术构建网上预约系统,读者预约图书后为其提供送书上门的活动,满足读者足不出户阅读的服务需求。同时,馆员也可以构建数字图书馆系统。读者通过注册个人信息获得图书资源,然后通过数字检索获取电子书籍,达到网上实时阅读的目的,这样能够节省大量时间,充分体现了图书馆读者服务的人文关怀。

第四节 图书馆学科服务

一、学科服务概述

(一)学科服务的概念

学科服务是围绕学科而进行的各种服务,就是图书馆馆员们围绕高校学科建设的需要而提供的全方位的信息资源服务和信息技术服务。实际上学科服务是图书馆界的一种全新的服务理念和服务模式,是图书馆为适应新的服务需要,深化服务变革、提高服务水平而采取的一项新举措,它是海量信息时代产生的一种高层次的信息服务形式。

图书馆的学科服务不再仅仅是单纯地由学科馆员来开展或完成的服务。而应该是围绕学科用户教学、科研的个性化需求,整合一切可能的与学科知识服务相关的资源和服务,建立涉及图书馆及相关部门的资源重组、机构重组、服务设计、系统架构等的全新运行机制,它是全方位面向用户服务的一个巨大体系,一个庞大的系统工程,是未来高校图书馆适应新的信息技术环境的服务机制和主要的服务模式。

综上所述,学科服务的概念应是以学科馆员为主体、学科知识服务为核心、学科用户的信息需求为中心、以用户信息获取与利用最大化满足为目标,突破"馆"的概念与范式,融入用户物理空间与虚拟空间环境,全方位的、积极主动的、有针对性地为学科用户教学、科研提供个性化、专业化和知识化的信息资源保障和现代信息技术支持服务。

(二)学科服务的基本要求

1. 全面系统

全面系统主要是指图书馆学科服务体系要全面系统。不仅要求学科文献知识信息资源要全面,而且学科服务工作各个操作环节要系统化。同时,学科馆员对所负责的对口学科的学科资源、学科情况要全面了解和熟悉,还要能利用各种现代传媒技术广泛宣传和推广图书馆学科资源和服务。使学科服务工作得到更多、更广泛的用户的认可和信赖。

2.方便快捷

学科用户通过学科服务能够方便快捷地获取所需的学科信息资源和服务而及时解决其相关问题。

3.高效利用

一方面要求学科馆员工作的高效;另一方面要求学科信息资源的利用的高效,即学科用户能够高效地使用所有的学科信息资源。

4.满意评价

学科用户对学科服务的认可和信赖,并通过各种手段和方式使学科服务得到学科用户的真正认可,达到满意。

(三)学科服务的性质

1.学科服务是图书馆一种先进的办馆理念

随着信息技术和网络技术的迅猛发展,信息化、数字化和网络化给图书馆的生存与发展带来了前所未有的机遇和挑战。图书馆不再是文献信息资源唯一的获取重地,人们对图书馆的依赖程度急剧下降,作为图书馆管理者不得不重新思考和审视图书馆的生存与发展。学科服务这一以用户为中心的主动的个性化、专业化的服务为图书馆的生存与发展带来了生机与希望,它将促进和提升图书馆的核心竞争力。

2.学科服务是一种新的服务模式

学科馆员直接融入学科用户的信息环境和信息过程的一线,为对口负责的学科或院系、重点实验室、课题组和学科用户个人提供个性化、专业化、知识化服务。

3.学科服务是图书馆服务工作的一种新的服务机制

各高校图书馆都相继根据本校学科建设的实际,为相应的学科或院系设置专门对口负责的学科馆员,明确了学科馆员的工作职责和目标任务以及具体的考核指标和办法,对学科服务有明确的服务要求。

4.以用户为中心的服务理念

学科服务充分体现了以用户及用户需求为中心的服务理念,学科服务馆员除了传统基础性服务工作外,要走出图书馆,融入学科用户的教学一线。嵌入科学研究过程,不仅要为其提供学科教学、科研所需的文献信息,更重要的是要求学科馆员必须了解其所负责的学科或院系的学科建设情况和本学科资源情况,为学科用户提供专业化、知识化的服务。学科服务以优化用户信息环境,提升用户信息能力为目的,为学科用户教学科研提供信息保障和支撑。①

二、图书馆学科服务滞后原因分析

(一)学科馆员素质不高

学科馆员是实施学科服务的基础,主要负责图书馆学科信息资源的搜集整理、组织、学科服务系统的管理维护以及用户服务等工作。他们是联系图书馆与学科用户的桥梁和纽带,其整体素质与能力水平直接决定着学科服务的效果和质量。

目前,高校在选择学科馆员时,通常只注重其学历,而忽视了他的专业能力,这对图书馆学科馆员的团队建设非常不利。同时,我国高校图书馆还没有建立起完善的学科馆员培训机制,不能对到岗的馆员进行一系列的教育工作,导致这些馆员对学科服务没有很深的认识,无法为用户提供个性化的服务以及无法完成资源导航任务。

(二)学科服务建设体系不完整

高校图书馆学科服务需要专业的服务团队进行建设,这一过程涉及技术与平台的支撑,目前我国大多数高校图书馆没有专业的团队,再加上资金的短缺、领导的不重视等因素。无法形成一套完整的、成熟的学科服务体系。高校图书馆的学科服务除了提供专业性的数据库、专业信息导航之外,还提供学科介绍,学科动态,重要人物,会议通知,核心、期刊精品课程课堂服务,参考咨询的学科资料库等多项特色服务信息。但是技术的不成熟,无法完全实现以上服务内容,无法达到学科服务的预期效果。

(三)学科服务评价体系不完善

学科服务的宗旨是为用户服务,衡量这项服务的标准是用户对其服

---

① 唐淑香."互联网+"时代高校图书馆学科服务研究[M].西安:西安交通大学出版社,2018.

务的评价,所以建立健全学科服务评价体系至关重要,学科服务水平的高低没有具体的衡量考核标准,会制约其未来的发展。

目前,我国高校图书馆并没有针对学科服务建立评价考核系统。这不仅无法对学科馆员的工作进行考核评估,根据考核结果对其进行激励,难以调动学科馆员的工作热情,而且容易造成工作职责不明确。此外,学科服务的效果也需要评价,如果评价机制不完善,无法发现现有的体系漏洞,不利于学科服务体系的进一步建设与发展。

(四)学科服务宣传力度不够

图书馆学科服务的宣传力度不够,导致学科服务用户对图书馆学科服务的作用以及功能缺乏了解。

学科服务是图书馆服务的拓展,可以为用户提供专业化的信息资源导航服务,但是宣传力度不够,导致高校的领导、教师和学生对学科服务认识不足,无法获得领导的政策与资金支持,这很不利于学科服务的建设。教师和学生是高校学科服务的主要服务对象,然而因其对学科服务知之甚少,无法利用学科服务满足自己的信息需求,不利于学科服务的建设。

三、学科服务的改进措施

(一)加强学科馆员培训教育

1.人员选拔

学科馆员的职责是为学科用户服务。学科馆员每天要直接面对不同背景、不同地区的用户,在服务过程中会遇到各种各样的问题,在面对这些问题时,要做到沉着冷静,随机应变。学科馆员应该具备良好的言行举止,大方得体的言行举止是对用户最基本的尊重,也是学科馆员高素质的体现,学科服务工作是图书馆的特色服务,对馆员的素质要求比较高,既有文献信息服务职业素养方面的要求,又有相关学科领域的学科知识要求。学科馆员是学科信息的发布者、信息资源的管理者、信息导航的引导者,应是高素质的复合型人才,不仅要有相应的教育背景,而且还要具备丰富的信息检索经验。

高校图书馆的学科服务对象主要是教师和学生,他们都是高素质的用户,因此要求学科馆员的思想道德水平高、心理素质好,在面对未知的挑战时能够做到临危不乱;在面对烦琐的工作时,能够做到有条不紊,乐观应对。

2. 人才培养

图书馆应当建立长期的、制度化的培养学科馆员的制度。高校可以在本校设立图书馆相关专业学科,为本校的图书馆培养专业的人才。这一学科的设立需要各部门领导的支持,也需要教师和学生的认可。

3. 专业技能培训

学科馆员是一个复合型人才,所以,专业技能培训的内容要全面,应该包括:某一学科的专业知识;信息检索能力;计算机应用能力;对信息资源的搜集整理、组织加工能力;个性化服务能力等。所以,高校图书馆应加大对学科馆员的培训力度,增加培训时间和机会。努力为学科馆员提供发展平台和发展空间。例如,定期选派馆员到其他高校或者科研机构进修,学习其先进的信息服务理念、信息资源采集技能和其他学科专业知识等,不定期地邀请校内外的有影响力专家、学者来馆举办增长学科馆员能力和提高专业技能的各种讲座。图书馆还应鼓励学科馆员参加各大高校学术会议,开展多方面的学术交流活动,丰富自己的专业知识。

(二)建设完备的学科服务设计规划

高校图书馆学科服务的建设是一个长期的过程,高校图书馆首先要对这项工作的重要性有一个明确的定位。同时,把图书馆关于学科服务的规划纳入学校的发展规划中,进行专业设计。从人才保障、经费支持、成果激励、政策鼓励等方面予以多方面的支撑,促进学科服务的建设。

学科服务建设工作虽然主要由图书馆人员完成,但实际上涉及的主体不单是图书馆,还包括院系、技术部门、后勤部门等。制度的建立与健全是保证学科服务有效运作的必要前提,技术与资金的支持以及政策的鼓励是保障,在这一过程中需要各部门的密切配合与团结协作,所以高校应该建立一个组织来协调学科化服务工作中的各种问题,以保证这项工作的顺利推进。

学科服务的设计与规划的好坏,归根结底是要看图书馆有没有一套完整的学科服务制度,包括学科服务平台、学科服务管理系统等。学科服务平台应该集信息检索、科技查新、参考咨询、专利申请等功能于一体,方便师生查询利用。学科服务管理系统具体包括确定和调整服务计划,任命、培训、考核学科馆员,评估服务实施效果,组织交流和宣传服务项目等,形成一套组织完善、细致分工、严格考评的管理机制。

(三)完善学科服务评价考核体系

学科服务是高校图书馆读者服务的一个重要组成部分。既然是服务。就需要有对其进行评价的机制和体系,有公正合理的评价。才能有进步的空间,这主要包括对学科馆员的评价和对学科服务系统的评价两大方面。但是每个高校的情况不同,学科服务建设的成熟度不同,需要"因地制宜",按照高校自身的特点来建立适合自己的评价考核体系。

学科馆员的考核评估是其管理制度的重要组成部分,建立科学合理、公平有效的绩效考评体系是促进学科服务发展的关键,也是激发学科馆员工作热情的动力。学科馆员绩效考评是一个有机的整体,测量是它的基础,评定是它的关键环节。为了使测量更加公正客观,可以建立图书馆的《学科馆员职能基准说明书》和《学科馆员职务基准说明书》两份规范化文件,同时对各项指标和参数也给予较准确的界定。

根据评估结果,图书馆实施奖励和惩罚的相关制度,体现多劳多得、优劳优酬,让绩效评估与激励机制挂钩,使学科馆员的付出与其待遇成正比,打破传统的福利分配制度,对优秀学科馆员在物质层面和精神层面都给予鼓励,对考核不合格者,则采取调离岗位、留岗试用、降低待遇等措施或启动改聘或解聘程序。

学科服务系统的评价要根据用户的反馈结果,根据结果对学科服务体系进行不断完善,进一步确立学科服务建设的下一步战略目标与规划。用户是学科服务的对象,用户的体验是评价学科服务是否成功的标准,可以经常性地对用户展开调查活动,询问他们的意见,对这些意见进行筛选,挑选可行的意见采取行动,满足用户的需求。

(四)加大学科服务的宣传力度

高校图书馆学科服务兴起于20世纪末,是一种新型服务模式,其发展时间较短。没有很大的知名度和影响力,很多学校的领导、教师以及学生缺乏对图书馆学科服务功能的认识,因此,高校图书馆必须以学科服务的意义、作用、模式等为中心进行大力宣传,使学科用户认可并乐意接受,进而主动寻求学科服务。

用户是图书馆学科服务的目标,只有让更多的读者用户参与进来,才能为其提供更大的发展空间。在21世纪,互联网技术的发展的出现,高校图书馆应该努力加大宣传力度,利用各种移动终端和互联网络,重点宣传学科服务这个项目,提高学科服务的知名度。

四、学科服务创新实践

(一)构建学科化创新服务体系

为了满足当今用户多元化的需求,高校图书馆需要有效融入教学科研和学术交流过程中,将传统单项式、集中式、坐等式的资源服务模式,改造成为以用户需求驱动、主动交互、灵活支持知识创新的开放性信息交流服务模式,在保障收藏、借阅和休闲空间等功能的基础上,增强图书馆的创新能力、提升学术资源品质及学科服务效能。因此。图书馆必须按照学科主题组织资源与提供服务,打破传统的文献工作流程,从而使信息服务学科化、服务内容专业化。

(二)Web2.0在学科服务中的应用

近年来,Web2.0技术的出现加快了图书馆资源服务的创新,基于博客、百科全书等技术的学科服务方式的应用,开拓了基于学科化服务的服务新模式。为了保证学科服务的有效性和高效性,构建相应的学科服务平台成为高校图书馆的共同需要。

(三)建立学科博客

学科博客被广泛应用于高校图书馆学科服务,学科馆员通过学科博客这一网络环境的建立能够汇集该学科的用户和资源,形成庞大的知识网络和用户网络。在这个网络中,学科馆员和用户都是资源的贡献者,学科馆员和用户可以实现即时互动、学科资源能得到更准确和全面地汇集和及时更新、学科用户能够方便地发表自己对学科问题的看法以及相互间能够便捷地探讨学科问题等。学科博客内容通常包括以下方面：图书馆已有的学科资源和服务、网上免费学科资源建设、学科相关博客链接、咨询解答等。

(四)建立学科服务平台

构建学科化服务平台是图书馆实现个性化、网络化信息服务的基础，是开展专业化学科知识服务的基点，它将更具有针对性地解决用户信息交流、知识共享的需求问题。

第五节 图书馆参考咨询

一、图书馆参考咨询概述

(一)图书馆参考咨询的概念

图书馆参考咨询即图书馆的参考咨询服务，在不同的时代、不同的国家有着不同的理解和表述。我国图书情报学术界普遍认为参考咨询是图书馆为读者或用户利用文献和查询资料提供帮助的一系列工作，以协助检索、解答咨询和文献研究等方式向用户提供事实、数据、文献检索和研究报告，是图书馆开发信息资源的重要手段。

(二)图书馆参考咨询的特征

1.服务性

服务性是指参考咨询工作从本质上说是一种知识信息服务。图书馆业务工作内容广泛、环节众多，但同时又是一个由一系列相互联系的工作环节组成的有机整体。参考咨询服务属于读者服务工作范畴，是图书馆传统读者服务工作的开展和延伸。

2.针对性

针对性是指参考咨询工作要针对用户的具体要求，必须有的放矢地开展个性化的服务。例如,有读者到图书馆询问在图书情报工作中应用微电脑查询方面可以阅读哪些读物,参考馆员应当围绕这个问题组织文献,编制题录、索引,向读者提供这方面的知识或关于这方面知识的文献、文献线索。

3.实用性

实用性主要是指参考咨询工作目的的实用性。尽管各类型图书馆参考咨询工作的任务各不相同,但总体而言,参考咨询服务的出发点和归宿都是为了满足社会需要,解决用户在生活、工作和学习中遇到的实际问题,实现其强化情报和教育职能。如科研图书馆和高校图书馆是为科研、教学服务,公共图书馆开展社区服务以及为领导决策和企业发展提供咨询服务。

4.智力性

智力性是指从业务上说参考咨询属于一种知识密集型劳动。参考咨询工作是图书馆员与读者之间进行的知识信息的传递、交流与反馈的智力运动过程。

5.社会性

社会性是指参考咨询工作是一种开放性的服务系统,与社会息息相通。参考咨询服务是图书馆员对读者在利用文献和寻求知识、情报方面提供帮助的活动。随着现代信息技术在图书馆中的广泛应用,参考咨询的社会化程度日益加深,服务范围也进一步扩大。[1]

二、数字参考咨询服务

(一)数字参考咨询概念

数字参考咨询服务是一种基于Internet的帮助服务机制。1984年在美国马里兰大学图书馆首次倡导,主要是指在数字化、网络化的信息环境下,图书馆利用网络、计算机工具和技术,将馆藏资源与网络信息资源进行收集、整理和加工,通过电子邮件、FAQ系统、实时问答等多种方式向用户提供的参考咨询服务。这种全新的读者服务模式已逐步发展成

---

[1]张登军.图书馆参考咨询服务研究[M].北京:现代出版社,2019.

为图书馆的核心业务之一,成为现代图书馆的主流发展方向。

(二)数字参考咨询服务的一般流程

图书馆数字参考咨询服务的运行流程大致包括下列几个步骤。

1. 用户提出问题

当用户使用图书馆时,可以根据自己的服务需求,选择自己需要的咨询方式发送自己的问题。

2. 问题筛选、分析和分配

图书馆网站对接收到的问题进行筛选、分析和分配,对于超出范围的问题,退回给用户,范围内的问题,首先查询之前的问题和保存问题的文档,是否有相匹配的问题答案,一旦没有匹配成功,则把提问提交至咨询人员或专家。

3. 解答问题

咨询人员或咨询专家根据已有的知识或可查询到的资源解答出题目答案。

4. 答案发送用户

把在保存问题的文档中匹配出的问题答案,或者咨询人员做出的答案发送给用户。

5. 跟踪和反馈

对接收到用户问题进行解答与回复的整个运作流程进行监控,同时针对提问与用户保持及时沟通,确保服务的质量与效果。当一个题目解答完毕后,将自动对题目及解答存储至知识库,以便再有相似题目的查询使用。

(三)数字参考咨询服务的主要方式及特点

图书馆数字参考咨询服务有多种服务方式,多种服务方式使用不仅能够消除地理原因造成的读者用户的信息隔阂,还能够为其提供更准确的信息,方便馆员与用户之间交流的同时,使读者用户的问题能更直接快速得到解决。

1. 非实时参考咨询

E-mail、FAQ、Web表单、BBS、微博、留言板这些数字参考咨询服务方式都属于非实时参考咨询。

（1）FAQ

FAQ是开展数字参考咨询服务的高校图书馆几乎都会用到的一种咨询服务的方式。参考咨询人员把用户使用图书馆过程中的一些具有普遍性的问题进行归纳整理，收录进常见问题库。用户再遇到类似的问题时就可以直接查询到答案，即节省了用户的时间，又避免了馆员的重复劳动。FAQ的缺点是它仅仅能够提供一些关于使用图书馆的方法及服务的问题，对于一些专业性的问题并没有涉及。

（2）E-mail和Web表单

E-mail参考咨询是最早的数字参考咨询服务方式，图书馆网站提供E-mail地址。用户把自己在使用图书馆过程中遇到的疑问以邮件的形式发送至指定的邮箱，馆员也同样通过邮件对问题进行解答。

Web表单是基于电子邮件的一种数字参考咨询方式，用户填写有固定问题的表单表达自己的问题和需求，然后进行提交发送，馆员通过邮件给予解答。这两种方式都比较简单，但是却存在一定的局限性，读者用户必须有固定的邮箱；电子邮件和Web表单都存在时间上的延时性使得馆员对用户的问题并不能给出及时解答。

（3）BBS、留言板、微博

BBS是一个讨论系统，所有人都能就自己有兴趣的内容与其他参与者互相交流讨论，并自由地发表意见和见解，BBS具有交互性、自由开放性、异步性等特点。留言板是借助BBS的电子信息服务系统开展的数字参考咨询服务。用户可以通过留言板和BBS在高校图书馆的网站上留言进行咨询并获得答案。微博是新兴的一种数字参考咨询的服务方式，用户可以通过对高校图书馆的官方微博进行评论或者留言来表达自己的问题。

这三种数字参考咨询服务的方式优点是用户可以浏览查看共享其他用户的问题及答案，避免了部分咨询问题的重复。缺点是与之前的方式相比，使用这三种方式时，用户的隐私性比较差。

2.实时咨询

实时咨询是借助即时聊天工具QQ、微信进行的馆员与用户间的实时交流。当用户的一些问题不容易用文字来表达时,还可以借助这些软件工具的视频窗口进行面对面的交流。

QQ、微信应用人群范围广,操作简单,及时性较强。这些优点都使咨询工作员能更全面地明确用户的需求从而做出及时的回答。

实时参考咨询虽然能及时解决用户的问题,但是最大的问题是它并不是全天24小时的,而是限时开放的。一般来说,高校图书馆的同步参考咨询通常都是在馆员的工作时间范围内才开放的,通常一周不到30小时,使实时咨询服务在时间上不能满足部分用户的需求。

3.合作数字参考咨询

虽然高校图书馆已经有了多种数字参考咨询服务的方式,但是网络本身的开放性使用户可能来自不同的地区,不同的领域,对咨询服务在时间上和知识上的需求也就有所不同,在这种环境下,单个图书馆受人力、物力等因素的限制,并不能在时间上完全满足用户随时的咨询需求,在知识方面也难以解答用户提出的全部问题。在这种情况下,为促进开展更高质量的数字参考咨询服务,产生了网络化的合作数字参考咨询服务,有时也被称为联合参考咨询。

合作化数字参考咨询服务是由多个图书馆根据协议构成,借助网络平台及各成员馆资源,可以不受地域与时间的限制给予用户更高质量的参考咨询服务。合作化数字参考咨询服务的基础是图书馆联盟,在联盟中资源是共知共享的,因而需要重视合作咨询联盟内资源和服务问题。

合作化数字参考咨询服务加强了馆与馆之间的合作,提升了图书馆数字参考咨询服务的综合能力,扩大了服务的范围。合作化数字参考咨询服务平台是所有图书馆参考工作发展的必然趋势。合作化数字参考咨询集合各成员馆之力,突破了地域和系统资源条件的限制,放大了咨询服务能力及服务水平,更具有发展前途和发展空间。

(四)图书馆数字参考咨询服务的创新应用

高校图书馆开展数字化参考咨询服务必须做好充足的准备,图书馆咨询人员,信息资源和计算机网络技术是图书馆开展数字参考咨询服务的必要条件,图书馆咨询员需要利用计算机网络技术为用户解决问题,馆藏资源是咨询的坚强后盾,能够提供咨询的可信度和准确度。数字化图书馆重要研究的方面之一就是通过网络化的先进技术为信息用户提供最优质的咨询服务。

1.扩大新资源和新工具

高校图书馆数字参考咨询服务的最终目标就是满足用户的信息需求,传统的用户表达信息需求的方式和图书馆咨询员的理解之间存在着一些差异,图书馆咨询员需要建立广泛的知识交流平台,通过多种的交流方式,进一步理解用户的多样化知识需求,明确咨询服务应达到的目标,有效地满足用户的需求。在参考咨询服务过程中,图书馆咨询员的专业知识远远不能满足用户信息需求的多样化,整个知识库的强大性和参考咨询服务质量的高低有着重要的关系。

我国参考咨询系统的知识库需要完整、专业化的标准和规范,知识库的建设要严格按照标准执行,要能够与其他系统兼容。高校图书馆数字资源库在建设时,应当坚持优势资源和特色资源同时兼顾的原则,馆藏资源不仅表现在质量,也表现在特色方面。

图书馆还要广泛收集网络信息资源,对于收集的特色信息要有序化整理,方便图书馆员的检索需要。数字资源类型多样,有些需要借助媒体读取,像光盘、磁带等。有些硕士博士论文、专利、文献、期刊等电子图书,在计算机或是手机的帮助下,可以读取相关信息资源。用户可以根据自己的喜好选择适合的数字资源,高校图书馆数字参考信息资源的管理和组织工作需要得到图书馆的重视,图书馆要组织相应的工作人员对数字资源开展管理和组织,一个良好知识库的运行,需要图书馆员不断采集和完善信息资源,使其有效地为数字参考咨询服务工作。从而提高参考咨询服务的质量。

2.引进新技术和新方法

在数字化、网络化时代,高校图书馆数字参考咨询服务的有效开展很大部分取决于网络技术的发展,网络设施和计算机能够处理文本、图像和声音,大大节省了图书馆员的检索时间。网络是数字参考咨询服务的载体,提高网速有利于数字参考咨询服务的发展。高校图书馆数字参考咨询系统的有效开展离不开新技术的支持,数据加密技术、信息推送技术、安全身份认证技术、动态网页技术和静态网页技术等。

图书馆要有相应的软件和硬件作为载体,为数字参考咨询服务平台提供便利。而新技术着重加强网络技术的智能化和个性化,体现在系统如何能够更主动地向用户提供信息服务,网络技术的理念,在整个数字参考咨询服务的过程中至关重要。新技术的使用促进了数字参考咨询系统的开发,只有强大功能的数字参考咨询系统才能为优质服务提供基础。尽管对于数字参考咨询服务的大多数软件具有较完善的功能,但每种技术方案都有它自己的使用范围和使用限制,都存在着相应的不足和功能上的欠缺之处,选购软件时要综合考虑很多因素,如价格、质量、功能、便利性等多种因素。

在参考咨询服务过程中,对于用户的隐私和知识产权的保护问题,要给予足够的重视,用户可以通过数字参考咨询服务系统向图书馆馆员提出各种问题。图书馆咨询服务人员要本着为用户保密的原则。目前,美国数字参考咨询服务的软件发展比较成熟,对于数字参考咨询的软件要有统一的标准。便于以后的合作咨询,这种标准的制定可以由国家标准统一制定,也可以由图书馆统一制定。

第六节 图书馆服务评价

一、图书馆服务评价的概念

(一)图书馆服务评价的内涵

图书馆服务评价,即图书馆服务质量评价,是以图书馆服务为评价对象,以服务质量为评价内容,采用科学的评价标准和方法对图书馆服务工作及其服务效果进行优劣评判和价值估算的过程。图书馆服务评价是图书馆评价的核心内容。

图书馆服务质量评价包含两个层面:第一,服务过程评价,即对图书馆的服务内容、服务模式和服务技术等维度进行评价;第二,服务价值评价,即对图书馆服务给用户带来的影响和价值进行测评。服务价值本身的不确定性和评测指标的难以量化性,针对图书馆服务影响和价值评价的研究非常薄弱,绝大部分图书馆服务评价的研究对象是服务过程,甚至将"图书馆服务过程评价"视为"图书馆服务评价"的全部,而忽视了"服务价值评价"。

传统的图书馆服务质量评价多立足于图书馆自身的馆藏资源、馆舍大小、经费投入、组织管理等办馆条件和业务工作。因为只有用户才能评价图书馆的服务质量,所以一切针对服务以外的其他方面的评价从根本上说都是无关紧要的。总之,以用户为中心的图书馆服务质量评价日益受到关注和重视,仅依据馆藏数量等传统内容来测度图书馆质量的评价模式已经过时。

(二)图书馆服务评价的目的

服务质量是图书馆赖以生存和发展的前提与基础。在及时了解读者需求的基础上,定期对图书馆服务质量做出全面、系统、客观的评价,是确立服务重点,合理配置和有效利用资源,进一步提升图书馆服务水平和服务质量,做好图书馆服务工作的基础。评价不是目的,而是一种手段。"以评促改,以评促建",才是图书馆服务评价的真正目的。通过对以往服务工作的评价,发现服务中存在的问题与不足,从而调整服务程序,改进服务质量,提升服务水平,高效地利用图书馆有限的资源最大限度地满足读者的信息需求,才是图书馆服务评价的根本目的。

(三)图书馆服务评价的意义

图书馆服务评价对图书馆服务发展、图书馆发展和图书馆事业发展的意义不言而喻。

1.指导图书馆事业的发展

科学的评估指标体系,不仅对现有的服务工作起到评估和指导作用,而且对图书馆未来事业的发展也将起到指导作用。科学的评价指标体系使图书馆的评价方式从经费、资源的数量评价转移到以用户为中心的质量评价模式上来。科学、合理的评价指标体系可以指导各个图书做好自己的业务工作、服务工作和管理工作,从而促进整个地区图书馆事业的发展。

2.指导图书馆的具体工作

通过不同时期、不同阶段的评价,图书馆可以发现当前实际工作中存在的问题与不足,找出当前工作中的主要矛盾,有针对性地改进图书馆的服务工作,合理调配各种资源,并为图书馆制定下一步的发展战略提供依据。不仅如此,图书馆还可以通过基准检查,与同行比较,缩小差距,提高用户满意度。[1]

二、图书馆服务评价的标准

图书馆服务评价是指在一定的价值观指导下,用一定的技术和方法收集图书馆整个服务系统或某种服务形式、某种服务产品的信息,并依据所获得的这些信息,对服务过程和效果做出客观的衡量和价值判断的活动。图书馆提供的大部分服务是无形的,涉及的因素是复杂的,服务的效果有些是直接的,有些是间接的,有些是明显的,有些是潜在的,因此,评价图书馆服务的标准应该有多种,既有定性分析,又有定量分析。如果以满足读者需求为宗旨,则主要包括以下四个方面。

(一)读者满意度

读者的评价是检验图书馆服务水平的重要标准。其内容有以下几点:①环境:图书馆环境清洁、整齐、安静、舒适。②人员:图书馆工作人员热情、认真、主动,有专业能力。③设备:图书馆设施先进、齐全,能满足功能需要。④文献:图书馆文献资源符合该馆的性质与目标,数量多,质量好,有特色。读者的满意度可以分为很满意、满意、一般、不满意、很不满意5个等级,让读者对图书馆的服务做出评价。

(二)吸引读者

这里的"读者",既包括来到图书馆的读者,也包括吸引利用本馆网上资源的用户。可根据图书馆不同的性质和规模、历史和现实条件,分

---

[1]郑德俊. 光明社科文库——移动图书馆服务质量评价及提升策略[M].北京:光明日报出版社,2020.

为优秀、合格、不合格几个等级,评定图书馆吸引读者的状况。

(三)文献利用率

1.流通率

一般情况下,每种图书流通的次数越多,其使用价值就越大。这里所说的"书",不仅指纸质文献,也包括电子文献,还包括网上资源。文献流通率是指在一定时间内读者实际使用的文献数除以馆藏文献总数的比率。应根据图书馆的不同性质和规模以及历史和现实条件,确定优秀、合格、不合格的等级。

2.主动性

图书馆不仅被动地满足到馆读者借阅需要,还要主动地"为人找书,为书找人",提高文献利用率。图书馆要做好宣传工作,做好参考咨询工作,满意地答复读者提出的问题。应该根据每个服务项目的性质和难易程度给予不同的评估级别,例如,难度大为优秀,难度较大为良好,难度一般为合格。

3.速度

图书馆不仅向读者提供文献,而且要使读者尽可能快地得到所需要的文献,这就要求提高工作效率。应根据不同类型和规模以及服务项目的难易程度,确定一定期限的评估标准。

第七章 公共图书馆阅读推广服务

第一节 图书馆阅读与阅读推广

一、图书馆阅读

阅读可以在他人的经验中获得更加丰富的人生体验并提升心灵境界,是读者获得知识、完善人性的重要途径。

(一)阅读的内涵与意义

1.阅读的内涵

阅读,基本意义是看书、看报,并理解其中的意思。这个解释说明了阅读具备的三个要素:一是能看的"人",这个"人"有基本的视力条件,有识字能力。二是有可看的"物",这个"物"是由文字或图画等构成的书籍、报刊等。三是有一般理解能力的"人",也就是要求这个"人"有一定的文字认知能力,有一定的知识积累,还要有一定的思维能力。阅读关系中的"物"通常叫作"读物",而其中的"人"通常叫作"读者"。

2.阅读的意义

(1)阅读是生而为人最基本的社会活动

一个人的成长过程,就是一个不断学习的过程,在这个过程中不断地感知和认识社会。这期间,有大人的搀扶、教育,也有自己的模仿、学习。当一个孩子学习读图,便开始了他的阅读生涯。通过阅读。孩子逐渐独立认识更加丰富的世界,也在不断地适应生活、学会生活,最终独立生活。所以,阅读是一个人成长过程中乃至生存过程中最基本的社会活动之一。

(2)阅读是生而为人最基本的精神需要

"一个人的阅读史,就是他的精神发育史。"阅读的意义不仅让人获得更多新知,更重要的是让人从前人身上获得前行的方向、战胜困难的勇气、坚定的意志和高尚的德行等精神启迪。因此,阅读需要是人类精神需要的一部分,它既是一种社会需要,又是一种心理需要,是人的内心和谐发展和精神健康成长的有力保障。

(3)阅读是生而为人最基本的文化权利

阅读是一个人精神生活的延续,是社会道德和精神文明的传承,社会就应该为人类提供最基本的阅读条件,创造更加优越的阅读环境,这些是文明社会赋予人的基本文化权利。

(4)阅读是生而为人最基本的社会义务

阅读可以让个人累积和创新知识,产生自我学习动力,提升自我发展能力,每个心智正常的人就应该努力阅读,尽力获得更多知识和能力,为社会更快更好的发展尽一份自己的责任和义务。阅读不仅会让个人精神成长,人生成熟,也在为社会的延续和发展传承文化、创造文明。这是作为社会人的基本义务之一。

(二)阅读文化

阅读文化是建立在一定科学技术和物质材料的基础上,在社会意识、阅读环境、相关制度制约下而形成的阅读价值取向和阅读文化活动。作为一种社会文化系统,阅读文化可划分为阅读精神文化、阅读物质文化和阅读制度文化。

1.阅读精神文化

阅读文化的本质特征和精神内核是阅读精神文化。就超越世俗生活的层面而言,阅读的意义具体表现在建立精神生活的五彩缤纷世界。阅读精神文化主要包括阅读需求、阅读观念、阅读的价值取向、阅读习惯和阅读技能等。宗教信仰、道德价值、民族精神对阅读活动可以产生相当大的影响,阅读对读者品格意志、道德情操、社会生活、价值观念都能够产生一定的影响。

2.阅读物质文化

阅读文化产生和发展的物质基础是阅读物质文化,阅读物质文化包括社会经济、大学图书馆、社区与家庭、出版业、教育等方面。阅读文化产生和发展的前提条件是经济基础,人们必须在一定的经济基础条件下,才会尽情享受阅读的快乐。阅读文化的物质基础,需要大学图书馆、出版社、社区和家庭以及教育来支撑。出版业的发展现状决定了阅读内容和规模。同时,出版业、大学图书馆和社区也是开展社会阅读的主体。一个人能力与成就的大小和家庭教育密切相关,而阅读就是家庭教育的核心内容。此外,社会教育普及程度的高低,也在一定程度上影响社会阅读风气的形成。[①]

3.阅读制度文化

作为一种社会文化现象,阅读必然会受到各种社会因素的左右和制约。处于阅读文化中间层的阅读制度文化,不同程度地必然受到群体意识、政治制度以及社会发展阶段的影响。

二、图书馆阅读推广

(一)阅读推广的概念

阅读推广,即推广阅读,就是图书馆及社会相关方面为培养读者阅读习惯,激发读者阅读兴趣,提升读者阅读水平,进而促进全民阅读所从事的一切工作的总称。

联合国教科文组织颁布的《公共图书馆宣言》,开宗明义地阐述了这一原理:"社会的繁荣和人的全面发展是人类最根本的价值所在。人类最根本价值的实现,取决于民众民主权利的行使和积极作用的发挥。民众对社会和民主发展的建设性参与,取决于良好的教育和知识、思想、文化、信息的普及与开放程度。"图书馆有义务和责任指导社会大众掌握科学技术,以科学的方法,在合适的时间、合适的场合读合适的书,这是提高全民科学文化素质的必须,是保障社会信息公平的必须,也是构建和谐社会的必须。

---

① 缪建新. 志愿者与图书馆阅读推广[M]. 北京:朝华出版社,2020.

图书馆阅读推广活动,是图书馆作为推广主体,通过一定的推广媒介,利用特定的设施设备,选择适当的阅读内容并对活动形式进行一定的设计,从而对阅读推广的客体对象(特定的读者群体)施加影响,并接受反馈不断调整,以期达到最佳效果的所有工作。

(二)阅读推广的特征

1.文化传承性

阅读推广是利人利己、利国利民的长远的兴邦之计,关乎民众的文化内涵和国家的竞争力,任何组织形式的阅读推广者都必须树立高度的文化自觉意识。

2.公众参与性

阅读推广是面向最广泛的人群开展的文化传播活动,各个领域、各个层面的人都要求被涉及,参与其中的人越多、被影响的人就越多,社会效益越突出。

3.社会公益性

以谋求文化传播、知识服务的社会效应为目的,坚持开放、平等、非营利的精神,并有必要面向阅读有困难的人重点开展服务。

4.定位多向性

不同阅读推广主体对阅读推广的定位有所不同。例如政府是作为发展战略而部署;学校是作为教育手段而组织;图书馆是作为事业而开展;个人是作为爱好而参与。

5.主动介入性

阅读推广者一般要组织不同规模的读书活动,主动激发、引导、促进读者读书,并可以主动了解读者的阅读需求,以促进、影响读者的阅读选择。

6.成效滞后性

阅读推广活动作用于社会个体之后,社会个体要经过思考、实践之后才会有成效,而这种成效还是隐性的;再转化为社会成效,这个环节更是难以观测和量化。

(三)阅读推广的内涵

1.阅读推广的主体

阅读推广的主体是指阅读推广活动的发起者、组织者、实施者和管理者。全民阅读活动是一项社会文化系统工程,需要集合全社会的力量推行。提高国民的阅读率,形成人人热爱阅读、全民阅读的社会氛围,社会、政府、图书馆、出版机构和大众媒体等都负有不可推卸的责任。纵观全球的阅读推广工作,可以发现,国际组织、各国政府、媒体机构、图书馆界、非营利机构、教育机构、医疗机构、媒体,甚至是一些热衷于分享阅读的个人均参与其中,或成立阅读推广机构,或推出阅读推广项目,或组织阅读分享活动,这些都是阅读推广的一部分。

2.阅读推广的对象

阅读推广的目标是"全民阅读",阅读推广所服务的对象应该是社会中的每一个个体。但在进行阅读推广时,首先还是应该对阅读推广的目标人群进行研究。这是因为不同的对象在阅读兴趣、阅读能力、阅读动机和审美取向上各不相同,这都将影响阅读推广的内容及成效。

为了使阅读推广工作更具针对性、效果更显著。在进行阅读推广工作时要将推广对象进行细分。比如按年龄层进行划分,可以将阅读推广对象分为低幼儿童、青少年读者、中青年读者、老年读者;按职业进行划分,可以将阅读推广对象分为:工人、农民、大学生、打工者、白领等若干类别。针对不同的读者对象,再设计不同的阅读推广内容。

公共图书馆的阅读指导服务应是"知书"与"知人"服务,简单来说,就是图书馆员针对读者个人特质与特殊需求主动建议适合的阅读素材。换句话说,就是阅读推广要向合适的对象选择合适的内容进行推广。

3.阅读推广的内容

阅读推广,顾名思义,当然是要推广阅读,这里不仅仅包括阅读的读物,还包括阅读能力的提升、阅读兴趣的培养、阅读习惯的养成、阅读品味的熏陶及阅读氛围的营造。阅读的读物不仅仅包括传统的纸质图书,还包括电子图书及音频、视频、游戏等多媒体信息。对于有阅读意愿但不知道如何阅读的人群,阅读推广的工作就要帮助他们提升阅读能力,具体包括选择读物的能力、理解内容的能力、阐释能力、批判分析与创新能力。

阅读兴趣的培养和阅读氛围的营造,也是阅读推广的重点。终身的阅读兴趣和习惯,取决于有效的早期阅读,因此,阅读应从小抓起,从小培养孩子对阅读的兴趣,并使其养成良好的阅读习惯。图书馆要以各种形式吸引少年儿童走进图书馆,激发他们的阅读兴趣,培养他们的阅读素养。

三、阅读推广与阅读的关系

(一)阅读推广与阅读

阅读是国民学习的一种方式,是通过对图书、报刊、网络等媒介获得知识的过程;阅读推广是图书馆等社会机构指导国民阅读和推动社会阅读的行为。从宏观上说,阅读和阅读推广都是国民阅读范畴内的工作;从微观上说,阅读和阅读推广处在国民阅读工作的不同层面。因此,它们之间有着不可分割的联系,也有着内容和方式上的区别。阅读推广就是推动阅读和扩大阅读,也就是通过阅读推广机构和阅读推广人的努力,让更多的人喜欢读书、善于读书,更有收获、更有成效地读书。

(二)阅读推广与阅读兴趣

阅读推广对阅读兴趣的影响,一般认为是单向度的,必须提升,否则阅读推广活动就算失败。这是一种片面的认识,阅读推广对阅读兴趣的影响,不只是提升,还有着多方面的影响。

1. 栽种兴趣

比如说对刚出生的孩子,"阅读起跑线活动"送给孩子一个图书礼包;犹太人在给婴儿看的书上点一滴蜂蜜,让孩子第一次读书的时候感觉书是甜的,这就为阅读兴趣的萌发种下一粒种子。

2. 满足兴趣

阅读推广不一定非要提高读者的阅读兴趣,满足也是可以的。读者喜欢什么书,推荐购买。图书馆购买了并通知读者,读者过来兴冲冲地借走,这也是一种阅读推广。

3. 转移兴趣

当读者过度痴迷某一类书,严重影响自己的生活、学习的时候,图书馆帮助读者转移一下兴趣,合理分配一下兴趣,这也是一种阅读推广。有的学生痴迷于武侠、言情这一类书,图书馆可针对他们开展一些阅读推广活动,将他们的阅读兴趣转移到专业学习或者更宽的领域,对他们也是一种帮助。

4. 归并兴趣

图书馆有一个重大的职能是找到相同阅读兴趣的人,给他们提供交流的机会。这些有着相同阅读兴趣的人,通过图书馆就可以在私下组成读书小组、读书会等,相互交流读书感悟,这样也会极大地激发他们的阅读兴趣,加深对书的钻研程度。

5. 装点兴趣

国内外不少图书馆都设有一面高高的书墙,作为一种文化象征,营造浓郁的读书氛围。从阅读推广的角度来看,其作用更多地表现在装点阅读兴趣,推动读者从心理上接近阅读、接近图书馆。

四、图书馆与阅读推广

(一)图书馆与阅读推广的关系

人们普遍认为,图书馆是阅读推广的主阵地。图书馆作为社会求知的知识载体,为阅读推广奠定了基础,凭借自身的优势在引导阅读、满足不同层次的阅读需求、保障弱势群体阅读权利、促进阅读方面发挥独特的作用,图书馆推动社会阅读的过程也是自我完善的过程。

(二)图书馆对阅读推广的影响和意义

图书馆在促进阅读推广、构建阅读社会中的作用研究方面,刘秋让等人认为促进社会公众阅读是图书馆的重要核心价值,图书馆在构筑阅读社会的过程中需要积极发挥自身的价值,重视弱势群体在阅读社会构建中的重要位置。关注其阅读能力和阅读状况。利用发达的网络信息技术。提升低成本、高效率的阅读服务,保障读者阅读权利的实现,确立图书馆在阅读社会构建中的重要价值使命。

图书馆是倡导全民阅读的中坚力量,倡导全民阅读是图书馆社会职能中不变的核心部分。图书馆引导"全民阅读",能为"全民阅读"提供舒适的阅读环境,进行科学正确的引导,提供丰富的信息资源,提供技术指导与快捷服务。

(三)图书馆在阅读推广中的主要工作内容

1. 引导

对于缺乏阅读意愿的人,图书馆通过生动有趣的阅读推广活动,引导他们感受阅读的魅力,享受阅读的乐趣,并逐步形成阅读的意愿。推动全民阅读的发展,这正是图书馆阅读推广工作要解决的问题、要完成的任务。

2. 训练

图书馆的服务对象中,存在许多有阅读意愿而不善于阅读的人,包括尚未学会阅读的人,如少年儿童、青年学生,还有因各种原因成年后失去继续学习机会的人,图书馆阅读推广可以训练他们,使他们学会阅读。

3. 帮助

图书馆的服务对象中,还存在阅读困难人群,也称图书馆服务的特殊人群。对公共图书馆来说,此类特殊人群包括残障人士、阅读障碍症患者等;对学校图书馆来说,主要是那些缺乏阅读知识和辨别能力的低年级学生。图书馆需要对他们提供阅读帮助,阅读推广服务是最好的帮助。

4. 服务

传统图书馆服务目标人群的主体是具有较好阅读能力的人,即所谓高层次读者。图书馆阅读推广活动为他们提供阅读的便利,丰富为他们服务的方式。对于学校图书馆来说,除了专业阅读之外,还要引导大学生们了解和学习专业之外的知识,丰富大学生们的阅读视野,拓展大学生们的知识范畴。

第二节 图书馆阅读推广服务内容

一、图书馆阅读推广服务内容

(一)阅读推广服务的变革

1. 社会阅读危机的产生

当前,我国阅读人群分布不均、城乡图书馆藏书量差距较大,人均读书量与阅读时间明显降低,信息时代下多元化的信息内容反而引起了"阅读危机"这一发展现状。为应对阅读危机,提高国民文化素质,发挥图书馆传播先进文化的职能,图书馆开始转变阅读推广服务理念,按照现代人的生活方式,图书馆应加大对电子文献、数字图书馆和线上数据资源库的建设,借助移动终端力量扩大图书馆的服务范围。同时,针对不同用户群体对文献的多元化需求,图书馆应加强与其他图书馆、公共文化服务单位之间的文献交流,构建多元信息共享平台,从阅读危机出现的根本原因入手,转变理念、革新技术、创新内容,实现图书馆的良性发展。

2. 公众阅读意识的提高

自"全民阅读"的概念提出以来,图书馆、博物馆、文化馆等承载公共文化服务的公益性单位,通过开展多样化的阅读推广服务不断提高社会公众的阅读量,强化公众的阅读意识。如强化图书馆的馆藏建设、环境建设,采取"图书馆—家庭—学校"等网格辐射状态的三维阅读方式,根据不同年龄段用户对阅读的不同需求和反馈,进行图书馆馆藏文献的分类、更新、升级,通过多方协同的推广模式加强对社会公众阅读习惯的培养。同时,图书馆也要注重"互联网+"时代下用户的碎片化信息阅读量,通过开通官方微信、微博公众号的方式,及时推送各种图书馆阅读服务,让用户积极主动地参与到图书馆的各项阅读活动中,加快图书馆阅读推广服务的转型升级。

3. 阅读推广服务的发展趋势

从传统纸媒体时代到多媒体时代,信息文献的获取方式发生了翻天覆地的变化,社会公众的阅读方式也从纸质阅读、文字阅读、深入阅读逐渐发展为网络阅读、图像阅读、浅显阅读。为迎合社会公众的阅读方式,图书馆在进行阅读推广服务的过程中,开始注重网络推广、多媒体合作推广等,致力于运用新兴网络技术加强构建图书馆线上阅读推广服务平台,通过提高用户网上阅读的方式化解单纯以纸质文献为主的阅读危机,并定期邀请各个领域的专家学者进行网络视频讲座与在线互动直播。图书馆应将传统纸质文献与网络技术相结合,大力发展"线上+线下"的智慧型阅读推广服务,不断满足多媒体信息时代人们的多元化需求。

(二)图书馆阅读推广活动的类型

这里以高校图书馆为例,介绍高校图书馆阅读推广活动的类型。高校图书馆阅读推广活动类型丰富,按照不同的划分标准可以分成不同类型。

1.按照开展频率划分

按照阅读推广活动的开展频率,分为定期活动、不定期活动、临时活动等。

(1)定期活动

定期活动是指高校图书馆以周或月为周期定期开展的活动。此类活动有固定的举办时间和活动名称,对大学生阅读习惯有持续深远的意义。比如每月图书借阅排行榜,可以为大学生阅读图书提供有价值的信息;每周数字资源培训课,让大学生学习如何获取利用资源。此外,还有每周好书推荐、每周影视欣赏等,定期开展这一类型活动。

(2)不定期活动

不定期活动是指为丰富大学生阅读生活而策划的一系列活动。此类活动新颖丰富,注重创新,活动主题与图书馆或阅读紧密贴合。对培养大学生阅读兴趣有重要意义,如演讲比赛、征文比赛等。

(3)临时活动

临时活动是指未经策划临时举办的活动,但对指导大学生阅读也有重要作用的一系列活动。如转发的名人或名校的书目推荐、热门话题的书展与画展等。

2.按照媒介形式划分

按照阅读推广活动的媒介形式分为:人媒式活动、物媒式活动、纸媒式活动、视媒式活动、数媒式活动、多媒式活动。

一是人媒式活动,人媒式活动是以人作为阅读推广活动的传播媒介,如真人图书、读书沙龙,人媒式推广交流更便捷。二是物媒式活动,物媒式活动是以某种事物作为阅读推广的传播媒介,使阅读更具体。三是纸媒式活动,纸媒式活动是以传统纸张作为阅读推广的传播媒介,在各个高校图书馆阅读推广活动中应用较多。四是视媒式活动,视媒式活动如现场购荐、书展,是一种看得见的阅读推广形式。五是数媒式活动,数媒式活动如数字资源培训,是数字化的阅读推广形式。六是多媒式活动,多媒式活动是采用多媒体技术来进行阅读推广的。[1]

(三)高校图书馆阅读推广活动的构成要素

高校图书馆阅读推广的主要活动要素,大致包括五种:阅读推广活动的对象、阅读推广活动的内容、阅读推广活动的开展时间、阅读推广活动的传播渠道以及阅读推广活动开展的意义。

1.高校图书馆阅读推广活动的对象

高校图书馆阅读推广活动的服务对象主要为高校的师生,了解阅读推广服务对象的需求。可以有针对性地开展阅读推广活动。首先,高校师生接受高等教育,有较强的自学能力,知识水平认知度高,是信息获取的高端人群。其次,高校师生作为课题的学习研究人员,需要大量专业知识体系。因此,阅读推广应提供高校师生最新、最前沿的信息,帮助读者掌握能快速、全面、准确地获取信息的技能。

2.高校图书馆阅读推广活动的内容

高校阅读推广活动的内容是阅读推广的核心部分,开展适合高校的阅读推广活动,才能真正达到阅读推广的目的。高校阅读推广活动内容主要分为以下几个部分。

---

[1]徐益波.社区与乡村阅读推广[M].北京:朝华出版社,2020.

(1) 馆藏文献的推广

高校图书馆拥有大量的馆藏文献,是读者获取信息的优选场所,高校图书馆以专题书展、专业书展的方式推广馆藏文献,在采购图书时和书商合作开展"你荐我购"等活动。

(2) 数字文献的推广

如今高校师生利用数字资源的比重越来越大,海量的数字资源让读者在获取利用信息时费时又费力,高校图书馆合作数据库开发商开展数字资源培训和丰富有趣的检索大赛,提高师生检索信息的技能。

(3) 检索工具的推广

无论是纸质资源还是数字资源,读者更希望图书馆可以指引阅读,使高校师生获取更新、更有价值的资源,高校图书馆开展书目推荐、借阅排行榜、好书排行榜等活动。

(4) 阅读理念的推广

无论高校图书馆多么重视并积极开展阅读推广活动,都不如读者对阅读的高度重视,传播阅读推广的理念,提高阅读在读者心中的重要程度十分重要。

3. 高校图书馆阅读推广活动的开展时间

高校图书馆阅读推广活动的开展时间的选择是相当自由的,根据不同时间段开展不同的阅读推广活动,才能达到更好的阅读推广效果。

4. 高校图书馆阅读推广活动的传播渠道

高校图书馆阅读推广活动的传播渠道可以扩大阅读推广的影响力,让更多的读者参与其中。高校师生接受新事物快,目前可以采用的传播渠道有两种:一是传统的传播渠道,也称线下传播,以海报粘贴、校广播站、通知等方式。二是新媒体的传播渠道,也称线上传播,以微博、微信公众号、图书馆主页、高校主页等方式。许多高校图书馆阅读推广活动的前期宣传、开展过程、活动评选等都采用网络平台。在活动的前期宣传,通过微博、微信等新媒体平台发布图书馆阅读推广活动信息,以点赞、投票等丰富的形式选出参与活动的获奖者,活动结果的展出供读者在线交流。网络能及时了解读者需求,拉近了图书馆与读者之间、读者与读者之间的距离。

5.高校图书馆阅读推广活动开展的意义

(1)培养阅读兴趣

阅读兴趣是一切阅读活动的前提,只有让学生对阅读产生兴趣,发现阅读中的美,才能从阅读中获得真正的利益。因此,高校图书馆在举办阅读推广活动中,要从阅读兴趣出发,引领大学生走进知识的海洋。

(2)养成阅读习惯

良好的阅读习惯是一种健康的阅读方式,是一种精神食粮,如果没有良好的阅读习惯,长此以往,个人的文化底蕴不会有所提升,思维见解变得狭隘空洞。因此,高校图书馆在举办阅读推广活动中,应长期持久,多宣传阅读习惯的重要性。

(3)指引读者阅读

大部分大学生知道阅读的重要性,也对书籍有着浓厚的兴趣,但是面对海量的图书,不知道如何挑选图书。这时,图书馆可以根据不同专题进行分类、筛选、排序,为大学生提供高质量的阅读。

(4)形成阅读素养

阅读素养也称信息素养,我们读的不仅仅是书,而是一种感悟,将书中的信息转化成自己的素养。应用到未来的生活实践中。是一种获取知识,更是一种利用知识的能力。因此,高校图书馆在举办阅读推广活动中,应该培养大学生阅读素养的能力,如写作、书评、读书沙龙,都可以将阅读的知识潜移默化形成个人的素养。

二、图书馆阅读推广工作中的问题

(一)阅读推广活动重视度不够

随着信息化的发展,电子阅读对图书馆阅读的冲击越来越明显,在这样的背景之下,各地的图书馆也开始重视图书馆阅读推广工作,但是总体来看,对阅读推广活动的重视度普遍不高。具体表现为以下三个方面。

第一,在推广活动的目标方面缺乏一个明确具体的设定,而经常只是习惯性地根据国家、地区的相关政策及方针来决定阅读活动的组织推广。

第二，部分阅读推广工作人员在工作过程中，通常受到主管领导意志的干扰而改变推广活动的初衷，使得推广活动流于形式，效果低。

第三，没有建立完善的阅读推广组织架构体系，缺乏长效机制，活动效果难以得到保障。

（二）阅读推广的主体性不够明确

活动主体的确定对于活动的效果有很大的影响，而从目前许多地区图书馆阅读推广的活动来看，推广的主体性并不够明确，从而限制了活动效果的提高。在很多地区。图书馆作为文献汇集的中心，但是却很少作为活动的主办方去组织开展阅读活动。阅读活动主要由其他部门或者社会人士来负责。图书馆在这个过程中，更多的是作为一个联合组织的角色。阅读活动推广的主体性不明确，严重影响了阅读推广活动的效果。

（三）阅读推广活动效果持续性差

图书馆阅读推广活动效果持续性差是一个普遍的问题，其主要原因在于在阅读推广活动中设置的项目不够合理，通常只从提高活动过程中的效果来进行设置，而对于活动效果的持续性缺乏长远考虑，导致大部分读者只是为了参与活动而进行阅读，阅读的目的和观念不正确，存在很大的功利性，有悖于阅读推广活动的根本目的。

（四）阅读推广活动与全民阅读缺乏衔接

从目前各地图书馆阅读推广活动的范围来看，通常只是在小范围人群中进行，活动对象也仅限于某个年龄段，而很少在推广活动的内容及活动的参与方式上与全民阅读上进行有效衔接。从少儿图书馆的对外服务对象上看，虽然部分图书馆向社会开放了一些服务，但是通常仅限于一些与图书馆有所渊源的个人或单位，而有些图书馆只是在阅读活动期间对外开放，活动结束对社会开放的服务也随之结束。总的来看，图书馆阅读推广活动与全民阅读缺乏有效衔接，很难在更高社会的层次上实现阅读推广活动效果的提高。

三、图书馆阅读推广服务创新

图书馆行业一直关注阅读,而阅读推广属于阅读的管理与服务,图书馆阅读推广本质上就是一种创新服务。进入信息时代后,信息生产和传播方式的改变导致全球范围内的全民阅读行为发生了深刻的变化,图书馆逐渐边缘化,其知识门户或公共信息中心的地位被动摇。为了应对挑战,图书馆人将服务营销和推广的理念引入图书馆服务,不断探索各种新的服务方式。阅读推广这种主动介入读者阅读行为的服务就是新探索的结果,但是旧有的阅读推广方式已经不能满足现代人的阅读需求,在这样的情况下,图书馆需要进一步创新阅读推广服务。

(一)建立基本的组织结构

公共图书馆在建立基础的阅读管理机制时,要强化建立基本的组织结构,安排相应的读书活动,以促进读者的整体发展,相关管理人员要对学生进行正确的阅读引导,不仅要定期安排相应的阅读任务,也要以读书心得的形式促进读者进行优化的阅读方式。各地公共图书馆的相关管理人员,可以根据地区的发展状况建立相应的阅读推广委员会。保证对当地群众的阅读体验进行优化的辅助,并且要集中力度利用好当地的基础环境,积极推广相应的阅读活动。对于图书馆的发展来说,基本的阅读推广委员会应该融合当地各行业的专业人员。组成具有一定专业素质的领导机构。集中安排相应的阅读推广活动以及创新服务形式,将整体的阅读项目作为地区和图书馆发展的基础动力和物质资源。对于各公共图书馆来说,建立阅读推广委员会能有效提升读者的基础阅读素质。

(二)创建基本的服务模式

一个人对于阅读的需求,最开始是取决于其年少时的教育程度,在人们年少的时候,所受到的教育会对其未来的阅读习惯、阅读频率带来很大的影响。图书馆一方面要建立基础的阅读辅导机构,优化基本的服务模式,对读者进行正向的心理疏导,尤其是年龄较小的读者,辅助他们进一步优化基本的阅读习惯养成。图书馆工作人员要针对读者的阅读感受进行指导,引导他们参与阅读、享受阅读,保证读者可以利用良好的阅读体验进行自我能力优化提升。图书馆的相关管理人员,要秉持以人为本的理念,建立更加优化的基础服务模式。

(三)创新发展图书漂流角

最早开展图书漂流活动的是德国。倡导人们将自己读过的书放置在统一的位置,别人可以自助阅读,读完之后再进行下一轮的漂流,这样做不仅能增加人们的阅读经历,也能有效建立人与人之间的信任。社会上的图书漂流,以图书馆为主体,具有充沛的环境资源。各地图书馆可以按照相应的种类对图书进行集中分类,将相应的图书安排在相应的图书漂流角。利用创新型的服务结构和服务手段提升社会大众的阅读兴趣,将图书漂流角作为系列活动,吸引读者参与其中。只有建立良好的带头作用,才能逐渐影响其他的读者,将图书漂流角做得更加系统和规范,从根本上提升整体阅读推广和服务创新项目的开展。

(四)强化基本的推广活动

在公共图书馆内进行基本的阅读推广和服务创新,首先,要提升相关管理人员的素质。图书馆管理人员要优化对于图书推广重要意义的认知,参加相应的图书推广培训,通过基本的思想意识升级。带动整个服务项目行为的创新。其次,图书馆管理人员可以建立面对面的交流活动,根据学校自身的发展情况和基本的资金运转能力,邀请相应的书籍作者进行面对面交流,优化读者的阅读意识和阅读体验,有效提升学生的文化素养。

(五)设立基本的自助机构

通常喜欢进入图书馆读书的读者,都会合理利用自己的业余时间。实际上,社会上很多人的空闲时间几乎都由自己支配,自主读书能力是需要被着重培养的,图书馆要依据这一特征建立健全阅读推广的自助机构。管理人员要建立群众自助阅读组织,更好地辅助读者进行书籍的基础阅读,并对相应的阅读心得进行集中关注和互动。另外,图书馆管理层要给予图书馆必要的资金支持,辅助图书馆更好地引进相应的书籍,开展相应的活动。图书馆的阅读推广项目要鼓励读者增大阅读量和阅读范围,对于有意义、有价值的图书进行社会性的阅读推广。另外,自助机构的建立能有效提升读者的自主意识,以便更好地辅助读者开展阅读活动。

(六)开展基本的阅读交流

图书馆要建立健全阅读交流机制,促进读者对自己的阅读感受和阅读体验进行良性输出,鼓励读者进行群体交流,促进读者建立互相学习的互动模式。另外,可以根据读者的阅读经历进行相应创新型项目的开展,鼓励他们建立多样化的阅读交流体系,图书馆的相关管理人员要充分利用读者的思想特质,建立健全相应的交流结构,辅助他们在交流中提升自身的阅读素质。在设计基础交流活动时,不需要过多的华丽设置,只要增设相应的交流场地,利用最为平实的交流体系,才能促进读者提升实质化的交流互动。

第三节 图书馆阅读推广服务机制

一、图书馆阅读推广机制创新

机制是指有机体的构造、功能及其相互关系,泛指一个工作系统的组织或部分之间相互作用的过程和方式。机制对外有输入、输出,对内有信息、反馈。它的主要作用在于约束和限制,以保证宿主系统始终在损毁与崩溃的临界范围内运转。

(一)创新阅读推广制度建设

1.推动阅读推广法治化、制度化

(1)政府

在政府层面,通过推动全民阅读推广工作法治化,把市民阅读权利上升到法律层面,明确政府在全民阅读活动中的行为,更好地保障市民的阅读权利,同时显示出各级政府对阅读推广的法治化建设的高度重视。

（2）图书馆

各图书馆应当重视阅读推广制度建设,尽快实现从无到有、从有到优,建立并完善阅读推广制度。具体来讲,就是要将阅读推广列入本馆规章制度,甚至细化到工作规范当中,根据当地全民阅读发展的实际情况和自身资源状况,实事求是制订本馆的阅读推广发展规划,建立长效工作机制。图书馆阅读推广制度建设,不仅有利于增强全馆阅读推广工作决策的科学性和统筹性,也有利于体现针对全馆阅读活动的组织性和指导性。

2.创立阅读推广机构

图书馆要将阅读推广作为全馆的主要业务、核心业务。定位越清晰,工作目标就越明朗,有利于更进一步转变工作思路,可持续性地开展阅读推广工作。

成立独立的常设阅读推广部门,以此作为全馆阅读推广活动的管理责任部门,负责全面推进和管理阅读推广活动的相关工作,充分发挥对阅读推广的服务、组织、指导和协调作用,保障各项阅读推广活动高效、顺利开展,实现常态化开展阅读推广活动。

（二）创新阅读推广合作机制

合作机制是一个比较宽泛的概念,图书馆要创新阅读推广机制,就要结合其他的社会力量,创新合作机制,共同推进阅读推广工作的展开。

1.图书馆和社会组织

社会组织是一个特定的概念,特指在政府与企业之外,向社会某个领域提供社会服务,并具有非营利性、非政府性、志愿公益性或互益性特点的组织机构。图书馆与社会组织有着"双向驱动"的合作意愿,容易取得互补双赢的合作效果。社会组织通过资源支持、项目合作等形式参与图书馆公共服务,不仅有助于提升图书馆公共服务质量、创新图书馆阅读推广的工作机制,也有助于弥补政府公共文化供给的不足,彰显社会组织的价值追求。

2.图书馆和家庭

家庭既是服务的对象,也是服务的参与方。通常情况下,图书馆通过完善的前期调查研究,制订完整的家庭阅读大纲以指导家庭阅读。不仅涉及孩子,也包括对家长的培训。

3.图书馆和学校

图书馆应该加强与学校合作,共同向家长、学生强调阅读的重要性。并借助图书馆的丰富资源,引导家长和学生对阅读产生兴趣,或者与学校建立文献资源互相流通制度,联合开展家庭阅读指导,切实推动家庭阅读。①

4.图书馆和社区

作为居民身边的图书馆,社区图书馆离家较近,看书、借书方便,服务灵活,本应受到居民热捧,但一直以来,全国各地众多社区图书馆大多处于建设和管理薄弱、阅读环境不佳、利用率偏低的窘境。为了改变这一境况,各级公共图书馆应该加强与社区的合作。在人力、财力、资源和服务等方面给予社区图书馆更多的实际支持和指导。

二、高校图书馆阅读推广机制概述

(一)高校图书馆阅读推广机制的含义

高校图书馆阅读推广机制是指在阅读推广服务中,以促进图书馆各类文献信息资源充分高效利用,给读者创建良好的阅读平台为目的,并用一定的运作方式把阅读推广构成要素的各部分联系起来,使它们协调运行而发挥作用。阅读推广机制能够合理调动并利用校内校外的各种资源,明确各相关部门的工作任务,调动其工作的积极性,认真策划、筹备、组织和实施相关的阅读活动。阅读推广机制是阅读推广工作制度化、规范化的重要保障,对建立和创新阅读推广品牌活动起到积极的作用。

(二)高校图书馆阅读推广机制的构成要素

1.决策保障机制

建立高校图书馆阅读推广机制,即以计划、行政的手段把各个部分统一起来,做到完善规章制度的制定、经费使用来源的确立、组织间的协

---

①李建明.高校图书馆阅读推广与服务机制构建[M].北京:航空工业出版社,2019.

调共进、内部人员的合理调配、推广人才的培养与选拔、阅读推广目标任务的确立等。此外,还要做到统筹安排、合理规划,以科学的理论和先进的理念指导全校阅读推广工作的持续开展,不断提高阅读推广服务在高校图书馆业务工作中的地位和独立性。顺应时代、社会可持续发展的要求,克服当前国内开展阅读推广过程中存在的路径依赖,勇于创新,寻求高校阅读推广新的突破和变革。

2. 沟通互动机制

沟通指的是信息传与受的行为,发送者凭借一定的渠道,把信息传递给接受者,以寻求反馈并达到相互理解的过程。沟通是阅读推广服务中重要的组成部分,高校图书馆建立沟通互动机制旨在了解读者阅读需求,掌握读者阅读特点及阅读心理,寻求读者反馈意见。及时掌握阅读推广活动组织策划中存在的问题与不足,调整工作方案,提高服务的质量和效果,变被动为主动,消除信息不对称现象。

3. 推广阅读机制

推广阅读机制是高校图书馆阅读推广活动付诸组织、策划和实施的组成部分,它包括活动内容、活动特色、活动方式、活动管理、活动品牌等一系列具体行为。推广阅读机制要做到整体规划阅读推广活动的类型、规范与总体目标,以数字网络技术为支撑、以制度为保障、以读者为中心、以服务为本位,传播阅读理念,传递阅读价值,推进阅读推广工作的深入开展。

4. 联合协作机制

阅读推广联合协作机制旨在整合、盘活院校的馆藏、人才、技术,上下联动。合作开展阅读推广活动。扩大活动的受众范围,让更多的人参与到活动中来,使阅读推广活动的开展取得良好效果。目前,高校图书馆阅读推广联盟有校内联盟和区域联盟,校内联盟包括与学校团委、宣传部、学工处、教务处、学生社团等的联盟。区域联盟是以地域为中心建立的高校图书馆联合协作组织,目的是促进地区图书馆事业的发展,信息资源的联合共建共享及地区间高校图书馆的合作交流。图书馆阅读推广活动要取得最佳效果,既需要依靠校内的联盟,又需要依靠区域的联盟。

5.绩效评估机制

绩效评估机制的建立,首先,应能够考核阅读推广主体的工作绩效,激发推广人员的积极性,提高服务质量。其次,可通过行为性指标体系的衡量,对活动效果进行有效的评价和追踪,并按照效果指标的反馈情况改进下次活动的方案。阅读推广绩效机制的建立,是高校阅读推广活动逐渐走向成熟与完善的重要标志。应运用科学的方法、标准及程序,对行为主体和评定任务有关的绩效信息(成就、业绩和实际作为等)进行收集、观察、组织、提取、整合,并尽可能做出标准评价。

三、图书馆阅读推广机制构建

(一)健全阅读推广组织机制

很多图书馆的阅读推广工作之所以不能够长久有效地开展,是因为没有建立相应的组织机构来统筹指导、协调安排各方面工作。建立健全阅读推广组织机制,有助于各地区图书馆在阅读推广工作中协调地方各部门的工作、统筹安排阅读推广活动、合理利用各级各类资源,使阅读推广活动能够得到专业的指导、得到真正落实,从而提高阅读推广活动的效率,真正达到促进读者阅读、丰富社会阅读文化建设的目的。地方的阅读推广工作要由图书馆牵头,设立以图书馆为主体的阅读推广工作委员会,致力于研究各年龄段读者的阅读状况、阅读特点、阅读需求等,制订出符合不同年龄段读者特点的阅读推广方案,组织一系列有针对性的阅读指导工作,协助各群体成立读者协会、读书学会等阅读组织,丰富并充实阅读推广活动的参与主体,使读者不仅成为阅读推广活动的受益者,也成为阅读推广活动的积极参与者。因此,建立健全阅读推广的组织机制,是各地图书馆阅读推广工作有效开展的重要保障。

(二)建立阅读推广长效机制

阅读推广是通过开展一系列人们喜闻乐见的推广活动,激发人们阅读意识、培养人们阅读习惯的活动。行为心理学研究表明:习惯是一种行为的不断重复的形成。阅读习惯同样要经过不断地重复,使之成为一种潜在的需要,进而成为一种稳定的习惯。因此,图书馆阅读推广工作要想取得成效不是一次、两次阅读推广活动就能实现的,一定要建立阅读推广工作的长效机制。各地公共图书馆要把阅读推广工作作为常规工作来抓,使之常态化、长效化,树立长效意识、建立反馈机制、制订长期规划,形成阅读推广的长效机制,通过开展图书漂流、微书评等活动,使阅读推广活动无时无处不在,成为建设"书香社会"的重要力量,这是解决阅读推广活动浮于表面的重要举措。

(三)完善阅读推广合作机制

阅读推广的合作机制是指各地区公共图书馆打破传统的阅读推广模式,通过加强与周边地区其他图书馆或公共图书馆的协作,创建阅读推广区域馆际联盟,制定区域联盟阅读推广相关制度,逐步完善区域内阅读推广的合作机制,形成阅读推广活动的规模效应,协调区域内各联盟成员馆开展联合的阅读推广活动,从而发挥区域联盟的联动效应,最大限度地扩大阅读推广活动的影响力。具体来说,以微阅读为例,各地公共图书馆阅读推广区域联盟通过建立联盟馆阅读推广微平台,分享、转发联盟馆的微平台发布的微推荐、微阅读、微讲座、微书评等读者(尤其是年轻读者)乐于接受的推广内容,不仅可以节约活动成本,还能提升阅读推广活动效果。

(四)建立创建阅读推广品牌机制

推广就是扩大事物的使用范围及影响范围,阅读推广则是将阅读活动推向更广的范围,使其参与的人数更多,影响的范围更大。如果把阅读推广活动当作图书馆的一个品牌来抓,提升阅读推广的品牌理念,使阅读推广成为书香社会的特色品牌,一定能产生很大的品牌效应,引起更多读者的关注,从而达到推而广之的目的。但品牌的打造需要时间的积淀和服务的积累,这对图书馆来说,既是挑战也是机遇。各地公共图书馆要勇于自我加压,在创建阅读推广品牌的推动下,完善阅读推广手段、提升阅读推广水平、扩大阅读推广的影响范围。

(五)加强阅读推广评价机制建设

建立阅读推广的评价机制是阅读推广活动有效实施的重要保证。

图书馆应建立一套基于读者视角的阅读推广活动评价机制和反馈体系,通过追踪读者的知晓度、参与度、满意度、认可度等相关要素,了解读者感知和参与阅读推广活动的程度,以便更好地引导微时代图书馆阅读推广活动的开展,及时调整阅读推广活动方案。

四、阅读推广活动机制创新

图书馆的作用非常重要,同时又存在一系列问题,要想促进阅读推广活动的发展和完善,就需要各地区图书馆不断加强机制研究和创新。要想创新机制,首先,需要创新理念。图书馆的管理人员需要将推广社会阅读作为自己的使命。公共图书馆作为社会文化的集散地,更应该充分认识到推广阅读活动的重要性。只有从思想上端正了认识,才能增强读者的阅读兴趣和能力。其次,进行社会阅读推广活动机制创新,一方面需要致力于阅读推广服务平台的建设;另一方面要积极引导社会各种力量共同参与阅读推广运作机制。

(一)推广服务平台建设

图书馆是社会文化建设的一部分,是包容性最强的文化空间。同时,它也是图书推广活动重要参与机构,它在馆藏资源、设备、服务等方面保证着阅读推广活动的展开。不管是社会群众组织还是图书馆自身举办图书推广活动,图书馆都可以借助自身丰富的馆藏资源提供充足的文献资源保障,建立推广活动平台,完善推广活动功能。

(二)建立各种力量共同参与的运作机制

第一,加强图书馆与各级地方政府部门、群众组织、各类网站、媒体合作。图书馆阅读推广活动不仅需要图书馆本身进行,还需要进行宣传。比如,开展文化大讲堂活动进行图书阅读的推广,高校资深教授或者权威教师可进行参与,群众组织、网站和其他媒体通力合作进行积极宣传,让更多的读者了解和参与,提高文化讲堂的知名度和影响力。

第二,及时补充所需图书,方便阅读,满足不同群体的阅读需求,为图书推广活动打下坚实的基础。这一工作的完成,需要图书馆管理人员扎实工作,认真仔细做好本职工作。

第三，积极引进图书馆阅读推广策划人员参与图书馆管理事业。目前，我国图书馆管理人员思想较为老化，专业背景单一，视野不够开阔，对图书推广活动的策划没有专业的技能和经验，需要积极引进图书阅读推广活动策划人员，发挥他们的专业技能，实现低成本、高参与度、大影响力的效果，最终提升读者的阅读兴趣。此外，目前我国公共图书馆的阅读推广机制是实行招标的形式，通过向社会招标来获得策划和推广项目安排，可达到最大限度地获得社会资源优势的效果。

第八章 公共图书馆开展阅读推广活动的对策和建议

第一节 公共图书馆阅读推广策略

一、公共图书馆阅读推广的策略

公共图书馆目前的新媒体阅读推广整体水平不高,阅读推广效果也亟待增强。我们需要顺应新媒体的发展趋势,根据不同的平台特点,利用合适的技术,根据受众需求合理配置资源,优化推广内容和推广策略,不断积累受众群体。

(一)线上线下相结合的推广策略

随着移动互联网的发展,图书馆在开展传统现场活动吸引读者的基础上,也日益重视利用各种线上平台进行读者互动和活动等。相比而言,现场活动情境感强但便利度较低,线上活动便利度高但情境感较差。要想达到好的活动效果,就要充分利用线上、线下两种渠道,将物理空间推广和虚拟空间推广有机结合,提升活动的广度与深度。深圳图书馆微平台近年来采用线上线下相结合的O2O(Online to Offline)形式,开展了多场次、多类型的读者活动,收到了良好的活动效果。如线下采访读者,线上制作"微访谈"视频;线上利用"足迹"摄影App征集照片,线下打造"光影深图"读者摄影展,都受到了读者的一致好评。

(二)游戏式的趣味性推广策略

移动互联网时代,新媒体运营的核心就是如何让用户感受到"趣味",阅读推广更是如此。阅读推广是否成功,很大程度上取决于它是否有趣。游戏式推广因其强大的趣味性优势,创新了图书馆阅读推广方式,成为图书馆界的一股新鲜活力。游戏式推广通过有趣的、个性化的互动设计,既能引起读者的兴趣,又能把图书馆的阅读推广信息推送给读者,收到极好的效果。例如清华大学图书馆推出的"排架也疯狂"游戏,重庆大学图书馆推出"我的任务"游戏,深圳图书馆开展的"页底藏花,书中有宝"有奖寻宝活动,温州市图书馆开展的"图书馆奇妙夜",都以游戏的方式,吸引了大量读者关注和参与,达到了"有趣"同时"润物细无声"的阅读推广效果。

(三)基于分析的精准推广策略

传统的图书馆阅读推广都是基于图书馆业务角度,一对多地主观推送自认为合适的内容,加上互动性不足,久而久之,容易造成用户的流失。随着技术的应用,为图书馆阅读推广的精准推广带来可能。

第一,以用户为中心,利用技术收集用户的个人信息、浏览历史、服务需求、服务评价等一系列海量数据,通过数据挖掘,更精确地实现读者与图书馆资源的相互匹配,在此基础上实现资源与服务的个性化推送。

第二,实时发布图书馆服务,包括当前读者流量、资源使用量、服务量等;通过位置识别,智能推送附近图书馆和各类可利用的图书馆服务点。

第三,将图书馆服务数据和读者个人数据以账单形式发布,鼓励读者晒阅读账单。例如深圳图书馆推出了图书馆年度账单《最爱你的我》和读者个人年度阅读账单《我的阅读时光》。通过晒账单,向公众展示了图书馆上一年度的服务情况,宣传和推广了图书馆的资源与服务,提高图书馆的社会影响力。

同时通过记录、见证读者在阅读和利用图书馆方面的情况,激励读者更多地使用图书馆资源和服务,增加读者对图书馆的归属感和眷念感,是一种很好的阅读推广方式。[1]

---

[1] 胡娅娅. 新媒体时代公共图书馆青少年阅读推广研究[D]. 武汉:华中师范大学,2018.

二、社会化合作推广策略

移动互联网时代是寻求跨界合作的绝佳机遇,阅读推广也不能闭门造车。图书馆通过与社会各个行业合作,共享彼此资源,搭建新的服务平台,开发新的服务功能,开展新的合作推广,既能有效降低成本、实现双赢,又能促进图书馆的转型升级,扩大图书馆的阅读推广影响力。图书馆行业联盟一直以来都在为全民阅读推广和图书馆均衡发展做着努力。图书馆开展阅读推广,应该寻求的就是行业内的合作,通过增强图书馆之间的交流与合作,实现跨区域的阅读推广活动协同。中国图书馆学会阅读推广委员发动全国各城市图书馆共同开展的数字阅读推广活动"扫码看书,百城共读",就是多馆合作开展阅读推广的典范。其次,图书馆还可以通过和出版社、数据库商等传统供应商合作,从资源生产链上实现对阅读推广内容的一站式服务。再次,图书馆还可以与豆瓣、当当等各类阅读新媒体或机构合作,开展联动营销等各类阅读推广合作项目。

为加快移动互联网时代图书馆转型升级,越来越多的图书馆开始寻求与腾讯、支付宝等移动互联网巨头合作。浙江图书馆和支付宝、腾讯大浙网签有战略合作伙伴协议。深圳图书馆与蚂蚁金服合作开发了支付宝城市服务功能,将线上业务接入支付宝城市服务。深圳图书馆与腾讯公司达成全面战略合作意向,将线上业务接入微信城市服务,并将"QQ阅读"链接到深圳图书馆微信订阅号手机阅读服务之中。

除了行业联盟和互联网机构,图书馆也可以积极寻求与其他社会机构合作,开展更多形式、更广范围的阅读推广活动。如深圳图书馆与地铁公司合作推出面向地铁乘客的公益性阅读推广项目"M地铁图书馆",将精选的电子图书二维码推送至乘客身边,营造移动书香空间。杭州少儿图书馆通过新媒体平台开展的"课后也精彩"青少年数字资源网络答题活动,就与杭州市中小学校合作,短短几天就吸引了两千多人参与。

(一)实施路径设计

依照公共图书馆社会化阅读推广模型自底向上的实施路径设计思路,以阅读推广者工作路线为主线,从内容组织着手,落脚点在于打造完整的全线传播链将阅读推广内容更好地传播至阅读推广受众,也利于阅读推广受众能接收到个性化的阅读推广内容。

对于公共图书馆社会化阅读推广而言,基础工作就是阅读推广内容建设和阅读推广受众识别,由于公共图书馆馆藏资源有限而其阅读推广对象又不仅限于自身馆藏,在进行内容组织的同时需要考虑到内容覆盖范围以及内容分类存储、内容呈现形式、内容吸引力大小等问题,想要增强内容吸引力、扩散度等,引入超级IP打造理论,探求将内容IP化组织,实现阅读推广内容在内容值、人格化、影响力、亚文化四个维度上的良好表现,以阅读推广内容IP为中心形成的亚文化,通常是超级IP成功的开始,社会化阅读推广应当注重利用IP亚文化自主传播性强的优势,通过对亚文化圈的管理,为推广的阅读内容赋予IP并在后期宣传与同用户互动的过程中找寻适合IP传播的亚文化形式,基于衍生文化的亚文化圈建设主要致力于阅读推广内容在社会化媒体上的快速且广泛地传播。基于社会化媒体的阅读推广在推广活动上也突破了传统推广活动时间限制、场所限制、活动次数限制等,使得实现个性化阅读推广方案目标愈发明确,也是必然之举,这对用户聚类、用户分析提出要求。

在明确公共图书馆社会化阅读推广受众之后,通过场景构建,建立场景强关联使得用户在特定场景下产生与之相协调的体验触动心智,使受众产生较强的感应,形成强的阅读推广内容认知。场景构建首先应当是对社会化媒体平台的选择,即阅读推广媒介选择,基于不同的媒介场景重构策略有所不同侧重。通过对内容维度、社交维度、时空维度、服务维度的场景进行多场景组合下个性化场景的构建,个性化场景下的阅读能极大提升用户体验和阅读推广效果。最后回归到用户节点上,关注阅读推广受众在社会化网络下形成明显的集群与分层,利用好这些社群进行营销能极大地提高用户对阅读推广者的黏度,通过发展粉丝、聚合粉丝、扩展粉丝旨在通过社群营销、建立平台联合、整合用户和内容资源实现推广阅读内容的全线传播。[1]

---

[1] 王余光,霍瑞娟,王波等. 图书馆时尚阅读推广[M]. 北京:朝华出版社,2015.

(二)实施步骤

1. 锁定客群

(1)吸引用户

公共图书馆社会化阅读推广现存最大的问题就是获得的关注度不够,很多社会里的公众都不关注公共图书馆的阅读推广活动动态,导致阅读推广活动的参与度不高,公共图书馆不能较好地搜集到受众对活动的反馈而进行活动策略调整,阅读推广工作进展缓慢。在社会化阅读推广过程中,用户流量对阅读推广效果的影响比传统线下阅读推广效果的影响更显著,所以如何吸引用户是锁定客群的第一步。

公众能够更便利地接触到公共图书馆,而且其线下活动范围相对线上活动范围要小很多,这表明在线下吸引用户所付出的成本要更低而取得效果其实更好。对社会上用户的吸引路径应以线下工作为主线,线上工作为辅线。首先是对公共图书馆社会化媒体平台的宣传,一是公共图书馆自身可以利用图书馆展板、图书馆宣传栏、发放宣传单等方式对平台进行宣传,二是可以借助社会的其他组织力量帮助宣传,包括在社会公开宣传平台进行宣传。其次是通过增加公共图书馆在社会活动中的曝光度吸引用户关注其社会化媒体平台,可以是公共图书馆自行举办也可以是公共图书馆以馆藏、人员等资源参与其他校内组织活动的形式。最后是以增强公共图书馆社会化媒体平台功能性的形式吸引用户主动关注,通过社会化媒体平台实现用户在公共图书馆所能享受的服务,增强用户对平台的依赖。

某些用户相对而言缺乏与公共图书馆的实体接触,更多的是通过互联网进行连接,由于缺少线下沟通渠道,公共图书馆在吸引某些用户时应以线上工作为主,线下工作为辅。想要某些用户关注到公共图书馆的社会化媒体平台,一方面要通过公共图书馆的各个媒体平台相联合的方式,尽量在多个开放性强的平台上多做宣传,另一方面也可通过在其他平台上积极自我曝光的形式让更多的平台用户知晓公共图书馆平台。要提高用户对公共图书馆的使用意愿,还需要在服务、资源上吸引用户,可以通过馆际合作的形式与其他图书馆形成资源互补、服务互辅的局势。最后,利用社交网络,刺激平台已有用户的分享意愿,让已有用户自主地分享阅读推广内容,通过已有用户的社交网络去影响某些用户,刺激某些用户的关注意愿。

(2)受众聚类

以提高公共图书馆社会化阅读推广效果为目标导向,对阅读推广受众进行聚类,既包括基于用户对阅读推广内容的偏好进行的受众聚类,也包括基于用户行为习惯进行的受众聚类。首先应根据阅读推广受众特征属性描述模型构建数据需求表,明确为实现基于偏好和行为的用户聚类需要采集哪些数据,在获取社会化媒体平台相关用户即阅读推广受众数据后,应对其进行数据处理,得到用户向量,采用向量相似性度量用户间的相似度,设定阈值,将基于兴趣特征或行为特征相似度大于设定值的用户分为一类。

数据处理总共分为三大部分。第一部分是数据清洗;第二部分是受众属性特征信息内容量化的过程;第三部分是数据标准化,数据标准化的好处就在于可以提高精度。

在实际的受众聚类分析过程中,不同的特征属性对阅读推广者想要分析的目标对象的贡献必然是不会完全相同的,在进行受众聚类分析时应当考虑到这些维度在用户聚类过程中可能存在的不等贡献,对受众特征属性描述模型中的每个维度赋予不同的权重,如何确定权重的分配是十分重要的,可以采用先进行权重分配实验,再进行聚类效果比对,找到最佳加权方案,也可以采用问卷调查了解用户在接收阅读推广内容时更倾向于做出什么样的行为或者是会发表什么样的内容表达自己对阅读推广内容的接受程度等;还可以采用专家访谈法、经验借鉴法了解在以往或专业的阅读推广过程中对用户所表现出来的哪些特质更能代表用户的偏好。

2.内容组织

公共图书馆的社会化阅读推广内容应当同时涵盖从用户需求出发的个性化定制内容与从特殊教育需要出发的普适性内容。根据长尾理论,在进行阅读推广时,只要存储空间、流通渠道足够大,市场需求不大或者并不普适于大多数人的阅读内容相累积之和同市场需求大的阅读内容量不相上下甚至更大。所以在内容层面进行内容库的建设时必须考虑到每个人的个性化需求。范并思学者也指出过：阅读推广应面向全体公民，关注重点人群，关注有阅读困难的人。公共图书馆作为社会公益性组织，既要把关注每个不同用户的个性化需求当作推广目的，也要把为辅助特殊用户群体阅读作为社会使命。

(1)图书资源分类

内容组织的目标是为用户提供精准的图书资源来达到高阅读推广效果，为提高阅读推广效果，推广的图书资源必须是符合用户需求的，而如何从广泛的图书资源中快速找到用户需要的图书资源，首要工作是尽可能地对图书资源进行层次化的细分，使得每个细分的内容节点都隶属于不同层次下的不同类别。公共图书馆的馆藏资源按照中图分类法进行分类，中图分类法是我国目前通用的图书分类工具，公共图书馆馆藏资源一般分类明确，便于利用。而非馆藏资源更繁多更纷杂，这使得同时基于馆藏资源和非馆藏资源的公共图书馆社会化阅读推广内容组织变得更复杂。

解决这一问题主要是要做好两个方面的工作：一方面是明确馆藏资源为阅读推广主要部分，非馆藏资源为阅读推广辅助部分的工作目标，建立公共图书馆与其他图书馆资源的连接渠道，这个渠道不一定需要运载图书资源本体，而只需要运载基于图书资源形成的二次资源或三次资源，如摘要、书评等，通过这个渠道，对于非馆藏资源，公共图书馆仍能快速了解其属于哪个类别，多数人对于该图书的看法等信息进而帮助阅读推广者进行该图书的分类，这个分类是参照于本校图书馆馆藏资源分类标准的。另一方面是加强对网络资源的深度利用，互联网时代万物互联的背景给公共图书馆社会化阅读推广带来了极大的便利，对于海量非馆藏资源的处理方式也可从将其纳入进阅读推广内容库中便对其进行详细分类转变为随取随用，当明确了一定的阅读推广目标后，在互联网上寻找符合阅读推广目标条件的图书资源，由阅读推广工作人员对其进行有针对性的查询、了解后决定是否将其纳入本次推广资源中，或是纳入内容库中。

(2)内容IP化

社会化媒体平台提供给了公共图书馆便利的阅读推广渠道,但同时,其"快消式"信息推送方式带来快节奏的阅读,对于很多平台用户而言,在选择相关阅读推广内容、阅读推广信息进行阅读时,内容对其的吸引程度不亚于其自身的偏好程度对其接收阅读推广程度的影响。

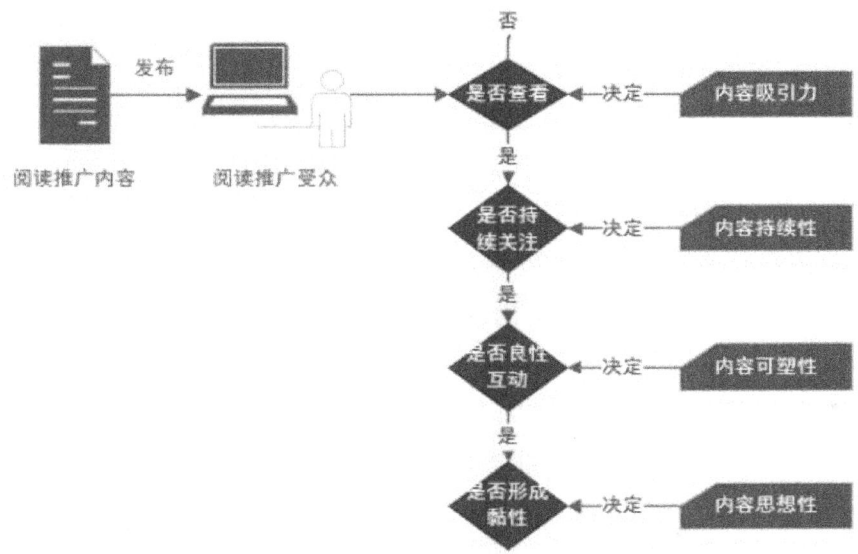

图8-1 用户接收社会化阅读推广内容流程图

如图8-1所示,阅读推广内容对用户的吸引程度决定用户能不能接收到这一阅读推广内容,内容能否对用户进行持续性的影响决定用户能不能对公共图书馆的社会化阅读推广活动进行持续性的关注,阅读推广内容可塑性的强弱决定用户与公共图书馆阅读推广平台之间是否能形成良性互动,内容思想的深度则决定用户能否对公共图书馆形成较高、较强的黏性。对于阅读推广工作而言,内容吸引力是第一要素,内容吸引力不足将直接导致此次阅读推广工作的失败,而内容持续性、可塑性、思想性是决定阅读推广工作能否取得较好效果的影响因素。

(3)打造亚文化圈

具有独立人格魅力的IP内容在社交网络传播中通常具有更顽强的

生命力,这种人格魅力被欣赏它的受众所获取,自然能够得到很好的推广效果,但如果受众对这个 IP 内容的文化魅力不为所动,想要广泛地推广该 IP 内容便开始变得局限。要扩宽 IP 内容的受众面,就必须在 IP 多样性、衍生性上下功夫,对于传统内容营销来说,衍生文化内容产品是内容产业较大的一个盈利端口,以强 IP "迪士尼"内容产业而言,作为世界上第二大传媒娱乐企业,"迪士尼"最开始着重的是动画、影视制作等工作,在后期仅依靠影视传媒盈利动力不足的情况下,迪士尼公司另辟蹊径,推出了一系列衍生文化创作产品,包括与其他产业生产商进行联名合作、自主创作、委托生产等方式,通过衍生文化产品将"迪士尼"打造成了一个专属的超级 IP,拓宽了内容销售渠道。公共图书馆在打造阅读推广 IP 内容时同样要注重周边内容、周边产品的创造,即打造亚文化圈。由于公共图书馆阅读推广 IP 内容变化性、多样性强,其亚文化圈的打造路径应尽可能多地依靠外界力量,即现有 IP 亚文化圈。当然,与内容产业的盈利性质不同的是公共图书馆打造基于阅读推广 IP 内容的亚文化圈其目的是扩大受众面,而非盈利,所以亚文化圈的内容物应当更多的是可以随时获取的其他内容而非实体产品,既包括与社会其他组织之间形成合作,承托于这些组织举办文化活动进行文化影响,为他们提供相应的文化服务,从而增加 IP 内容的曝光度,也包括与其他文化产业进行交接,通过 IP 将已存在的亚文化圈为己所用,还包括吸引 IP 内容的现有受众自发地进行衍生文化创作与宣传等。

3.场景构建

如图 8-2 所示,根据基于受众行为习惯的受众聚类结果进行场景分析,为受众行为设定对照组,与行为数据不同的是,该对照组的数据是指标性的范围数据即用户行为习惯区间,落在区间里的受众节点应处在同一场景构建方案下,为这些用户提供相同的单场景方案。

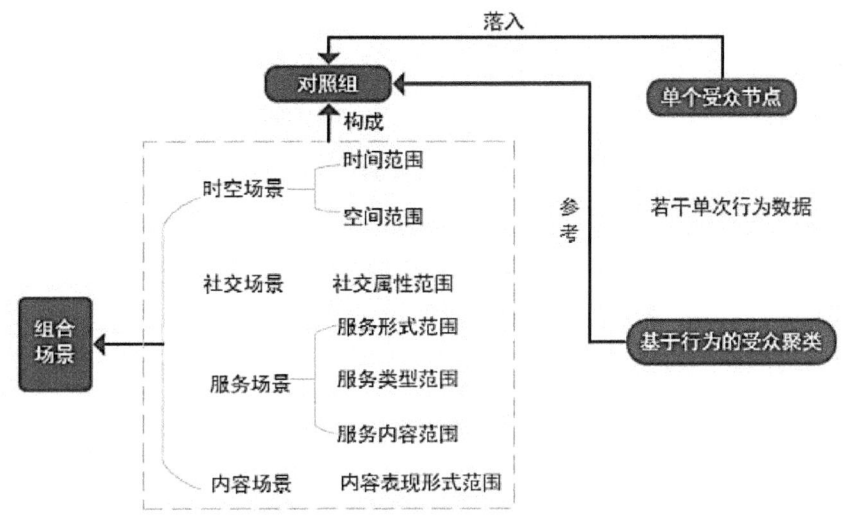

图8-2 个性化场景构建流程图

社会化媒体平台上场景是由时空场景、内容场景、服务场景和社交场景组合而成的,就意味着将单场景方案组合在一起便形成了对应受众的唯一场景。值得注意的是,对于内容场景,由于阅读推广模型中将内容组织、内容分发视作单独的模块,在实际应用中无须重复考虑,在构建内容单场景时需要界定的是受众对何种内容载体、形式下的内容更感兴趣,其包含的要素应为内容媒体形式、内容获取方式等。

时空场景主要包括受众接收阅读推广内容、与社会化媒体平台发生互动的时间节点以及在什么社会化媒体平台上或是在平台的哪个功能点发生行为的空间节点。内容场景即受众在不同的内容表现形式下所产生的差异性行为数据,这些数据通常能表现出受众对何种内容载体、内容表现形式更感兴趣。服务场景则体现在用户通过何种方式使用公共图书馆、经常点击的是公共图书馆社会化媒体平台上的哪些服务模块、订阅了哪些服务等数据上。社交场景即用户的社交行为数据,在社会化网络中所处的节点、在社群中的表现、对待社交网络的态度等。

这些数据在时空场、内容场、服务场、社交场下都是零散的点,受众聚类在于将行为相似的用户聚集在一起,对于场景构建而言,受众聚类结果更多的是一种参考,公共图书馆应根据自身对社会化阅读推广活动的投入时间、精力、阅读推广者能力大小等客观条件,构建符合自身所需的场景策略。具备强大数据处理能力、机器学习能力的公共图书馆可以将场景分发得更为细致,而数据处理能力、阅读推广工作人员能力有限的公共图书馆则可以更粗略地进行场景分发。例如,时空场景下,细致的场景构建可以进行以天、以周为周期,以集团平台为基础的场景分发,而粗略的则可以选择月周期,单平台的场景分发。内容场景下,有些受众对音频、视频类内容表现出明显偏好,在构建单场景过程中,应考虑对这些内容载体的分类颗粒度大小。

4.社群营销

(1)受众分层

对于社群营销而言,识别用户层次,是社群运营成功的关键点,在进行细致调研下,通过决策树模型实现对用户层次的划分,如图8-3所示。

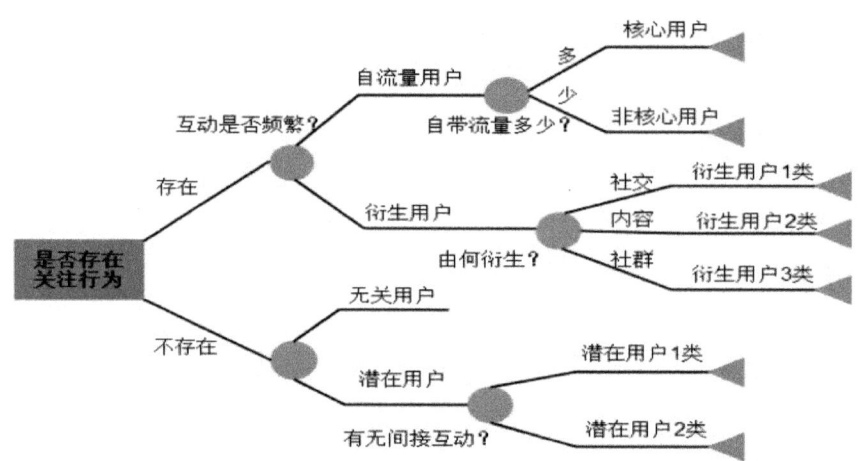

图8-3 阅读推广受众分层决策树图

基于决策树模型构建AHP公共图书馆社会化阅读推广用户分层表,如表8-1所示,将用户一共分为8个级别,并将每个层次级别下的用户核心特点进行详述。

表8-1 公共图书馆社会化阅读推广用户分层表

层次	级别	特点
自流量用户	Ⅰ类核心用户	关注公共图书馆社会化媒体平台,互动频繁,对公共图书馆社会化媒体平台黏性高,自身拥有较大的平台流量
	Ⅱ非类核心用户	关注公共图书馆社会化媒体平台,互动频繁,对公共图书馆社会化媒体平台黏性高,自身拥有较小的平台流量
衍生用户	Ⅲ基于社交的衍生用户	基于自流量用户的社交流量衍生而来的用户,关注公共图书馆社会化媒体平台
	Ⅳ基于内容的衍生用户	基于对阅读推广内容即平台兴趣衍生而来的用户,关注公共图书馆社会化媒体平台
	Ⅴ基于社群的衍生用户	由Ⅲ、Ⅳ衍生而来的用户,关注公共图书馆社会化媒体平台
潜在用户	Ⅵ存在间接互动的潜在用户	未关注公共图书馆社会化媒体平台,但是对平台发布的阅读推广内容或活动有所反应,存在间接互动
	Ⅶ无互动的潜在用户	未关注公共图书馆社会化媒体平台,可能对公共图书馆阅读推广活动或内容有兴趣,但未有任何直接或间接互动行为
无关用户	Ⅷ非目标用户	与公共图书馆社会化阅读推广目标无关的用户

对于社群营销而言,非目标用户不用考虑进社群成员的覆盖范围之中。一个有活力的社群应当是一定要存在核心用户的,核心用户能够极大地影响社群其他成员参与到社群讨论、社群活动中来,而对于潜在用户这种边缘化用户,阅读推广者在成立社群初期的时候通常难以捕捉到他们,更多的是依靠打造品牌社群,增强社群吸引力,从而间接地吸引潜在用户。

(2)社群运营

社群营销是基于某些相同或相似的特征,通过某种载体聚集人气,通过产品或服务满足群体需求而产生的商业形态。将社群营销的概念引入基于超级IP的社会化阅读推广路径设计中,寻求一个适合社会化阅读推广的社群营销模式,在这个前提条件下,社群营销的内核从营销转换成了影响,寻求一个合适的场景下,需要被影响的用户社群,通过有传播力的内容或者是社群的关键节点,利用社群的社会关系网络进行"病毒式传播"。

在这种意义下,社群运营主要分为两大块,一个是基于内容的知识型社群的运营,一个是基于社交的沟通型社群的运营。对于沟通型社群而言,阅读推广者只需为其提供社群平台、社群管理、社群化阅读推广活动推送。而知识型社群运营分三步走,第一步是发展粉丝,通过推广阅读内容获得关注,实现用户对公共图书馆社会化媒体平台和阅读推广内容的认知、认同与认购,发展粉丝关键的是要产生持续的影响力,使得IP内容的影响力活化、连贯且有节奏。第二步是聚合粉丝,聚合粉丝的过程其实是形成品牌效应的过程,对IP内容进行赋能,推广内容的受众是基于对IP内容的兴趣偏好而形成的社群,这个社群是围绕一个价值共同点而凝聚起来的组织,这个价值共同点既可以是社群中的意见领袖也可以是某个推广对象、某个场景或者兴趣爱好,通过社群用户间的相互影响能够便捷地进行阅读传递、内容推送、信息触达和口碑传递等。第三步是搭建平台,整合资源,对于超级IP的发展而言,平台流量、平台影响力都很重要,在一个好的平台上进行阅读推广所取得的效果更优,同时应当结合不同平台的特征对于推广形式也应当有所调整。同时,应当做到资源共享、共赢,通过社群传播和感情交流,加强用户间黏性,开展线上线下活动,增进社群成员之间的感情,成为连接社群成员的一个纽带。

5. 全线传播

社会化阅读推广不仅仅要有好的推广内容,互动传播也很重要,推广的一切都应该围绕着传播展开,传播带来流量、关注度,所有的接触点都是传播点。社会化阅读推广在传播过程中主要的接触点包括推广平台、社交网络的用户节点以及推广主体。推广平台的选择不应该是单一的,人格化后的推广阅读内容可移植性高,推广主体应该注意发现有潜力的推广平台,并根据平台特色适当调整推广策略,同时应该注重多平台联合推广,利用既有的平台联系或者建立两个平台间的联系。对于用户节点而言主要是尽可能地扩大传播范围以捕捉更多的用户节点,用户节点在社交网络上发挥作用影响更多的用户。推广主体也应当发挥其能动性,加强与流量用户的联系增强其品牌效应。

实践过程中要利用好用户社交网络与平台联系实现全线传播,关注公共图书馆社会化媒体平台的用户在使用公众号的过程中产生较好的使用感,就会自主地将公共图书馆社会化媒体平台的某些阅读推广内容、阅读推广社群进行推广,吸引其社交圈内的其他用户,带来流量。增强平台间联系可以是通过用户的跨平台行为将公共图书馆社会化媒体平台上的内容转载至其他平台,也可以是推广主体根据推广阅读内容的特性进行转载,例如针对今日头条的用户通常更关心政治经济相关讲座这一现实,公共图书馆可以加大在今日头条这一平台的推广相关讲座内容或阅读内容的力度。

第二节 运用新媒体应用技术推广阅读

互联网时代公共图书馆阅读推广的渠道更加多元,内容更加丰富,形式更加多样。层出不穷的新技术为图书馆阅读推广提供了应用支撑和发展动力,如二维码技术、H5场景应用、多媒体技术等。积极探索这些技术在阅读推广中的应用,将极大地推进图书馆阅读推广工作的发展。

一、二维码技术

二维码是按一定规律在平面分布的黑白相间的矩形方阵记录数据符号信息的一种条码格式,可以通过图像输入设备或光电扫描设备自动识读以实现信息自动处理。二维码功能广泛,可以用于信息获取、网站跳转、防伪溯源、优惠促销、会员管理、手机支付等领域。图书馆界目前对二维码技术的应用也比较多,主要表现在信息获取、移动支付等方面。读者可以出示手机、PAD(Personal Digital Asstant)等移动终端上的二维码读者证,代替传统读者证使用,也可以通过手机、PAD扫描二维码直接登录图书馆网站或系统。二维码可以作为线下用户获取线上信息或服务的最快入口,图书馆可以有针对性地整合阅读推广服务,在合适的时间、地点以二维码的方式展示出来供读者扫码获取相关服务信息。①

二、H5场景应用

"H5"由第5代Html标准规范(简称Html5)而来,可以用来在移动端页面上融入文字动效、音频、视频、图片、图表、音乐和互动调查等各种媒体表现方式,将品牌核心观点精心梳理,重点突出,还可以方便用户体验及分享。H5在移动端优势明显,可以应用到多个场景,比如H5动画、H5小游戏、H5弹幕、H5邀请函、H5报名、H5视频等。

H5强大的应用功能使其在阅读推广方面具有独特的优势。图书馆可以结合自身业务与服务,通过H5形式,开发消息发布类H5(比如图书推荐、阅读推广信息、活动邀请函等)、互动类H5(比如报名、抽奖、投票、问答测试、问卷调查等)、故事讲述类H5(比如图书故事、读者故事等)。H5天然具备的社交性,可以使图书馆阅读推广在移动媒体上裂变式传播。

三、多媒体技术

多媒体技术是对文本、声音、图像和视频等多种媒体的综合处理。多媒体技术使信息变得更加直观和有吸引力。移动互联网时代,多媒体技术仍然是图书馆阅读推广的中坚力量。图片处理方面,新媒体传播对图片的重视达到了很高的程度,微信、微博推文在制作图片上是否美观很大程度上决定了能否吸引读者点击阅读。音频技术方面,主要可以应用在听书资源和朗读类活动上,比如近年来在图书馆日益流行的朗读亭活动,受到了读者的广泛欢迎。在音视频技术方面,利用微电影的方式进行阅读推广,是各大图书馆经常利用的手段,如清华大学的《爱上图书馆》系列短剧,北京大学的《天堂图书馆》微电影,都产生了极大的影响力。

---

① 杨宁.浅谈新媒体在图书馆阅读推广中的运用[J].赤子,2019(22):76-77.

四、其他可行性技术

除了上述目前应用较为广泛的技术之外,还有很多移动互联网技术,比如动漫技术、体感技术、虚拟现实技术、人工智能等,都在图书馆阅读推广领域有着广泛的应用前景。新媒体平台不断出现的新生态,也成为图书馆可以积极利用的新技术,比如微信小程序这一新生态的出现,再一次影响了图书馆的新媒体阅读推广。目前莆田市图书馆、安阳市图书馆等都在尝试应用微信小程序,国家图书馆的线上少儿诵读活动也开通了诵读小助手这一小程序。

技术应用方面,目前二维码技术在公共图书馆界应用得较为普遍,主要被用于进行资源和揭示、服务推广和活动宣传,取得了很好的推广效果。H5场景应用主要是在微信中进行,目前正是潮流所在,但存在雷同度较高,缺乏创意不足等。多媒体技术方面,图书馆较擅长传统的多媒体技术,而对新兴技术的掌握尤其是创意发挥方面需要进一步加强,如当前最流行的短视频营销,技术门槛日益降低,对创意的要求也就越高。

在信息技术革命的推动下,我国文化建设事业的发展速度也呈现出较为迅猛的势头,国民素质得到了一定程度的提升,尤其是我国提出了要构建一个新型的知识型社会的构想,全民开始认识到阅读的必要性与重要性,并且迅速使得阅读在人们的日常工作、生活和学习中普及开来。在众多的信息服务机构中,图书馆有着当仁不让的重要角色与地位。它具有极其丰富的信息资源,又是一个具有公益性质的信息服务机构,在整个社会的阅读推广过程中有着不容忽视的重要地位。那么,图书馆就应该顺应当前信息化时代的发展潮流与要求,把新媒体技术更好地应用到自己的阅读服务工作中来,从而在改变人们阅读方式的同时,提升自己的阅读服务品质与水准。

五、图书馆阅读服务中应用新媒体技术的必要性与重要性分析

(一)新媒体技术的相关概述

所谓新媒体这个概念,其最早是由美国哥伦比亚广播电视网技术研究所所长P·戈尔德马在其一份商品计划中提出来的,此后新媒体这个概念就迅速流行起来并向其他国家进行传播。尽管如此,迄今为止,对于新媒体的概念仍然没有一个较为统一的定义,只是通过与传统媒体的相比来说,我们看到新媒体具有很多时代性的特征,即多元性、高度的交互性、分众化与个性化、便捷性与低廉性、跨越时空性等,它们主要的表现形式有网络新媒体、移动新媒体以及数字新媒体三种。

基于此,我们认为,新媒体可以被认为是相对于传统媒体而言,是继电视、报刊、广播等传统媒体之后发展起来的媒体形式,它主要通过网络技术、移动技术、数字技术等来向用户提供知识信息以及娱乐服务。在当今社会背景下,新媒体显然已经在某种程度上成为主流的媒体形式,并与传统媒体相互融合,继承发展。

(二)应用的必要性与重要性分析

随着信息化时代的到来,新媒体技术获得了前所未有的快速发展,这给图书馆阅读服务提供了良好的机遇,但同时也给图书馆阅读服务工作提出了新的更高要求与标准。就目前来看,新媒体在图书馆阅读服务中的应用还是较多的,比如手机新媒体中运用最为成熟的要属SMS即短消息服务。

事实上,阅读是人们获取并传递信息的重要方式之一,能够让人类文化继续传承并发展下去。而图书馆则是一个人类文明散播的重要场所与服务机构,阅读活动始终是图书馆开展其他各项服务的核心所在。因此,我们认为,图书馆阅读服务中应用新媒体是时代发展的必然要求,也是阅读活动开展的重要阵地。图书馆在我国整个文化产业链中发挥着重要的枢纽性作用,尤其是在当今信息化时代背景下,我国的国家综合国力提升与社会进步都离不开强大的图书馆阅读服务工作的有效开展。

那么,图书馆在国家强调完善文化产业政策的前提条件下,应该切实抓住这种极好的发展机遇,不断推进自己阅读服务工作质量的提升与水准提高,从而尽可能地提高图书馆在民众心目中的地位。此外,图书馆现行的阅读服务中还有一些较为普遍的问题存在,而新媒体技术则可以为这些问题的解决提供良好的方式。比如说,新媒体技术将为图书馆阅读服务中的服务方式创新以及资源共建共享提供便利性与可能性。

六、新媒体技术在图书馆阅读服务中的具体应用

(一)应用优势与不足分析。

新媒体技术是信息化时代的必然产物,它较之于传统媒体,改变了人们进行信息传递与交流的方式,并改善了信息传播质量与效率,主要是从信息使用者的角度出发提供信息服务。应该说,新媒体技术的这些种种特征,都与图书馆服务理念是吻合的,它将帮助图书馆解决当前阅读服务中的信息接收效率不高和不对称的问题,还可以进一步拓展阅读服务的内容和形式,推动阅读群体向着多元化的方向发展。

然而,作为信息化时代中的一种新型媒体形式,新媒体技术也有着一定的局限性,它在图书馆阅读服务中的具体应用过程中,也存在着一些不足之处。具体来说,我国图书馆对于新媒体技术的引入与应用尚处于初期的发展阶段,可以借鉴或应用的理论与经验较少,加之图书馆又属于一种具有公益性质的社会性服务机构,其在具体应用到图书馆阅读服务工作中去的时候,通常存在着较大的时代局限性,其不足之处主要表现为:新媒体的引入观念仍然较为落后、应用的系统性和综合性不足、先进技术实用壁垒等。

(二)具体应用情况分析

第一,我们应该基于图书馆阅读服务来应用好新媒体技术。这是因为在整个图书馆的运营流程中,阅读服务有着主导性的地位与作用。我们如果能够有效地组织和开展阅读服务。将从很大程度上提升图书馆在社会上的地位。图书馆的阅读服务中应用新媒体技术的时候,应该充分考虑到图书馆内部和外部多个战略性的环节与多维度的竞争环境等,要从一个整体性的角度来统筹规划图书馆的阅读服务链。这就要求图书馆以用户作为阅读服务的中心所在,并在综合提炼的基础上对阅读服务的内容进行战略性评价与规划,从而从整体上提升图书馆的阅读服务质量,提升图书馆的整体综合实力与市场核心竞争力。从纵深的角度来剖析的话,图书馆的阅读服务链可以分为三个方面的层次进行具体的展开,即用户中心理念的指导层、各战略环节的封装层及环节的细化服务层等,并通过图书馆的阅读具体服务项目的改造与融合,进一步强化图书馆阅读服务链的整体灵活性与适用性,让阅读服务链能够做到内外信息流程的并行与综合。

第二,我们应该从用户阅读需求挖掘与提取环节来更好地应用新媒体技术。阅读需求就是指当人们在工作和生活中遇到一些问题时,需要通过信息来弥补的需求。一般来说,用户的阅读需求按照其被意识到的程度可分为表达信息需求、意识信息需求和潜在信息需求。图书馆的阅读服务工作应该能够尽可能地满足用户的三个层次需求,激发出用户强烈的信息求知欲望。

尽管来说,图书馆阅读服务中的信息需求提取并不是一件简单的事情。但是,新媒体技术将为此提供便利性与可能性,它使得用户的信息需求能够跨越时空的局限性,让新媒体技术凭借自身的时空性与交互性优势来对信息需求实现随时随地的提取。当前来看,图书馆界在信息需求的挖掘与提取方面的工作并不够到位,甚至可以说是很少涉足其中,这就使得新媒体技术为图书馆的阅读需求提取提供了更为广阔的应用空间,进而切实提升图书馆阅读服务的质量与效率。

第三,我们应该在图书馆的阅读内容推送环节利用好新媒体技术。在图书馆的阅读服务工作中,内容推送环节是一个关键性的中心环节,我们应该在提取了阅读需求的基础之上,对读者自身知识的升华与沉淀方面进行进一步的提升。目前来看,从宏观上来讲,内容推送环节主要包含了需求分析、内容整合及推送三个阶段。这就要求图书馆能够对用户不同的信息需求进行认真分析与研究,并把用户个人信息融入进去,在阅读内容充足的情况下,可以展开最为精确和科学的需求分析。应该说,图书馆的阅读推送环节的各个不同阶段之间并不是独立存在的,而是有着紧密相连和相互促进的作用,有利于提升图书馆阅读服务的整体质量与水平。

在该阅读推送环节的不断发展与完善背景下,我国图书馆的阅读服务理念变得更为现代化与科学化,并逐渐形成了多种推送模式,比如说,被动推送服务、主动推送服务、交互式推送等。那么,新媒体技术在应用到图书馆阅读推送服务模式中去的时候,它有利于把先前的用户信息需求分析与整合的结果展示出来并能够挑选出符合用户信息需求的资料。只是说图书馆阅读信息推送的模式是否有一定的乐趣性,将在很大程度上影响到用户对于图书馆阅读服务的满意程度。不管如何,新媒体技术在图书馆阅读推送服务阶段的应用的确具有很多应用优势,比如说,形式新颖及效率、质量双优先、馆外服务便利等。

第四,我们应该在图书馆的阅读内容升华环节利用好新媒体技术。阅读内容升华环节是图书馆整个阅读服务链条中宗旨性、目的性阶段,它有利于开发用户的智慧,并能够升华阅读内容,是对前期信息资源的积累沉淀和创新整合。那么,这就要求我们在图书馆阅读内容升华环节中很好地融入新媒体技术,它将为用户提供一个更为开放和分化的交流平台,让用户能够对阅读内容进行透视和分析,进而让用户能够完成图书馆整个阅读服务中最有意义也是最具难度的任务环节。

这是因为用户的自身阅读量与科学文化水平都是有主观局限性的,而且他们在信息化时代获取信息的能力也是有限的。因此,新媒体技术在图书馆阅读内容的升华环节中将起到无可比拟的重要作用,它的交互性强,共享程度高,有利于提升用户的创新能力和对图书馆的归属感,进而切实增强图书馆在信息服务机构中的市场竞争力。

第三节 公共图书馆开展阅读推广活动建议

过去,我国图书馆在全民阅读政策的制定、全民阅读风气的推动上,缺乏整体规划,没有做到积极参与。我国过去数十年的全民阅读教学理念、内容与方式以及学校、图书馆推动全民阅读的方式和内容仍有很大的改进空间。全民阅读习惯的养成和全民阅读能力应从小开始,而且除了学校教育外,小区图书馆的数量、全民阅读环境是否优美、馆藏是否充实、全民阅读活动是否专业都会对全民阅读兴趣、全民阅读习惯和全民阅读能力造成影响。未来,图书馆除持续征集、整理及典藏全国图书信息,保存文化、弘扬学术,研究、推动及辅导全国各类图书馆发展外,要运用特色资源致力于全民阅读研究、全民阅读政策及全民阅读风尚的倡导上。公共图书馆参与的全民阅读活动开展要从知识共享和文化输出角度找寻突破点,从图书馆职能角度进行探索,应用信息技术构建线上的服务体系,优化职能体系,调整管理模式,结合民众需求,全方位、多领域拓展服务,加快知识输出,为民众提供高质量阅读服务,进而增强公共图书馆参与的全民阅读的持续性和连贯性。

一、强化公共图书馆设施及充实馆藏资源

全民阅读活动的开展,需要加强组织领导,完善工作机制,在政策上给予扶持,在经费上给予保障,以保证全民阅读活动的持续性、有效性和广泛性。在制度的保证及经费保障情况下,公共图书馆应一方面扩充馆藏,降低社会成员阅读成本;另一方面进一步深化、丰富阅读活动,并创建阅读活动品牌,为市民提供多元化阅读服务,吸引更多读者参与阅读活动。相关部门应制定公共图书馆发展及推动全民阅读政策,并修订各级公共图书馆馆舍设备、人员及馆藏标准,促使地方政府能主动依赖人口数量建置足够的图书馆设施,人口数量配置充足的馆藏数据,以充分供应民众全民阅读需求及个人发展的信息需求。公共图书馆的阅读场地是有限的,为了能够满足广大人民群众的阅读需求,公共图书馆不仅要建设在人口比较密集的城市,在各个县乡也应该建立市公共图书馆的分馆,图书要定期进行更新,这样即使是身处乡村的读者也能够随时进行阅读。

立体化阅读环境氛围的形成对于培养社会大众的阅读兴趣和阅读爱好十分重要。一般情况下,阅读环境需要图书馆、学校以及家庭的共同协作才能真正完成构建。就社会阅读环境而言,其构建的方向在于形成社会整体氛围,例如国家层面发起的"世界读书日"活动;除此以外,国家还可以考虑从立法层面制定专题化的阅读纪念日,进一步渲染阅读推广活动的社会氛围。就家庭阅读环境而言,可以围绕图书馆的亲子阅读活动,帮助家长在家庭环境中营造温馨和睦的亲子互动阅读氛围,这不仅可以促进家长和儿童的沟通交流,而且有助于培养儿童群体形成良好的阅读习惯。就学校阅读环境而言,建设的主要方向在于推动课堂阅读与课外阅读的良性互动,图书馆可以充分利用自身的馆藏资源协助学校实现课堂内外阅读资源的多维度拓展,还可以与学校共同举办形式多样的阅读推广活动,丰富学生的课外阅读内容和形式,从而达到营造公众与校园阅读氛围的目的。

公共图书馆自身要不断完善服务效能,提供方便快捷的借阅条件。现代人都追求简单快捷的生活,公共图书馆也要满足人们的这种需求,尽可能简化一切程序,为广大读者阅读提供方便。比如要简化借书程序,延长图书馆开放时间;要提供自主查询设备,方便读者很快查到所要书籍的准确位置,以节省寻找时间;对每一位图书馆员专业知识方面要严格要求,必须对所负责的馆藏图书分类大致位置了如指掌,主动为读者提供便捷服务。

在公共图书馆进行阅读推广时,馆藏资源的丰富性和趣味性起着至关重要的作用。对于读者而言,提升自身素质最有效的方法是阅读经典书籍,阅读经典的过程,是重新发现和建构经典意义的过程,读者一般来说很难自觉体会到这一点,特别是大部头的经典名著。在经典阅读推广中,要想取得良好的阅读效果,图书馆就要考虑到被推广对象在兴趣爱好、认识能力、知识结构等方面的差异,要结合不同的服务对象挑选经典的类型、深浅程度以及不同版本,才能精确提升读者的阅读水平。例如,在文学名著阅读推广中,对于初中以下学生,适宜推介名著缩写本进行阅读,而对于高中及以上的则推介原著阅读。同时,也需要考虑到在不同服务空间,陈列经典版本数量的合理化情况。正如南宋翁森《四时读书乐》一书中所描述的那样:也许你的快乐就将从你选择正确的经典版本开始。①

---

① 袁宁,和小琳. 公共图书馆开展全民阅读推广活动的现状及创新模式讨论[J]. 卷宗,2019,9(15):115.

公共图书馆还可以对馆藏建设中的特藏资料进行加值运用,丰富全民的阅读材料。公共图书馆典藏的丰富古籍数据,经过数字化加值后,不仅便利研究者使用,也让民众更了解国家文献的价值。另外,经由授权与民间出版社合作,让古籍拥有新的风貌,而且改写成通俗读物或儿童读物后,增进民众对历史的认识,尤其儿童读物可与学校课程配合,制作设计教案,相信对于小学推动乡土教学,让民众拥有更丰富的全民阅读资源会有较大的推动作用。

二、实现公共图书馆资源共享和通借通还

所谓通借通还就是将对公众服务的图书馆搭建成一个服务平台,读者凭证件可在全市任意公共图书馆自由借还书籍。通借通还整合了公共图书馆馆藏资源,促进了各图书馆之间的联合,开拓了新的文献共享方式,使读者不受区域限制,体现了公共图书馆"以人为本"的服务宗旨,最大限度实现读者的阅读权利。各地图书馆要积极响应"通借通还"工作,将原本各自独立的公共图书馆,通过搭建平台,连接成全市服务网络,实现全市图书借阅服务全覆盖。

除了图书馆之间的通借通还,公共图书馆还可以依靠图书馆联盟的力量,实现联盟内部和联盟之间的合作,图书馆联盟是图书馆之间通过联合与合作,共建共享实现资源共享,互惠互利的联合体,阅读联盟的共建共享为全民阅读起到组织引领作用。成都市图书馆通过建立"全市读者总库",将成都数字图书馆近9000万篇册数字资源面向全市21个区(市)县读者免费开放,任何区县读者在任意图书馆注册后即可马上使用成都数字图书馆,共享成都数字图书馆乃至整个成都地区的优质文化资源。各地公共图书馆应达成区域联盟建设协同发展共识,创新资源共享新模式,推动全民阅读深入发展。公共图书馆还可以在联盟内通过联合采购方式,使各地公共图书馆的文献资源布局各具特色,形成互补格局,提高文献资源的整体满足率。进行资源整合,建立统一检索平台,依托各地公共图书馆地理分布,实现全民阅读的便利性和均等化,实现一站式检索馆藏信息。通过各地公共图书馆多种合作模式,发挥图书馆行业整体服务效能。

虽然公共图书馆历来是全民阅读推广活动的主体,但是在目前图书馆社会影响力不突出的情况下,仅仅依靠图书馆的力量倡导全民阅读活动是远远不够的,图书馆必须加强与其他社会力量的合作,借助其他机构的优势和条件,将阅读推广活动持续地开展下去。首先,要加强与政府部门的合作,取得政府在政策、资金等方面的支持;其次,应加强与学术团体的合作,获得其专业性的指导;最后,应与媒体加强沟通,充分发挥媒体信息传播的作用,将宣传工作做到位。公共图书馆不能孤军奋战,而要努力加强与社会力量的紧密合作,充分利用各种社会资源推动阅读活动深入社会生活。

从文化服务效益上来看,仅凭图书馆自身的力量来实现文化服务效益的最大化并不现实。因此,应该通过公共部门、私营企业和第三方进行合作来共同开展文化服务,如此才能最大程度地发挥文化服务的效益。阅读推广活动应该采用这种发展模式,除了图书馆自身进行策划组织以外,还需要政府部门、书店等多个部门及行业的联合行动,从而形成有效联合、多元发展的合作模式,进行资源互补、资源共享,从而实现阅读推广活动效益的最大化。在阅读推广活动合作过程中,各合作主体要根据自己的优势特点进行精细化目标定位。比如,学校可以根据学生的知识需求来推荐合理的读物;媒体可以借助于自己的渠道优势来进行多角度宣传,扩大影响力。

三、优化图书馆服务质量

图书馆员是图书馆服务活动、全民阅读活动开展的人力基础,是图书馆职能履行和文化宣传的重要组织要素。公共图书馆全面参与到全民阅读活动中,就要以健全图书馆员的文化素质,提高图书馆员的技能水平为基础,逐渐提高服务质量。图书馆员素质的高低直接关系到全民阅读活动的推广成效。公共图书馆为了保持和民众之间的文化联系,必须针对图书馆员的素质水平建立继续教育机制,举办培训、讲座、文化活动来培养图书馆员的工作素养,促进其形成正确的职业观、道德观,以身作则,严格要求自己,服务好每一位读者,提升图书馆的阅读服务质量。

聚合知识资源推出个性服务,在信息时代,阅读是民众文化生活的兴趣,也是导向,是获取精神食粮的最佳途径。在全民阅读活动开展中,公共图书馆要转变服务理念,建立内部管理系统,深度筛选和聚集符合民众阅读兴趣的信息资源,构建个性化服务机制。图书馆要转变服务侧重点,站在民众角度考虑阅读的价值和实效性,针对民众需求打造人性化、个性化读者服务机制来提高用户体验,以此为基础拓展服务的领域和范围,全方位开展全民阅读活动。

除了培养优秀的图书馆员,公共图书馆还可以发展阅读推广人。阅读推广人是公共图书馆阅读推广的重要角色,公共图书馆要做好阅读推广工作,必须有自己的核心阅读推广团队。一方面,公共图书馆要引进人才、培养人才,构建能成为核心阅读推广人的馆员团队。公共图书馆要招募具备阅读推广相关专业知识的新人,注重挖掘、培养有潜力的馆员,给馆员们提供更多家庭阅读推广业务上的培训机会,提高他们的活力与张力,提升他们的专业技能,使馆员们获得专业成长,逐渐成为核心家庭阅读推广人,构建起公共图书馆馆员的核心阅读推广团队;另一方面,公共图书馆也要建立核心的社会力量家庭阅读推广团队。社会力量包括志愿者、社团组织、商业机构等,公共图书馆要给他们提供平台,并用心观察、注重培养,及时发现并想方设法留下有意愿长期坚持做公益、适合留下来和图书馆做一些长远事情的"尖子",形成一个核心的社会力量家庭阅读推广团队。此外,基于社会角度,高校及科研院所可开设阅读推广相关专业课程或设立相关理论研究专题,加强阅读推广的理论研究与人才培养。

四、创新服务模式拓展服务路径

在知识经济时代,公共图书馆要想充分发挥自身的资源优势,全面参与到全民阅读活动服务和推广中,就要创新服务模式,拓展服务路径。服务质量的高低、服务结果的好坏深刻作用在图书馆的职能体系当中,决定着图书馆能否与民众之间建立文化联系,高质量地服务民众。知识经济的发展使得诸学科领域的知识信息更加复杂和多样化,民众对知识信息质量的要求也越来越高,公共图书馆为了满足民众的知识需求,要从传统视域中以实体书籍管理为核心的服务模式逐渐跳脱出来,逐渐向信息服务、知识服务方向转变,结合馆藏资源和技术优势创新服务模式,结合用户兴趣、爱好提供书籍文献,形成"管家式"用户服务模式,从而提高服务质量与效益。

例如,有的读者白天需要上班,晚上想去图书馆阅读的时候图书馆却关门了。针对这种实际问题,可以建立24小时开放的公共图书馆,这样能够有效解决图书馆开馆时间限制的问题,更方便读者进行自由阅读和借阅,也能够在一定程度上激发读者的阅读热情。

五、拓展阅读推广的读者对象

全民阅读作为国家赋予公共图书馆的职责,要在阅读推广活动中使成年人、未成年人、阅读障碍人群享有平等的阅读权利,才能缩小区域间的文化差距,最大限度地发挥全民阅读的效力。《公共图书馆法》第三十三条规定:公共图书馆应当按照平等、开放、共享的要求向社会公众提供服务,这就决定了图书馆阅读推广活动的多样性,因此阅读推广需要根据被推广对象的需求进行精准推介,以达到更好的效果。当前,阅读推广对象大多为少年儿童,尤其是4～12岁的儿童,而较少面向低龄幼儿、中学生、成年人、老年人等其他人群。

实际上,"其他人群"并非不重要,而是因其各自特点,阅读推广难度较大。比如,低龄幼儿尚未启蒙,行为与认知能力尚弱;中学生个性凸显,且学业应试需求强;成年人担当社会家庭双重责任,有知识需求却精力有限。虽然面向他们的阅读推广难做,但这也正是推广工作能有所突破、有所作为之处。公共图书馆阅读推广特别是家庭阅读推广工作要关注不同人群,分析其个性特点和阅读需求,有针对性地开展阅读推广活动,不断拓展新的阅读推广对象,才能使阅读为更多人带来积极影响,让更多的社会成员更加爱读、多读、会读,才能使更多参与阅读的社会成员得以增进知识、提升智慧、愉悦身心、修养品行、成就事业,才能提高全民族的阅读水平,增强全民族的精神力量,促进社会的整体发展。

每个读者对知识的需求方向和渴望程度不同,因此不同的读者的阅读经验和阅读目的都会有所差异。这就需要加强图书馆、读者、作者以及出版商之间的相互交流和互动,以保障阅读推广活动的效果,也有助于体现读者阅读的个性化。这些活动主体之间通过交流互动,能够彼此了解对方的需求,对于知识共享、经验共享都有极其重要的意义。同时,鼓励读者同活动其他主体进行交流,有助于提高读者的人际交往能力和沟通能力,并通过阅读获得更多的课本之外的资源。

例如读者在与作者交流的过程中,如果把自己阅读后的想法及今后的需求表达出来,作者就可以通过自身的写作阅读经验的传递,来帮助读者满足阅读需求。另外,图书馆员在与其他的主体进行沟通时,能够了解到不同的需求方向,有助于其在今后的阅读推广工作中提升自己的服务水平,从而实现图书馆阅读推广整体服务质量的提升。

在社会上,还存在这样一部分读者,他们渴望阅读,但是他们没有阅读的条件,使得自身的阅读激情无法释放,阅读的兴趣不能实现。图书馆中有很多的阅读资源,这时候图书馆就可以充分发挥自身的优势,向那些想阅读而又不能阅读的弱势群体提供一些帮助,展开帮助型的推广阅读模式。例如,对于那些视觉有障碍的读者,可以给他们提供盲文书或者是有声读物;对出行不便的读者提供送书上门服务,尽最大能力满足弱势群体的阅读愿望。

为提高全民阅读率,公共图书馆应该格外重视并加强为未成年人、残疾人及弱势群体提供适合阅读条件的服务。针对未成年人各年龄段进行分阶段、分层次的阅读推介;针对弱势群体的阅读需求,应鼓励他们走进阅读,有针对性地提供服务。针对残疾人的阅读需求,提供专人、专业的服务方式:一是要为残疾人设置专座,或是为他们送书上门,以便于让残疾人获取信息创造有利条件。二是要组建盲文阅览室,使盲人读者只需轻轻移动鼠标,就可享受视听资料、互联网浏览、电子信息查询等特殊服务。三是可以鼓励市民开展文献传递,拿出家里的旧书捐给社会上的弱势群体,为弱势群体创造更多、更便利的阅读条件。全民阅读推广是公共图书馆义不容辞的责任,一定要对所有人一视同仁,尽力帮助,实行社会效益与经济效益并重的发展方式。

六、指导读者并培养阅读习惯

2016年,全国共出版图书49.99万种,很多民众面对不断推出的新书,不知如何选书、购书。而评选及推荐好书是图书馆责无旁贷的工作,目前除了中国图书评论学会主办的"中国好书"评选活动,对于书籍并无较严谨的评选及推荐机制。未来,公共图书馆要加强对读者的指导,搭建读者与好书间的桥梁,逐步建立读者读物的评选及推荐机制。

在做好图书推荐的基础上,公共图书馆还需要发展全民阅读团体,学校、图书馆、公司、政府部门、小区组织皆可成立全民阅读团体,从儿童、青少年、成人到老年人皆有适合的全民阅读团体,以培养更多的读者人口,并促使学校图书馆、专门图书馆及公共图书馆提供更符合民众全民阅读需求的馆藏数据及读者服务。

公共图书馆的使命之一便是全民阅读,一个良好的社会阅读风气要从儿童阅读的推广做起。阅读激发孩子的想象力、理解力和语言表达能力,阅读能力强的孩子,学习能力也强。公共图书馆应积极开展儿童早期阅读推广,策划具有针对性的读书活动及阅读扩展活动,为未成年人营造阅读氛围,倡导家庭阅读,加大亲子阅读活动力度,举办故事会、读书会、知识竞赛、猜谜等活动,通过亲子互动,促进家长与孩子的沟通交流,营造和谐温馨的家庭氛围,培养孩子从小养成良好的阅读习惯。

七、举办丰富的阅读推广活动

推动全国全民阅读运动,与出版社、书店、媒体、学校、政府机构、民间团体合作,办理各省市全民阅读力及民众全民阅读兴趣和习惯调查以及推动朗读节、读书节、经典日、小说月等全民阅读活动,提升社会全民阅读风尚及学生全民阅读力,让全民阅读进入每个民众的生活。

虽然说现在开展全民阅读是大势所趋,但还是有一些人并没有很大的阅读意愿,更不用说他们会去图书馆进行阅读了,因此,必须开展一些生动、有趣的阅读推广活动吸引他们,让他们发现阅读的魅力,体会阅读的乐趣,这样才能够让他们产生阅读的意愿。例如,开展主题的阅读活动,搭建一个有趣的阅读平台,通过话剧、手抄报等形式展示阅读的乐趣,提高读者的阅读兴趣,让他们习惯阅读。公共图书馆多年来一直秉承着"读者第一、服务至上"的理念,在新媒体迅速发展的今天,纸质版的阅读载体面临着巨大的挑战。在阅读中,广大读者才是阅读的真正主体,图书馆阅读的推广工作主要就是要从读者身上入手,首先要了解读者的知识层次以及他们的阅读需求,这样才能做到具有针对性地解决问题,做到有的放矢。在信息技术迅速发展的今天,各种各样的电子设备出现在人们的生活中,相比于去图书馆阅读,很多读者,特别是年轻的一代更喜欢在家里躺在沙发上用手机、平板电脑来阅读。可见,图书馆阅读面临着巨大的挑战。因此,图书馆必须由被动地等待读者来阅读改为主动出击,迎接挑战,根据社会读者对阅读的需求进行创新升级,让读者体验到传统的纸质版阅读的乐趣,采用各种方式避免图书馆阅读被边缘化。

阅读不仅仅是自身对书本中的文字的理解,有时候听他人对书中的金玉良言进行讲解也是一种不一样的阅读方式。因此,图书馆可以定期开展一些讲座或者授课,每次都有一个明确的主题,提前在一些网络平台发布相关信息,吸引志趣相投的读者前来倾听,寻找共鸣。相比于授课来说,沙龙式的阅读推广模式更具有特定性,图书馆相关负责人可以定期组织一些在某些领域具有经验的人作为"图书",读者与"图书"面对面的交流,他们可以相互分享经验,说不定还能够碰撞出思想的火花,将各自的知识潜移默化地传递给对方。

还可以利用阅读日等节日,每年举办全民阅读节,吸引读者参加,激发民众的全民阅读热情,成为读者的年度盛会。全民阅读节期间,全国将有数百项活动在全国的图书馆、书店、剧场、学校、火车站或街头巷尾举行。除了邀请作家和插图画家来到国家图书节与读者互动,还可以邀请全国的出版社、全民阅读团体、图书馆联合展览,读者们可以参观展览,购买图书,或聆听书评讲座,获得作者签名等。民众有机会遇见他们喜爱的作家,而且聆听说书人利用音乐、舞蹈和木偶戏所呈现出来的动人故事。此外,全国各地的民众高声诵读文章,参加或观看演出,参与和读书有关的各种交流会和讨论会等。

在具体的阅读活动中,要积极推动民众阅读经典,除开提供一般大众参与的国学讲堂,鼓励大学院校、高级中学成立传统文化研究群;公共图书馆成立读书会、推动经典书籍书房的设立、定期举办经典讲座,导读中文经典,将过去只有学术、研究人员参与的讲座,如唐诗中的物质文化、中国对西方装饰的接收、敦煌遗书的前世今生,开放一般大众聆听,让学术研究成果引导民众对传统文化的欣赏及深入全民阅读,一方面延续中华传统文化的生命;另一方面提升读者的自我修养。

图书馆在推动全民阅读的推广方面责无旁贷,应借鉴发达国家的经验,在推动全民阅读风尚、促进民众养成良好阅读习惯,并具备良好全民阅读能力方面做出自己的贡献,全民阅读使得社会更加智慧和包容,使得社会更加美好。

八、运用新媒体技术为读者服务

现在是一个内容多元、方式多样的阅读时代。互联网、云阅读、电子书、阅读器等带来一场阅读革命,使所有好书可以在方寸间随身携带,数字阅读影响力不断攀升。为了使更多的人投身到全民阅读活动中,我们必须意识到传统与现代的融合、纸质图书阅读与电子网络阅读并存是未来阅读的趋势。阅读的未来是数字阅读,阅读推广的未来也将是数字阅读的推广,所以说公共图书馆在推进传统阅读的同时,要更进一步积极研究网上阅读、手机阅读、电子阅读等新兴领域,并以此为重点,努力实现数字媒体和纸质媒体的对接与共荣,不断拓展阅读领域,努力打造网上全民阅读公共文化服务平台,探索适合新形势需求的数字阅读服务的新模式、新载体、新平台。

中国新闻出版研究院2018年4月发布的第十五次全国国民阅读调查报告显示,2017年我国成年国民人均纸质图书阅读量为4.66本,人均电子书阅读量为3.12本,数字化阅读方式的接触率为73.0%,我国成年国民人均每天手机接触时长为80.43分钟,近四成的成年国民认为自己的阅读数量较少,我国成年国民对当地举办全民阅读活动的呼声较高,近七成的成年国民希望当地有关部门举办阅读活动。根据调查结果,结合本地实际,通过加大数字化阅读投入,创新开展阅读推广活动,实现全城通借通还，达到提升城市文化素质的目的。

　　基于资源的阅读推广不一定基于一个图书馆当前的现实馆藏，也可以基于任何可以被纳入馆藏的资源。如今，虚拟现实、数字化阅读、远程教育等技术正不断应用于图书馆服务领域，图书馆特别是公共图书馆拥有大量数字馆藏、共享资源，我国大众数字化阅读普及率已近70%，而目前公共图书馆界开展的家庭阅读推广项目大多仍以纸质图书为主，尚未针对已逐渐形成趋势的数字阅读、电子阅读等新的馆藏资源阅读展开相应的家庭阅读推广。因此，公共图书馆在开展家庭阅读推广时，也应该结合新技术，充分利用一切可用的馆藏资源，开展内容更丰富、形式更新颖的阅读推广活动，吸引更多家庭参与阅读，使更多人爱上阅读，推动全民阅读的进程。

　　公共图书馆在阅读推广中，需要进一步丰富包括纸质资源和数字资源在内的馆藏资源，确保馆藏资源能满足民众的阅读需要，这是公共图书馆开展阅读推广活动的基础。对于中华优秀传统文化，为方便现代人阅读经典内容，不仅需要进行纸质图书的推介，更需要大力进行相关内容的数字资源建设，借助网络渠道加以推广。这一点在《公共图书馆法》第四十条、第四十一条中就有相关阐述。公共图书馆理应加强经典文献资源的数字化建设，建立线上线下相结合的文献信息共享平台，为社会公众提供优质的数字文化服务。

　　可以由各地省馆牵头，制作经典阅读内容的视频、图文资源，并及时录入相关文化数据库。例如南京图书馆在自建资源中，已经整理制作出民国连环画、百年人物等经典数据资源，可供读者在线阅读。各区域图书馆在制作时，一方面要注意根据各馆自身条件，通过影印、数字化、缩微技术等方式对馆藏经典进行研究整理；另一方面要注意按照分级阅读辅导的要求制作数字资源。同时，各省馆之间尽可能相互合作，协商在一定区域内共享制作完成的数字资源，或是在制作前期罗列计划表，分领任务去制作。

　　随着数字阅读时代的到来，公共图书馆应适应数字化新趋势，充分发挥公共图书馆阅读引领作用，积极推广数字阅读，增设24小时自助借还机、电子书刊机等新技术设备,增加数据库及电子出版物馆藏,积极推进多媒体、多平台融合,提供高质量的阅读资源,不断探索数字化阅读的新载体、新技术、新模式,满足读者的阅读需求。

在互联网技术引领下,公共图书馆要想加快全民阅读推广进程,帮助民众树立阅读意识,还要整合技术资源,构建网络知识服务平台。信息时代,科学知识的输出模式已经发生了根本性改变,书籍借阅不再是知识服务的唯一形式,电子阅读、网络阅读成为民众阅读的首选。在此背景下,公共图书馆要想普及科学文化知识,开展全民阅读活动就要从信息技术中汲取有益经验,采用互联网技术、网站技术构建网络知识服务平台。通过互联网向群众进行知识文化输出,最大化普及科学文化理念,引导群众形成阅读学习意识。北京科技大学通信工程学院与学校图书馆携手合作,针对学校周围的社区推出了"移动图书馆服务系统",居民可利用手机下载客户端,直接登录图书馆移动服务系统进行图书借阅预约,图书馆会把居民想看的书籍直接送到家中,为居民的书籍阅读和文化生活提供便利。

九、建立长效机制,形成品牌效应

全民阅读推广活动的开展不应该是一个应景和应时的活动,为确保阅读推广活动的健康有序发展,建立全民阅读组织领导机构,健全长效阅读推广机制,完善全民阅读工作体制机制,显得尤为重要。公共图书馆可以考虑设置阅读推广的专职部门,比如成立全民阅读推广委员会等组织机构,并在经费、人员等方面进行长期的规划和安排,力争通过长效性阅读推广模式吸引越来越多的读者,使读者在其中能够感受到浓厚的文化氛围。实现开展全民阅读活动的广泛性、持续性和有效性。当然,建立全民阅读推广活动的组织协调部门,要着眼于图书馆实际,建立一支高效、专业的推广阅读队伍,形成一支具备理论与实践能力的骨干队伍,从事阅读活动的策划、组织、研究和实施工作。

全民阅读推广是一项长期的活动,在长期阅读服务的过程中,应该注意凝练出阅读推广项目的品牌。公共图书馆要在现有阅读品牌的基础上,进一步将阅读推广活动载体充实化,策划实施全民阅读推广项目,创造性地推出更多大型的全民阅读活动品牌,诸如"读书节""读书月"等,并以此为契机,进行形式多样的"书香家庭""读书达人""书香校园"等评选活动,以"身边的典型"作为榜样示范,吸引更多群众关注阅读、参与阅读活动。此外,还要充分利用春节、清明节、端午节、中秋节、重阳节等传统节日开展具有民族文化特色、生动活泼的主题阅读活动,如文化讲座、经典诵读、征文活动等,引导广大市民走进图书馆以阅读的方式欢度传统佳节。

钱穆先生曾在《国史大纲》中指出:一国的国民应该对本国的历史附随一种"温情与敬意"。推进经典阅读,塑造品牌活动,体现着对于传统文化、对古代先贤往圣的"温情与敬意"。因此,经典阅读推广可以通过讲座、诵读、影片欣赏,或是"阅读节""读书周"等方式开展,在这些活动中,图书馆需要注重品牌活动的塑造。图书馆经典阅读品牌活动成功树立,广泛吸引读者,使读者在长期的阅读推广活动中潜移默化地受到经典的熏陶,培育和启迪读者身心深处蕴藏着的中华传统文化思想。以南京图书馆为例,经过多年的不懈努力,南京图书馆在经典阅读推广方面已然摸索出一些成功的经验。从2010年起,"南图阅读节"每年选取一部经典名著进行导读,以研讨会、讲座、展览、知识竞赛等多种形式予以呈现,多年来已经成功举办了《红楼梦》《西游记》《三国演义》《水浒》四大名著的阅读活动,现已选取《老子》《孟子》《庄子》等多部经典哲学名著开展相关的阅读推广活动。在经典阅读活动中结合馆藏资源,把握每次活动中的每一环节,注重活动的深度和广度。

针对家庭阅读推广活动的品牌效应,公共图书馆要借鉴成熟的家庭阅读推广理论,制定明确的家庭阅读推广计划,形成公共图书馆家庭阅读推广的科学发展。公共图书馆是家庭阅读推广的核心力量,通常处于家庭阅读推广工作的第一线,在家庭阅读推广的实际工作中,通常能够深入地了解读者需求,也能掌握读者家庭藏书、家庭阅读行为方式等第一手研究数据和资料。

同时,可利用软硬件资源优势进行分析。结合这些优势,公共图书馆可以以家庭为单位,展开读者阅读行为研究,思考和探求家庭阅读推广的内涵、外延;制订一系列工作标准,比如家庭阅读推广方式、家庭阅读推广活动的组织原则、书刊采购规则等;基于相关规划以及国家层面的阅读推广计划,制订适合自身的明确的阅读推广计划,从而更有计划性、针对性地展开公共图书馆家庭阅读推广工作,使公共图书馆家庭阅读推广活动逐步走上有序、长效、可持续发展的科学轨道。

十、建立反馈机制,定期展示成果

从我国当前的公共图书馆发展模式来看,基本是由政府进行主导,缺乏活力,行政内容较多,甚至在对外开放合作的活动中都有严格的要求,这就严重限制了图书馆阅读推广活动自主能动性的发挥。因此,必须破除此种机制的弊端,充分发展图书馆阅读推广活动的自主创新能力。具体可以从三方面入手:首先,对相关法律进行调整和优化,通过法律来规范图书馆阅读推广行为的基本框架,使图书馆阅读推广活动的多元化发展有法可依;其次,改革图书馆内部阅读推广工作的组织方式,可以考虑在图书馆内部成立独立的推广部门,围绕阅读推广服务展开相应的工作,做到专职专干专责;最后,要形成有效的阅读发展和评价机制,防止阅读推广活动流于形式,保证阅读推广活动的效果。

图书馆可以运用相关统计数据,每年定期分析我国各类型图书数据出版情形,呈现全年度出版风貌,让民众及专业人士了解我国出版市场现况,与民众的全民阅读情形比对,以作为出版业和图书馆订定出版、营销、馆藏发展策略的参考。

为能完整呈现读者的阅读风貌,图书馆可以通过相关的借阅统计,了解读者的喜好,作为全民阅读推广与新书购置的参考,由借阅排行榜的信息发布,吸引更多的民众走进图书馆,一同享受全民阅读的乐趣,公共图书馆可以汇总分析前一年的借阅资料,呈现借阅情形,了解读者的阅读兴趣。

阅读推广活动反馈的重要性远大于其活动形式和规模,通常体现着经典在阅读推广中是否已经被理解,融入读者的思想意识中。《公共图书馆法》第四十二条规定,公共图书馆应当做到定期公告服务开展情况,听取读者意见,建立投诉渠道,完善反馈机制,接受社会监督。图书馆营销理论中的"用户满意度"通常也通过"用户反馈"得以体现。经典阅读推广尤其需要和用户之间建立畅通的意见反馈渠道,因为经典阅读是一种对话性的阅读,需要更加注重推广对象的个体性差异。这种对话是读者和作者之间,超越时间、超越空间、超越年龄的一种交流,是思想与思想的对话,心灵与心灵的对话,甚至是生命与生命的对话。对不同的读者,每一次的阅读就是一场不同的对话。唯有建立起阅读推广的反馈机制,才能帮助每一位读者从自身出发,理解经典,最终运用经典为自己的人生答疑解惑。公共图书馆可以同时利用线上线下两个平台,一方面在馆舍内设置意见建议反馈箱;另一方面利用官方网站、微博、微信平台直接与用户对话,利用网络的快速与便捷,及时解决用户对经典理解的困惑。

十一、不断探索新的阅读推广模式

传统的阅读模式的深度是不可代替的,然而,在新媒体发展迅速的时代,人们在阅读过程中,明显发觉"界面阅读"与"纸面阅读"相比较,更加简便、快捷、丰富,正因为这样,新的阅读模式融入了人们的生活,渐渐成为生活中不可或缺的一部分。也正因为这种新阅读模式的简单和快捷,人们的阅读习惯也发生了改变,阅读的深度渐渐变浅,阅读的内容大多是娱乐和休闲内容,带给读者的更多是碎片式的信息。这样的新的快餐阅读模式在消耗读者时间的同时,也造成了读者对知识的了解程度不深,阅读的实际意义也没有能在过程中体现出来。怎样才能在不固定的时间和地点,把图书馆中的知识通过新媒体的方法带给读者呢?这就需要公共图书馆将传统与新媒体阅读方法相互结合,双管齐下,共同进步。

现今,新媒体阅读模式越来越多,读者也更愿意尝试新的数字阅读体验。手机移动端阅读已经非常普遍,作为新媒体时代的潮流,怎样才能将图书馆的知识内容通过网络载体发送到移动电子设备上进行随时随地的阅读,这需要图书馆方面进行探索,实现更加全面而高效的阅读推广，吸引更多读者，让不同年龄段、不同层次的读者有全新体验。

图书馆要丰富移动图书馆的服务内容，健全移动数据库，让读者能在手机或平板等移动设备上随时随地地进入移动端图书馆查阅图书馆的数字化典藏，比如图书、报纸、期刊等，实现"把图书馆带回家"，让读者能更加自由地调取图书馆中的资源。图书馆还可以在微博或微信公众号等方面进行创新、更新，这样能够让读者更方便地了解图书馆的动态，获取图书馆推荐书目等，同时也可以实现读者之间的社交分享，也能够让读者更加方便地对图书馆提出意见和建议，图书馆也可以通过这些方式更加准确地掌握读者的需求和今后的发展方向。

随着新媒体时代的到来，人们的阅读推广模式越来越多，但是，新媒体的到来并不意味着图书馆传统阅读模式的消亡，而是给读者带来了更多的阅读机会。新媒体时代下，图书馆阅读推广的传承与更新为阅读者的阅读空间提供了更多的阅读元素。图书馆阅读推广工作是一项长期工作，需要不断扩展阅读宣传的渠道，创新更多有趣的阅读模式，才能够吸引广大读者加入阅读的行列中。

随着全民阅读活动作为促进建设书香社会、提高国民文化素质的重要举措，进一步得到国家高度重视和社会的广泛认可，基于公共图书馆的全民阅读推广的研究已经成为大家关注的热点。公共图书馆要通过健全长效的阅读推广机制，做大做强全民阅读活动品牌，拓展全民阅读新领域，加强与社会力量的合作等具体措施，推动全民阅读推广的持续发展。在当今全民阅读大环境下，阅读推广作为公共图书馆的使命，全民阅读任重道远。创新发展新模式，提升阅读活动质量，打造阅读服务品牌，加强社会合作与业界交流，科学地推动全民阅读的可持续性发展，需要图书馆人不断思考探索创新，打造全民阅读社会氛围，为构建书香社会提供智力支撑。

目前，国内阅读推广活动的总体发展状况已是成绩斐然，但结合全民阅读的现状来看，无论是政府组织层面还是公共图书馆发展层面都存在不小的压力，全民阅读的全方位发展非一朝一夕可以实现。公共图书馆要想实现阅读推广活动的可持续发展，就必须努力寻找多元化的发展途径，使之产生持续的生命力，也唯有如此，方能真正推动图书馆事业的创新发展。未来仍将是各种新技术、新平台、新业态不断涌现的时代，图书馆要积极把握时代机遇，寻求更多、更好的平台、技术和策略，开展"百花齐放""不拘一格"的阅读推广服务，让全民阅读永远焕发生机。

参考文献

[1] 毕洪秋,王政,王余光等.真人图书馆与阅读推广[M].北京:朝华出版社,2019.

[2] 陈智华.图书馆创新管理与用户服务研究[M].天津:天津人民出版社,2018.

[3] 段艳华.公共图书馆阅读服务研究——基于提升国民阅读水平的视角[D].哈尔滨:黑龙江大学,2015.

[4] 胡娅娅.新媒体时代公共图书馆青少年阅读推广研究[D].武汉:华中师范大学,2018.

[5] 黄跃进.公共图书馆的社会职能与功能拓展[M].南京:江苏美术出版社,2013.

[6] 姜交兵.公共图书馆的政府信息公开服务研究[D].长沙:湖南大学,2016.

[7] 李建明.高校图书馆阅读推广与服务机制构建[M].北京:航空工业出版社,2019.

[8] 李瑞欢,李树林,董晓鹏.公共图书馆工作实务[M].北京:现代出版社,2018.

[9] 陆路.陕西公共图书馆服务联盟[M].西安:三秦出版社,2018.

[10] 马利华.图书馆信息管理与服务研究[M].延吉:延边大学出版社,2019.

[11] 马雨佳,于霏,高玉清.现代图书馆信息管理及服务研究[M].北京:九州出版社,2018.

[12] 缪建新.志愿者与图书馆阅读推广[M].北京:朝华出版社,2020.

[13] 唐淑香."互联网+"时代高校图书馆学科服务研究[M].西安:西

安交通大学出版社,2018.

[14]王印成,包华,孟文辉.高校图书馆信息管理与资源建设[M].北京:经济日报出版社,2018.

[15]吴海峰.大学图书馆阅读文化的多视角研究[M].郑州:大象出版社,2014.

[16]肖竹青.高校图书馆文献采编与读者服务研究[M].北京:企业管理出版社,2019.

[17]肖佐刚,杨秀丹.图书馆科普阅读推广[M].北京:朝华出版社,2020.

[18]徐益波.社区与乡村阅读推广[M].北京:朝华出版社,2020.

[19]杨宁.浅谈新媒体在图书馆阅读推广中的运用[J].赤子,2019(22):76-77.

[20]于红,李茂银.高校图书馆管理与服务创新研究[M].长春:吉林人民出版社,2019.

[21]袁宁,和小琳.公共图书馆开展全民阅读推广活动的现状及创新模式讨论[J].卷宗,2019,9(15):115.

[22]张登军.图书馆参考咨询服务研究[M].北京:现代出版社,2019.

[23]郑德俊.光明社科文库 移动图书馆服务质量评价及提升策略[M].北京:光明日报出版社,2020.

[24]郑幸子.高校图书馆管理与服务创新[M].长春:吉林大学出版社,2018.

[25]朱建彬.现代图书管理艺术研究[M].长春:吉林美术出版社,2019.

[26]朱丽君,卫冉,肖倩.图书馆管理与智能应用[M].长春:吉林人民出版社,2019.